Informatik-Fachberichte 200

Herausgeber: W. Brauer
im Auftrag der Gesellschaft für Informatik (GI)

Subreihe Künstliche Intelligenz

Mitherausgeber: C. Freksa
in Zusammenarbeit mit dem Fachausschuß 1.2
„Künstliche Intelligenz und Mustererkennung" der GI

Alexander Reinefeld

Spielbaum-Suchverfahren

Springer-Verlag

Berlin Heidelberg New York
London Paris Tokyo

Autor

Alexander Reinefeld
Universität Hamburg, Fachbereich Informatik
Bodenstedtstraße 16, D–2000 Hamburg 50

CR Subject Classification (1987): I.2.8, I.2.1, F.2.2, D.2.8
ISBN-13: 978-3-540-50742-0   e-ISBN-13: 978-3-642-74413-6
DOI: 10.1007/978-3-642-74413-6

CIP-Titelaufnahme der Deutschen Bibliothek.
Reinefeld, Alexander:
Spielbaum-Suchverfahren / Alexander Reinefeld. – Berlin; Heidelberg; New York; London; Paris;
Tokyo: Springer, 1989
   (Informatik-Fachberichte; 200 : Subreihe künstliche Intelligenz)
   Zugl.: Hamburg, Univ., Diss. u. d. T.: Reinefeld, Alexander: Analyse von Baum-Suchalgorithmen

NE: GT

Druck- und Bindearbeiten: Weihert-Druck GmbH, Darmstadt
2145/3140 – 543210 – Gedruckt auf säurefreiem Papier

Vorwort

Das vorliegende Buch ist aus meiner Dissertation mit dem Thema "Analyse von Baum-Suchalgorithmen" hervorgangen. Es ist das Ergebnis vierjähriger Forschungstätigkeit am Fachbereich Informatik der Universität Hamburg und am Department of Computing Science der University of Alberta, Canada.

Mein besonderer Dank gilt Herrn Professor Dr. F. Schwenkel für seine Ermutigung und Unterstützung meines Forschungsvorhabens und seinen tatkräftigen Einsatz, als es darum ging, meine beiden Forschungsaufenthalte in Kanada vorzubereiten und zu fördern. Für die freundliche Aufnahme an der University of Alberta und seine engagierte Unterstützung danke ich Herrn Professor Dr. T.A. Marsland. Aus den vielen Diskussionen mit ihm und Herrn Professor Dr. J. Schaeffer sind entscheidende Impulse für die vorliegende Arbeit hervorgegangen. Herrn Professor Dr. G. Veenker von der Universität Bonn sei an dieser Stelle für seine kritische Durchsicht der Arbeit gedankt.

Nicht zuletzt danke ich dem Deutschen Akademischen Austauschdienst (DAAD) für die Verleihung eines Doktoranden-Stipendiums, das mir 1984/85 einen einjährigen Forschungsaufenthalt in Kanada ermöglichte. Das Killam Post-Doctoral Fellowship der University of Alberta, das ich für die Jahre 1987/88 verliehen bekam, sowie die finanzielle Unterstützung des Natural Sciences and Engineering Research Council of Canada (NSERC) ermöglichten schließlich die Überarbeitung meiner Dissertation zum vorliegenden Buch.

Hamburg, im Herbst 1988   Alexander Reinefeld

Zusammenfassung

Baum-Suchverfahren werden in der Informatik, insbesondere im Teilbereich der Künstlichen Intelligenz, zum Durchsuchen von Entscheidungsbäumen eingesetzt. Das vorliegende Buch befaßt sich mit Baum-Suchverfahren für eine spezielle Art von Entscheidungsbäumen, den Spielbäumen. Es werden zwei grundlegende Klassen von Spielbaum-Suchverfahren ausführlich behandelt: die Nullfenster-Suchverfahren, die den Baum in einer vorher festgelegten Reihenfolge durchsuchen, und die Zustandsraum-Suchverfahren, deren Suchabfolge dynamisch gesteuert ist.

Der praktisch orientierte Spielprogrammierer findet in diesem Buch einen universell verwendbaren Grundstock von Baum-Suchalgorithmen für Zwei-Personen-Null-Summen-Spiele. Neben den Baum-Suchalgorithmen selbst werden ihm theoretische und empirische Bewertungskriterien an die Hand gegeben, mit denen er die zu erwartende Suchleistung eines Algorithmus abschätzen kann. — Der an den theoretischen Grundlagen der Spielbaumsuche interessierte Leser findet in diesem Buch Ansätze zur Analyse der Suchabfolge und zur Berechnung der Sucheffizienz der Algorithmen. Den Ausgangspunkt bilden die zu durchsuchenden Bäume, deren Knoten-Beziehungen auf einfache Weise in mathematischen Gleichungssystemen beschrieben werden.

Abstract

Tree search algorithms are used in computer science—more specifically in the subfield of Artificial Intelligence—for searching decision trees. This book deals with algorithms for a special kind of decision trees: the game trees. Two important classes of algorithms for searching game trees are investigated: the minimal window search algorithms, which examine the tree in a predetermined order, and the state space search algorithms, which utilize dynamically acquired information to control the search sequence.

In this book, the practitioner will find a variety of tree search algorithms for two-person-zero-sum games. In addition to that, he will be provided with analytical and empirical criteria to evaluate their expected search performance in a given application. — The theorist, on the other hand, will find a number of analytical approaches which assess the influence of static node values on the dynamic search process.

Inhaltsverzeichnis

Kapitel 1

Grundlagen

1.1 Einführung

Ohne den Einsatz effizienter Baum-Suchverfahren wären die ersten spektakulären Erfolge der Künstlichen Intelligenz (KI) in den frühen sechziger Jahren nicht denkbar gewesen. Sowohl die Problemlösungssysteme der ersten Generation als auch die Spielprogramme, die schon sehr früh als Testobjekt für die Programmierung komplexer Entscheidungsprozesse dienten, beruhen auf der Analyse umfangreicher Bäume von Handlungsalternativen.

Mittlerweile gehören Baum-Suchverfahren zum Standardwissen jedes KI-Forschers. Sie finden sich als Grundbausteine in kognitiven Systemen, Problemlösungssystemen, Spielprogrammen, Theorembeweisern, Robotersteuerungen und Expertensystemen wieder, um hier nur die wichtigsten Anwendungsbereiche zu nennen. Die in diesen Anwendungen zu lösenden Probleme sind derart komplex, daß ein Rechnerprogramm die Lösung nicht allein auf der Basis programmierten Wissens finden kann. Vielmehr muß das Ausgangsproblem zur Lösung sukzessiv in einfachere Teilprobleme zerlegt und alle möglichen Lösungswege systematisch ausprobiert werden. Mangelndes Wissen wird so durch eine einfache "trial-and-error"-Suche ersetzt.

Aber nicht nur in der Informatik, sondern auch im menschlichen Problemlösungsprozeß spielt die trial-and-error-Methode eine wichtige Rolle. Man denke nur an die Aufgabe, in einem Gesellschaftsspiel wie Schach, Dame, Go oder Kalah den besten Zug zu finden. In diesen Spielen ist der komplette Spielzustand, also alle Handlungsmöglichkeiten und die sich daraus ergebenden Konsequenzen, für alle Beteiligten offengelegt. Im Prinzip kann selbst ein Anfänger, der über keinerlei taktisches oder strategisches Wissen verfügt, "optimal" spielen, indem er in Gedanken alle möglichen Züge durchprobiert und die resultierenden Stellungen bewertet. Zur Stellungsbewertung versetzt er sich dann in die Lage seines Gegenspielers und probiert, wiederum in Gedanken, dessen mögliche Zugerwiderungen durch. Das wechselweise Ausprobieren der Zugmöglichkeiten wird (zumindest theoretisch) so lange fortgesetzt, bis eine Endstellung erreicht ist, die entweder remis oder für eine der beiden Seiten gewonnen ist.

Daß die Menge der zu berücksichtigenden Zugmöglichkeiten schon bei geringen Vorausrechnungstiefen wahrhaft gigantische Ausmaße annehmen kann, wird bei einer kurzen Überschlagsrechnung klar: In einer Schachstellung gibt es durchschnittlich 40 Zugmöglichkeiten. Zieht man zu den 40 Folgestellungen der Ausgangsstellung alle 40 gegnerischen Erwiderungen in Betracht, so erhält man 1600 Stellungen. Verfolgt man die Zugmöglichkeiten bis zu drei Halbzüge tief (also eigener Zug, gegnerische Erwiderung und nochmals die eigene Erwiderung), so erhält man schon 64000 Stellungen und bei vier Halbzügen über zwei Millionen Stellungen. Auf diese Weise wächst der Suchraum, das heißt die Anzahl der zu berücksichtigenden Stellungen, exponentiell mit zunehmender Vorausrechnungstiefe. Man spricht von der *kombinatorischen Explosion* der Zugvarianten.

Nach Schätzungen besitzt das Damespiel etwa 10^{78} verschiedene Zugvarianten [Sam63], das Schachspiel 10^{120} [Shan50] und Go sogar 10^{761}. Es steht also völlig außer Frage, daß ein derart komplexer Suchraum niemals komplett enumeriert werden kann. Das aber macht gerade den Reiz dieser Spiele aus, da die beste Zugfolge häufig eher durch menschliche Intuition als durch (partielle) maschinelle Enumeration gefunden werden kann. Die Informatik befindet sich hier im Wettstreit mit der in vielen Jahrhunderten gesammelten menschlichen Erfahrung. Im Schachspiel ist der Wettkampf bislang noch zugunsten des Menschen ausgegangen, wohingegen in anderen Spielen, z.B. Backgammon [Berl80] oder Othello [Ros82], menschliche Weltmeister schon von Rechnerprogrammen geschlagen worden sind.

Jede der beiden Parteien, Mensch und Maschine, nutzt die ihr gegebenen Fähigkeiten auf ihre Weise aus: Während die menschliche Spielstrategie am besten als wissensgestützte Planung charakterisiert werden kann, beruhen die erfolgreichsten Spielprogramme auf der schnellen, präzisen und ermüdungsfreien Analyse vieler Millionen Zugvarianten. Die erschöpfende Analyse aller Varianten, die im Englischen oft abwertend als *brute force*-Suche bezeichnet wird, verläuft jedoch keinesfalls mit hirnloser, brutaler Gewalt. Vielmehr können mit Hilfe wohldurchdachter, ausgefeilter Techniken viele Zugvarianten von vornherein als unterlegen erkannt und ohne weitere Analyse verworfen werden. Die dabei erzielten Einsparungen unterliegen ebenfalls der kombinatorischen Explosion, wodurch sich kleine, zunächst bedeutungslos erscheinende Verbesserungen der Suchalgorithmen in großen Vorausrechnungstiefen zunehmend mehr bezahlt machen.

Das vorliegende Buch beschäftigt sich mit derartigen Techniken zur Elimination überflüssiger Zugvarianten. Obwohl einige der vorgestellten Algorithmen auch zur Lösung der eingangs erwähnten, allgemeineren KI-Probleme geeignet sind, konzentrieren wir uns hier auf den Kontext der Zwei-Personen-Null-Summen-Spiele. Diese bieten schon bei einer kleinen Anzahl einfacher, wohldefinierter Regeln eine Komplexität, die den anderen genannten Anwendungen zumindest ebenbürtig, wenn nicht gar überlegen ist. So kann anhand von Spielbäumen ohne großen programmiertechnischen oder analytischen Aufwand ein recht komplexer Problemlösungsprozeß studiert werden.

Der Spielprogrammierer findet in diesem Buch einen universell verwendbaren Grundstock von Baum-Suchalgorithmen für Zwei-Personen-Null-Summen-Spiele. Die charakteristischen Eigenschaften der Algorithmen werden detailliert analysiert und ihre Leistung sowohl empirisch als auch theoretisch untersucht. Dadurch werden dem Leser Bewertungskriterien an die Hand gegeben, mit denen er die zu erwartende Leistung der verschiedenen Suchstrategien in einer gegebenen Anwendung abschätzen kann.

Allerdings wird hier bewußt auf die Diskussion heuristischer Methoden für spezielle Spiele verzichtet, da diese im allgemeinen kurzlebiger Natur sind und dementsprechend besser in den einschlägigen Fachzeitschriften nachgelesen werden können. Der Schwerpunkt liegt vielmehr auf der Darstellung und Analyse genereller Suchkonzepte. Das heißt aber nicht, daß Verbesserungsmöglichkeiten der Suchalgorithmen ganz unberücksichtigt bleiben. Im Gegenteil: Die Diskussion algorithmischer Verbesserungen nimmt sogar einen recht großen Raum in der vorliegenden Arbeit ein, weil manche Verbesserungen eine derart drastische Leistungssteigerung hervorrufen, daß die Grundalgorithmen erst mit ihrer Hilfe für den praktischen Einsatz geeignet sind. Es werden jedoch nur solche Verbesserungen berücksichtigt, die in allen Anwendungen gleichermaßen von Nutzen sind und dadurch gewissermaßen einen festen Bestandteil der Ausgangsalgorithmen bilden.

Neben der Vorstellung und Analyse der Suchalgorithmen liegt ein weiterer Schwerpunkt dieser Arbeit auf den Analysemethoden selbst. Die Effizienzanalyse von Suchalgorithmen hat sich als derart komplex herausgestellt, daß bislang kein einzelner Ansatz existiert, der einen direkten, realistischen Effizienzvergleich aller Suchstrategien ermöglichen würde. Die bisherigen Ansätze sind entweder mathematisch nicht handhabbar oder sie beruhen auf unzulässig stark vereinfachenden Annahmen. Im theoretischen Teil der Arbeit werden drei sich ergänzende Analysemethoden vorgestellt. Primär dienen sie der Berechnung der Suchleistung unter verschiedenen Bedingungen, darüber hinaus geben sie aber auch einen detaillierten Einblick in den genauen Ablauf des Suchprozesses, woraus schließlich Verbesserungen der Suchalgorithmen abgeleitet werden.

Der empirische Teil dieses Buches gibt Aufschluß über den in der Praxis zu erwartenden Speicherplatzbedarf, den Rechenzeitbedarf und die Sucheffizienz der Algorithmen. Die beschriebenen Ergebnisse sind an synthetisch erzeugten Spielbäumen erzielt worden und auf sehr verschiedenartige Anwendungsfälle übertragbar.

Im einzelnen werden die genannten Themen in der folgenden Reihenfolge abgehandelt:

Das erste Kapitel enthält eine kurze Einführung in die Terminologie der UND/ODER-Bäume und Spielbäume sowie eine Vorstellung der Minimax- und Negamax-Verfahren, die in der Spielprogrammierung als Grundalgorithmen zur Berechnung des Spielergebnisses dienen.

Im zweiten Kapitel werden die Suchalgorithmen detailliert vorgestellt und ihre Eigenschaften und Verbesserungen erläutert. Sie lassen sich grob in zwei Gruppen einteilen: die direktionalen Suchverfahren, die den Baum in einer fest vorgegebenen Reihenfolge expandieren und die Besten-Suchverfahren, deren Expansionsreihenfolge dynamisch gesteuert ist. Auch Zwischenstufen und hybride Versionen werden in diesem Kapitel berücksichtigt.

Im dritten Kapitel beschreiben wir drei analytische Modelle zur theoretischen Effizienzanalyse der Suchalgorithmen. Das erste Modell analysiert die Suchleistung anhand wahrscheinlichkeitstheoretischer Überlegungen, aus denen der prozentuale Anteil der zu durchsuchenden Knoten abgeleitet werden kann. Im zweiten Ansatz werden für alle Suchverfahren Kriterien hergeleitet, die angeben, unter welchen Bedingungen ein beliebiger Knoten eines gegebenen Baumes expandiert werden muß. Diese Knoten-Expansionskriterien lassen die charakteristischen Eigenschaften des Suchablaufs erkennen und ermöglichen das Aufstellen von Dominanzrelationen zwischen den Algorithmen. Mit dem dritten Modell kann die durchschnittliche Sucheffizienz und der Rechenzeitverbrauch der Suchverfahren abgeschätzt werden, wenn die Ordnung des zu durchsuchenden Baumes im statistischen Sinn vorab bekannt ist. Dieses Modell beruht auf rekursiven Expansionsgleichungen. Es ist mathematisch so einfach gehalten, daß selbst kleine algorithmische Verbesserungen in den Gleichungen berücksichtigt werden können.

Im vierten Kapitel werden die Algorithmen empirisch untersucht. Es wird der Speicherplatzbedarf, der Rechenzeitverbrauch und die Anzahl durchsuchter Knoten ermittelt. Grundlage der Experimente ist ein weites Spektrum synthetisch erzeugter Spielbäume, das von sehr breiten, flachen Bäumen bis zu extrem tiefen, schmalen Bäumen reicht. Eine weitere Versuchsreihe dient der Effizienzanalyse der Suchalgorithmen in sehr kleinen Bäumen unter Berücksichtigung aller möglichen Werteverteilungen. Abschließend wird im vierten Kapitel der Nutzen untersucht, den die Aufbewahrung sämtlicher während des Suchprozesses akkumulierten Informationen ergibt.

Im fünften Kapitel erfolgt schließlich eine Zusammenfassung und Wertung der Ergebnisse sowie ein Ausblick auf zukünftige Forschungsansätze.

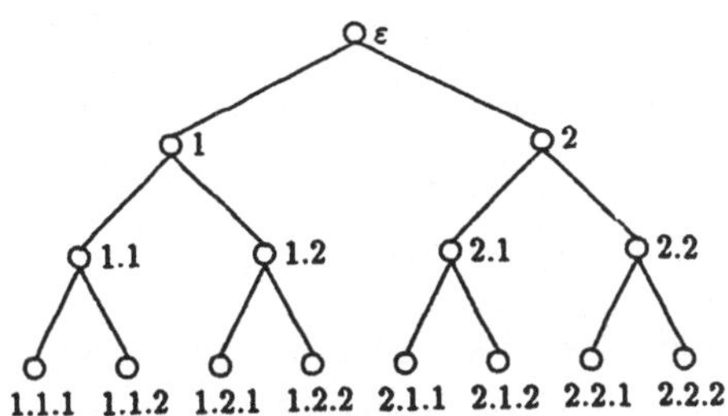

Abbildung 1.1 — Dewey-Knotennummern in einem gleichförmigen (2,3)-Baum

1.2 Bäume

1.2.1 Allgemeine Bäume

Ein *Baum* (tree)[1] ist eine zyklenfreie Struktur, bestehend aus *Knoten* (nodes) und *gerichteten Kanten* (branches), die je zwei Knoten, den *Vorgänger* (ancestor) mit dem *direkten Nachfolger* (descendant, successor) verbinden. Jeder Baum besitzt genau einen Knoten ohne Vorgänger, die *Wurzel* (root node). Knoten ohne Nachfolger werden als *Blätter* oder *Endknoten* (leaf nodes, terminal nodes) bezeichnet. Alle dazwischen liegenden Knoten und die Wurzel nennen wir *innere Knoten* (interior nodes).

In Abbildungen werden Bäume üblicherweise mit der Wurzel zuoberst dargestellt. Man sagt, die Wurzel liegt in der *Tiefe* (depth) 0. Die direkten Nachfolger eines Knotens der Tiefe d befinden sich in der Tiefe $d + 1$. Während die *Tiefe* die Länge des Pfades von der Wurzel zu einem Knoten angibt, benutzen wir den Begriff *Ebene d*, um die Menge aller Knoten, die in der Tiefe d liegen, zu kennzeichnen.

Die Nachfolger eines Knotens sehen wir stets als *geordnet*, das heißt im Sinne der natürlichen Zahlen durchnumeriert an. Bäume mit dieser Eigenschaft bezeichnet man oft ausführlicher als *geordnete Bäume*, der Einfachheit halber bleiben wir jedoch bei der kürzeren Bezeichnung. Zur Identifikation der einzelnen Knoten eines Baumes verwenden wir die aus dem Bibliothekswesen bekannte *dezimale Dewey-Notation* [Knuth73, S. 310]. Danach wird jeder Knoten J der Tiefe d durch eine Folge natürlicher Zahlen $j_1. \cdots .j_d$ dargestellt, die durch Punkte getrennt sind. Die Wurzel wird mit der leeren Sequenz ε bezeichnet. Ist Knoten $J = j_1. \cdots .j_d$ ein innerer Knoten, so heißen seine direkten Nachfolger $J.1 = j_1. \cdots .j_d.1$ bis $J.w = j_1. \cdots .j_d.w$, wobei w die Anzahl der Nachfolger von J angibt.

---

[1]In Begriffsdefinitionen fügen wir die anglo-amerikanische Bezeichnung in Klammern bei.

w ist der *Verzweigungsfaktor* (branching factor, width) des Knotens J. Abbildung 1.1 veranschaulicht die Dewey-Knotennummern an einem Baum der Tiefe 3. Wie aus dem Beispiel hervorgeht, lassen wir zur Vereinfachung die führenden Punkte der Knotennummern weg und schreiben zum Beispiel kurz 2.1 anstatt .2.1, wie es eigentlich bei strenger Auslegung der Dewey-Notation heißen müßte.

Wenn alle inneren Knoten den gleichen Verzweigungsfaktor w besitzen und alle Blätter in der gleichen Tiefe d liegen, handelt es sich um einen *gleichförmigen Baum* (uniform tree) der *Breite w* und *Tiefe d*. Wir sprechen kurz von einem (w, d)-*Baum*. Der in Abbildung 1.1 gezeigte Baum ist ein gleichförmiger (2,3)-Baum.

1.2.2   UND/ODER-Bäume

Eine spezielle Art von Bäumen, die UND/ODER-Bäume, nehmen in der Künstlichen Intelligenz eine besondere Stellung ein. Sie dienen als Hilfsmittel zur Problemlösung mit der sogenannten *Problem-Reduktionsmethode* [Nils71]. Das Grundprinzip dieser Problemlösungsmethode beruht auf der rekursiven Zerlegung eines gegebenen Ausgangsproblems in Teilprobleme. Man unterscheidet zwischen

- Teilproblemen, die *alle* zur Lösung des übergeordneten Problems gelöst werden müssen und

- Teilproblemen, von denen bereits die Lösung *eines einzigen* zur Lösung des übergeordneten Problems ausreicht.

Durch fortgesetzte rekursive Zerlegung erhält man eine baumartige Verknüpfung von Teilproblemen. Die Wurzel des Baumes repräsentiert das zu lösende Ausgangsproblem, innere Knoten repräsentieren reduzierbare Teilprobleme und die Blätter stellen entweder direkt lösbare oder unlösbare Teilprobleme dar. Den beiden Zerlegungsmöglichkeiten entsprechend gibt es in UND/ODER-Bäumen zwei verschiedene Knotentypen, die *UND-Knoten* und die *ODER-Knoten*. Sie wechseln sich von Ebene zu Ebene ab.

Definition 1.1 *Ein* **UND/ODER-Baum** T *(AND/OR tree) ist ein nicht-leerer Baum, in dem alle direkten Nachfolger der UND-Knoten vom Typ ODER sind, und alle direkten Nachfolger der ODER-Knoten vom Typ UND sind.*[2]

---

[2]Wir beschränken uns hier auf Bäume. Detaillierte Einführungen in UND/ODER-*Graphen* finden sich in den Lehrbüchern [Nils71,Nils80,Barr-Feig81], die auch gut als Ergänzung zu unserer knapp gehaltenen Diskussion der UND/ODER-Bäume herangezogen werden können.

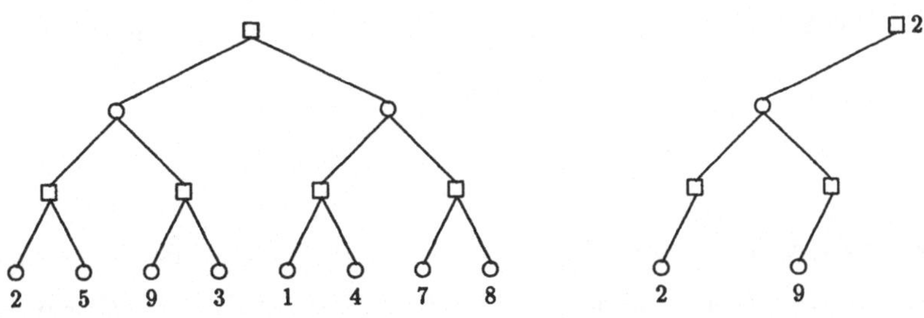

Abbildung 1.2 — Ein UND/ODER-Baum (links) mit einem Lösungsbaum (rechts)

Ein Teilproblem, dessen korrespondierender innerer Knoten Nachfolger vom Typ ODER besitzt, wird durch die Lösung *eines* seiner Folgeprobleme (dargestellt durch einen Nachfolgerknoten) gelöst. Um ein Teilproblem zu lösen, dessen korrespondierender innerer Knoten Nachfolger vom Typ UND besitzt, müssen hingegen *alle* Folgeprobleme (Nachfolgerknoten) gelöst werden. Wendet man diese Lösungsvorschrift rekursiv auf das Ausgangsproblem (die Wurzel) an, so erhält man einen Teilbaum des UND/ODER-Baumes, den sogenannten *Lösungsbaum*. Er repräsentiert eine mögliche *Lösungsstrategie*.

Definition 1.2 *Ein* **Lösungsbaum** *S (solution tree) eines UND/ODER-Baumes T ist ein Unterbaum von T mit den folgenden Eigenschaften:*

- *Die Wurzel von S ist zugleich die Wurzel von T.*

- *Ist J ein innerer Knoten von S, so sind alle direkten Nachfolger von J in S, falls sie UND-Knoten sind, und es ist genau ein Nachfolger von J in S, falls sie ODER-Knoten sind.*

- *Alle Endknoten in S sind primitive, das heißt lösbare Probleme.*

Da jeder UND-Knoten des Lösungsbaumes nur genau einen ausgewählten Nachfolger enthält, gibt es zu jedem nicht-trivialen UND/ODER-Baum eine Vielzahl verschiedener Lösungsbäume. Abbildung 1.2 zeigt einen UND/ODER-Baum mit einem der acht möglichen Lösungsbäume. Wie in der Literatur üblich, haben wir die UND-Knoten in Form von Quadraten und die ODER-Knoten als Kreise dargestellt.

Der Wert eines Lösungsbaumes wird, je nach den Erfordernissen der Anwendung, aus den Kosten oder den Werten der primitiven Teilprobleme berechnet: Er könnte beispielsweise unter dem Gesichtspunkt der Kostenminimierung oder der Gewinnmaximierung definiert werden. Für unsere Zwecke ist die folgende Definition [Stock79, S. 182] geeignet:

Definition 1.3 *Der* **Wert** v_S **eines Lösungsbaumes** S *ist der kleinste Wert* $f(J)$ *aller Endknoten* J *von* S:

$$v_S = \min\{f(J) \mid J \text{ ist Endknoten von } S\}.$$

Weiterhin legen wir fest, daß der beste Lösungsbaum eines UND/ODER-Baumes derjenige mit dem größten Wert ist. Dieser bestimmt zugleich den Wert des gesamten UND/ODER-Baumes.

Definition 1.4 *Der* **Wert** v_T **eines UND/ODER-Baumes** T *ist das Maximum der Werte* v_S *seiner Lösungsbäume* S:

$$v_T = \max\{v_S \mid S \text{ ist Lösungsbaum von } T\}.$$

Um den Wert beliebiger Unterbäume berechnen zu können, erweitern wir die Definitionen von v_S und v_T auf Teilbäume, die von beliebigen inneren Knoten J ausgehen und bezeichnen diese Werte mit $v_S(J)$ beziehungsweise $v_T(J)$. Die ursprünglichen Definitionen entsprechen dem Fall $J = \varepsilon$.

Im nächsten Abschnitt wird deutlich, daß der so definierte Wert eines UND/ODER-Baumes gerade dem Minimaxwert des korrespondierenden Spielbaumes entspricht.

1.2.3 Spielbäume

Bei *Zwei-Personen-Null-Summen-Spielen mit vollständiger Information* [Neu-Mor44] handelt es sich um Gesellschaftsspiele wie Schach, Dame, Mühle, Go, Kalah und viele andere. Die charakteristischen Eigenschaften dieser Spiele lassen sich am besten herausarbeiten, indem man den komplexen Begriff der Reihe nach in seine Bestandteile zerlegt:

"Zwei-Personen": An dem Spiel sind zwei Personen, oder besser zwei Parteien beteiligt, die entsprechend den Spielregeln abwechselnd je einen Zug ausführen, bis das Spielende erreicht ist. (Wir gehen davon aus, daß die Spielregeln unendlich lange Zugfolgen ausschließen.) Die beiden Spieler werden als *MAX* und *MIN* bezeichnet.

"Null-Summen": Die in den Endstellungen stattfindende Gewinnauszahlung wird derart vorgenommen, daß der Gewinn des einen Spielers dem Verlust seines Gegenspielers entspricht.

"vollständige Information": Beide Spieler sind jederzeit über den kompletten Spielzustand informiert. Ihre Handlungsmöglichkeiten sind also von keinem Zufallsereignis, wie z.B. einer Ziehung, dem Fall eines Würfels oder dem Rollen einer Kugel abhängig.

Die nach den Spielregeln erlaubten Zugfolgen werden häufig in Form einer Baumstruktur graphisch veranschaulicht. Dazu stellt man, ausgehend von der Anfangsstellung als Wurzelknoten, alle direkten und indirekten Folgestellungen als Knoten und die zu den Stellungen führenden Züge als Kanten dar. Der Baum enthält zwei verschiedene Knotentypen, die dem wechselweisen Zugrecht der beiden Spieler entsprechen. Im Prinzip könnte man zur graphischen Veranschaulichung UND/ODER-Bäume verwenden, indem man diejenigen Stellungen, in denen der MAX-Spieler am Zug ist, den UND-Knoten zuordnet, und die Stellungen, in denen der MIN-Spieler am Zug ist, den ODER-Knoten zuordnet. In der Spieltheorie sind jedoch die Bezeichnungen *MAX-Knoten* und *MIN-Knoten* gebräuchlich und man spricht hier von einem *Spielbaum*. In Abbildungen werden MAX-Knoten durch Quadrate und MIN-Knoten durch Kreise dargestellt.

Definition 1.5 *Ein* **Spielbaum** *G (game tree) ist ein Baum, in dem alle direkten Nachfolger der MAX-Knoten vom Typ MIN sind, und alle direkten Nachfolger der MIN-Knoten vom Typ MAX sind. Die Wurzel ε ist ein MAX-Knoten.*

Im Gegensatz zur Definition 1.1 der UND/ODER-Bäume haben wir in dieser Definition den Knotentyp der Wurzel eindeutig als MAX-Knoten festgelegt. Das ist jedoch keine Einschränkung, da jeder Spielbaum mit einer MIN-Wurzel isomorph auf einen Spielbaum mit einer MAX-Wurzel abgebildet werden kann. Der Grund für diese Festlegung liegt ausschließlich in der Vereinfachung theoretischer Untersuchungen.

Letztendlich geht es beim Spielen um den Gewinn. Der ist durch eine *Gewinnauszahlungsfunktion* $f(J)$ festgelegt, die für jedes Blatt J des Spielbaumes, das eine erreichbare Endstellung repräsentiert, die Höhe der Gewinnauszahlung aus der Warte einer der beiden Spieler angibt. Betrachtet man die Gewinnhöhe aus der Warte des MAX-Spielers, so wird dieser, wenn er direkt vor dem Spielende am Zug ist, möglichst zu einer Endstellung J mit dem größten Wert $f(J)$ ziehen. Der MIN-Spieler verfolgt die entgegengesetzte Strategie: Er wählt einen Zug zu einer Endstellung J mit dem geringsten Wert $f(J)$. Auf diese Weise kann man, von den tiefen zu den höher gelegenen Baumebenen fortschreitend, für jeden inneren Knoten J einen Wert berechnen, den sogenannten *Minimaxwert* $v(J)$:

Definition 1.6 *Der* **Minimaxwert** *$v(J)$ eines Knotens J ist definiert durch:*

$$v(J) = \begin{cases} f(J) & \text{\textit{falls J ein Endknoten ist,}} \\ \max\{v(J.j)\mid 1 \leq j \leq w\} & \text{\textit{falls J ein innerer MAX-Knoten ist,}} \\ \min\{v(J.j)\mid 1 \leq j \leq w\} & \text{\textit{falls J ein innerer MIN-Knoten ist.}} \end{cases}$$

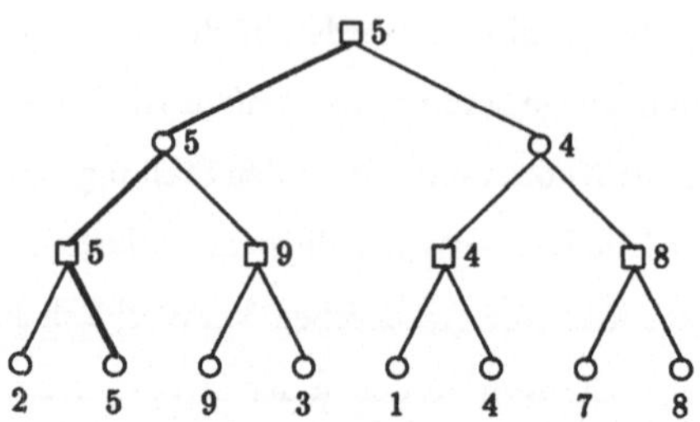

Abbildung 1.3 — Minimaxwerte in einem Spielbaum

Abbildung 1.3 zeigt die Minimaxwerte aller inneren Knoten eines Spielbaumes. Für den Wurzelknoten ε gilt:

$$
\begin{aligned}
v(\varepsilon) &= \max\{\min\{\max\{2,5\},\max\{9,3\}\},\min\{\max\{1,4\},\max\{7,8\}\}\} \\
&= \max\{\min\{5,9\},\min\{4,8\}\} \\
&= \max\{5,4\} \\
&= 5.
\end{aligned}
$$

In der Praxis ist jedoch häufig nicht der Minimaxwert der Ausgangsstellung gewünscht, sondern der *beste Zug*, der für den MAX-Spieler den größten Gewinn bei gleichzeitig bestem Gegenspiel seines Opponenten garantiert. Das ist natürlich der Zug der Ausgangsstellung, der zu einer Folgestellung mit dem größten Minimaxwert führt; im Beispiel von Abbildung 1.3 also die linke Kante. Aus der so erreichten Stellung führt der beste Zug des MIN-Spielers zu der Folgestellung mit dem geringsten Minimaxwert, im Beispiel also wiederum die linke Kante.

Die Folge der besten Züge bildet einen Pfad, der den Spielverlauf bei bestmöglicher Zugwahl beider Parteien kennzeichnet. Das ist eine sogenannte *Hauptvariante* (principal variation). Sie ist im Beispiel durch fett gedruckte Kanten markiert. Falls einer oder mehrere Knoten der Hauptvariante gleich bewertete Nachfolger besitzen, existieren sogar mehrere gleichwertige Hauptvarianten.

Die Hauptvariante impliziert die bestmögliche Zugwahl beider Parteien. Aber auch dann, wenn der MIN-Spieler einen Zug wählt, der nicht auf der Hauptvariante liegt, muß der MAX-Spieler seine beste Erwiderung darauf parat haben. Gesucht ist also ein Unterbaum des Spielbaumes, der auf jeden beliebigen MIN-Zug die beste MAX-Erwiderung enthält.

Unterbäume, die auf alle MIN-Züge genau eine (nicht notwendigerweise optimale) MAX-Erwiderung enthalten, sind uns bereits als Lösungsbäume der UND/ODER-Bäume bekannt (siehe Def. 1.2). Wenn man die UND- und ODER-Knotentypen sinngemäß auf die Spielbaum-Knotentypen überträgt, erhält man die Definition eines *MAX-Lösungsbaumes* oder (synonym) einer *MAX-Strategie*:

Definition 1.7 *Eine* **MAX-Strategie (MAX-Lösungsbaum)** S *eines Spielbaumes G ist ein Unterbaum von G, dessen Wurzel zugleich die Wurzel von G ist. Ist ein innerer Knoten J von G in S, so befinden sich alle direkten Nachfolger von J in S, falls J ein MIN-Knoten ist, und es ist genau ein direkter Nachfolger von J in S, falls J ein MAX-Knoten ist.*

Eine MAX-Strategie beschreibt also eine ausgewählte Zugfolge des MAX-Spielers mit allen möglichen MIN-Erwiderungen. Der in Abbildung 1.2 (Seite 7) gezeigte Lösungsbaum eines UND/ODER-Baumes kann also genauso gut als Strategie des MAX-Spielers interpretiert werden. Allerdings ist diese Strategie nicht optimal, weil die abgebildete Zugkombination bei geschicktem Gegenspiel des MIN-Spielers nur den Wert 2 erzielt, während der MAX-Spieler mit einer optimalen Strategie mindestens den Wert 5 erzielen könnte.

Der *Wert einer MAX-Strategie* ergibt sich aus dem Minimum seiner Blattwerte, weil der MIN-Spieler die für ihn beste Zugfolge auswählen kann (vgl. Definition 1.3). Der MAX-Spieler, der ja definitionsgemäß in der Ausgangsstellung das Zugrecht besitzt, kann seinerseits aus der Menge aller MAX-Strategien die günstigste wählen. Da er an der Maximierung des Spielresultats interessiert ist, wird er sich für eine MAX-Strategie mit dem größten Wert entscheiden. Der *Wert eines Spielbaumes* entspricht also dem maximalen Wert aller MAX-Strategien (vgl. Definition 1.4).

Damit haben wir den Minimaxwert, außer durch Definition 1.6, noch auf einem zweiten, unabhängigen Weg hergeleitet. Es gilt der Satz:

Satz 1.8 *Der Minimaxwert $v_G(\varepsilon)$ eines Spielbaumes G entspricht dem Wert $v_T(\varepsilon)$ des korrespondierenden UND/ODER-Baumes T:*

$$v_G(\varepsilon) = v_T(\varepsilon).$$

(Beweis siehe [Stock79, S. 182ff].)

Der Minimaxwert kann also auf mindestens zwei verschiedene Arten berechnet werden: entweder gemäß Definition 1.6 durch rekursive Rückbewertung der Blattwerte in die höher gelegenen inneren Knoten oder durch systematische Enumeration aller MAX-Strategien und Auswahl der besten Strategie. Beide Methoden sind in der Praxis gebräuchlich. Wie wir im nächsten Abschnitt sehen werden, läßt sich die erste Berechnungsmethode mit einem sehr einfachen rekursiven Algorithmus realisieren. Die zweite Methode wird von den sogenannten Zustandsraum-Suchverfahren angewendet, die wir erst im zweiten Kapitel behandeln.

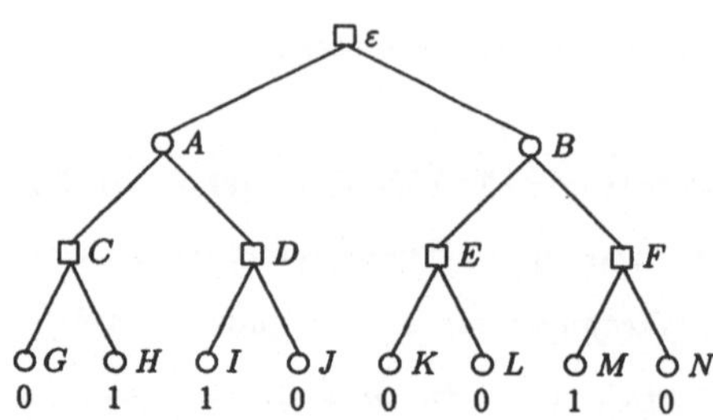

Abbildung 1.4 — Binär bewerteter Spielbaum

Neben diesen beiden Methoden gibt es aber noch weitere, weniger bekannte Verfahren zur Berechnung des Minimaxwertes. Obwohl sie in der Praxis kaum gebräuchlich sind, wollen wir im folgenden dennoch kurz auf sie eingehen, weil sie die Minimaxwert-Berechnung in einen erweiterten Kontext stellen und dadurch Zusammenhänge zu Konzepten anderer Informatik-Bereiche erkennen lassen.

Ein Möglichkeit zur Minimaxwert-Berechnung ergibt sich durch die Äquivalenz von UND/ODER-Bäumen und kontextfreien Grammatiken [Hall73], die natürlich auch entsprechend auf Spielbäume übertragbar ist. Anstatt die Zugvarianten eines Spiels in einem Spielbaum darzustellen, kann man sie auch als Ableitungen einer kontextfreien Grammatik interpretieren. Abbildung 1.4 zeigt ein Beispiel eines binär bewerteten Spielbaumes[3], der durch eine kontextfreie Grammatik mit dem Startsymbol ε, den Nicht-Terminalzeichen A bis N und den Terminalzeichen 0 und 1 beschrieben werden kann. Die Grammatik besitzt die folgenden Produktionen:

$$
\begin{array}{llllll}
\varepsilon & \to & A \mid B & & & \\
A & \to & CD & B & \to & EF \\
C & \to & G \mid H & E & \to & K \mid L \\
D & \to & I \mid J & F & \to & M \mid N \\
G & \to & 0 & K & \to & 0 \\
H & \to & 1 & L & \to & 0 \\
I & \to & 1 & M & \to & 1 \\
J & \to & 0 & N & \to & 0
\end{array}
$$

Da die Grammatik kontextfrei ist—auf der linken Seite der Produktionen stehen nur nichtterminale Zeichen—ist das Wortproblem lösbar. Es läßt sich also insbesondere feststellen, ob das Wort "11" aus dem Startzeichen ε abgeleitet werden kann. Allerdings ist nicht das Wort selbst von Interesse, das ja nur die Endstellungen der MAX-Strategie repräsentiert, sondern vielmehr die Ableitung des Wortes:

$$\varepsilon \Longrightarrow A \Longrightarrow CD \Longrightarrow HD \Longrightarrow 1D \Longrightarrow 1I \Longrightarrow 11.$$

[3]Da die dezimalen Dewey-Knotennummern leicht zu Verwechslungen mit den Blattwerten führen könnten, haben wir die Knoten in diesem Beispiel mit großen Buchstaben gekennzeichnet.

Diese Ableitung repräsentiert eine Gewinnstrategie des MAX-Spielers. Man erhält sie durch den Einsatz eines Analyse-Algorithmus, zum Beispiel dem von Earley [Ear68]. Prinzipiell könnte also die Minimaxwert-Berechnung durch eine Syntaxanalyse ersetzt werden. In der Praxis ist dieses Vorgehen jedoch nicht üblich, weil schon die explizite Formulierung der Produktionen, die ja den Zugmöglichkeiten entsprechen, zu aufwendig ist.

Eine andere Methode der Minimaxwert-Berechnung ergibt sich durch die Repräsentation der binär bewerteten Null-Summen-Spiele als *boolesche Funktion in disjunktiver Normalform* [Chang-Slag71]. Für den in Abbildung 1.4 gezeigten Spielbaum gilt:

$$\begin{aligned} v(\varepsilon) &= (G \vee H)(I \vee J) \vee (K \vee L)(M \vee N) \\ &= GI \vee GJ \vee HI \vee HJ \vee KM \vee KN \vee LM \vee LN \\ &= 0 \vee 0 \vee 1 \vee 0 \vee 0 \vee 0 \vee 0 \vee 0 \\ &= 1. \end{aligned}$$

Das Spiel ist also für den MAX-Spieler gewonnen, weil der Minterm HI, der das Endknotenpaar H und I repräsentiert, den Wert 1 besitzt. In der Praxis würde man die Berechnung des booleschen Ausdrucks natürlich schon nach dem dritten Minterm abbrechen, weil die restlichen Minterme das Endergebnis (den Minimaxwert $v(\varepsilon) = 1$) nicht mehr beeinflussen können.

Generell kann die Berechnung abgebrochen werden, sobald ein Minterm mit dem Wert 1 gefunden wurde. Im besten Fall, das heißt wenn schon der erste Minterm des booleschen Ausdrucks den Wert 1 ergibt, brauchen nur soviele Endknoten bewertet zu werden, wie dieser Minterm an Variablen besitzt. Das sind in gleichförmigen Bäumen der Breite w und Tiefe d genau $w^{\lfloor d/2 \rfloor}$ Variablen. Diese Anzahl entspricht der Anzahl der MIN-Knotenebenen[4] der korrespondierenden MAX-Strategie, in denen alle w Nachfolger berücksichtigt werden müssen.

Falls kein Minterm mit dem Wert 1 existiert, gibt es mindestens einen Maxterm der konjunktiven Normalform mit dem Wert 0. In einem gleichförmigen Baum enthält jeder Maxterm der konjunktiven Normalform $w^{\lceil d/2 \rceil}$ Variablen, das heißt, genau soviele Endknoten müßten im besten Fall bewertet werden, um zu beweisen, daß das Spiel für den MAX-Spieler verloren ist.

Aber auch diese Methode zur Berechnung des Minimaxwertes ist—genau wie die Syntaxanalyse—nur von theoretischem Interesse. Einerseits ist die Verwendung boolescher Ausdrücke natürlich nur in binär bewerteten Spielen möglich und andererseits entstehen in nicht-trivialen Spielen sehr komplexe Ausdrücke, die in der Praxis kaum handhabbar sind.

---

[4]Wobei die Blattebene natürlich nicht mitgezählt wird.

1.3 Konzepte der Baumsuche

1.3.1 Grundlegende Suchstrategien

In den vorangegangenen Abschnitten sind wir davon ausgegangen, daß der Spielbaum in einer nicht näher spezifizierten expliziten Darstellung komplett vorliegt. In der Praxis ist es jedoch nicht üblich, erst den Baum zu entwickeln, und anschließend—in einem eigenen Arbeitsschritt—den Minimaxwert zu berechnen. Stattdessen ist die Entwicklung des Baumes, das heißt die *Knotenexpansion*, eng mit der Berechnung des Minimaxwertes verknüpft. Dafür gibt es zwei Gründe.

Zum einen ist es aufgrund des exponentiellen Wachstums meistens gar nicht möglich, alle direkten und indirekten Folgestellungen einer gegebenen Spielstellung separat zu erzeugen und für die spätere Minimaxwert-Berechnung aufzubewahren. Nicht nur aus Speicherplatzmangel, sondern auch aus Rechenzeitgründen muß die Knotenexpansion in nicht-trivialen Spielen in einer vorher festgelegten Tiefe abgebrochen und der Wert der künstlich erzeugten Endstellungen abgeschätzt werden. Das geschieht mit einer ganzzahligen[5] *Bewertungsfunktion* $f(J)$, die für jeden Endknoten J den Wert der korrespondierenden Stellung aus der Sicht des MAX-Spielers angibt. Diese Schätzwerte dienen in gleicher Weise wie die "echten" Endstellungswerte der Gewinnauszahlungsfunktion zur Berechnung des Minimaxwertes.

Der zweite Grund, den Baum nicht vorab in einem separaten Arbeitsschritt zu erzeugen, liegt darin, daß zur Berechnung des Minimaxwertes normalerweise gar nicht alle Knoten des Baumes expandiert werden müssen. Durch eine Verflechtung der Knotenexpansion mit der Berechnung des Minimaxwertes ist es oft möglich, Baumteile zu überspringen, ohne daß sich das Endergebnis dadurch ändert.

Wieviele Baumteile übersprungen werden können, hängt nicht zuletzt von der Reihenfolge ab, in der die Knoten expandiert werden. Es existieren drei grundlegende *Expansionsstrategien*:

- Die *tiefenorientierte Knotenexpansion*, kurz *Tiefensuche* genannt, bei der erst dann ein neuer Knotennachfolger expandiert wird, wenn alle lexikographisch vorangehenden, das heißt in Abbildungen links eingezeichneten Knotennachfolger bis zur maximalen Suchtiefe expandiert worden sind,

- die *breitenorientierte Knotenexpansion*, kurz *Breitensuche* genannt, bei der die Knoten einer neuen Baumebene erst dann erzeugt werden, wenn alle Knoten der darüberliegenden Ebene

---

[5] $f(J)$ könnte ebensogut als reellwertige Funktion definiert werden. Häufig wird dieser große Wertebereich jedoch gar nicht ausgenutzt, weil die Auflösung praktischer Blattbewertungsfunktionen nur gering ist. Man beschränkt sich daher auf Stellungswerte eines endlichen Intervalls ganzer Zahlen.

expandiert worden sind und

- die *bestenorientierte Knotenexpansion*, kurz *Bestensuche* genannt, bei der die Nachfolger des Knotens mit dem jeweils besten Wert zuerst expandiert werden.

In der Breitensuche werden sämtliche Knoten einer Baumebene aufbewahrt, damit die Expansion der nächst-tieferen Baumebene an die höher gelegenen Knoten anknüpfen kann. Dadurch ergibt sich ein Speicherplatzbedarf der Größenordnung $O(w^d)$. Der Speicherplatzbedarf der Bestensuche liegt in derselben Größenordnung, weil der Expansionsprozeß den Knotenwerten entsprechend von einem Knoten des Baumes zu einem beliebigen anderen Knoten springt. Mit der Aufbewahrung der Knoten ist zudem noch ein erhöhter Verwaltungsaufwand verbunden, so daß man in der Praxis, wann immer möglich, auf die einfachere Tiefensuche zurückgreift. Diese expandiert die Knoten strikt von links nach rechts, wobei die links liegenden Knoten, deren Nachfolger vollständig expandiert worden sind, nicht weiter benötigt werden. Der Speicherplatzbedarf der Tiefensuche beträgt $O(d)$.

Im folgenden Abschnitt stellen wir einen besonders einfachen tiefenorientierten Algorithmus zur Berechnung des Minimaxwertes vor, aus dem viele andere Suchalgorithmen abgeleitet sind. Anschließend behandeln wir einen ebenfalls tiefenorientierten Algorithmus zur Berechnung des Minimaxwertes binär bewerteter Spielbäume, an dem die Vorteile der Verflechtung von Knotenexpansion und Minimaxwert-Berechnung besonders gut zutage treten.

1.3.2 Minimax und Negamax

Aus der Definition 1.6 des Minimaxwertes können praktische Verfahren zur Berechnung des Minimaxwertes abgeleitet werden. Das Grundprinzip besteht in der rekursiven Berechnung der Minimaxwerte aller inneren Knoten aus den Werten ihrer Nachfolger, bis schließlich der Minimaxwert der Wurzel fest steht. Dieses schrittweise "Zurückbewerten" der Knotenwerte von den Blättern bis zur Wurzel bezeichnet man als *Minimax-Rückbewertung*. Die Rückbewertung ist nicht an eine bestimmte Reihenfolge gebunden; sie kann sowohl breitenorientiert, als auch bestenorientiert oder tiefenorientiert erfolgen.

Abbildung 1.5 zeigt einen tiefenorientierten *Minimax-Algorithmus* zur Berechnung des Minimaxwertes eines (Unter-)Baumes mit der Wurzel J. Obwohl es sich bei diesem Algorithmus nur um einen einzigen von vielen möglichen Algorithmen zur Berechnung des Minimaxwertes handelt, bezeichnet man ihn als *den* Minimax-Algorithmus, weil er in abgewandelter Form den Kern aller tiefenorientierten Spielbaum-Suchverfahren bildet.

```
1     integer procedure Minimax_MAX (position J);
2     begin integer j, w, value;
3         determine successor positions J.1, ..., J.w;
4         if w = 0 then
5             return f(J);                    (* Blattbewertung *)
6         value ← − ∞;
7         for j ← 1 to w do
8             value ← max (value, Minimax_MIN (J.j));
9         return value
10    end;
```

```
1     integer procedure Minimax_MIN (position J);
2     begin integer j, w, value;
3         determine successor positions J.1, ..., J.w;
4         if w = 0 then
5             return f(J);                    (* Blattbewertung *)
6         value ← + ∞;
7         for j ← 1 to w do
8             value ← min (value, Minimax_MAX (J.j));
9         return value
10    end;
```

Abbildung 1.5 — Minimax-Algorithmus

Die erste Anweisung des Minimax-Algorithmus "determine successor positions" ist eine hochsprachliche Umschreibung einer ganzen Reihe von anwendungsspezifischen Anweisungen, die der Zugerzeugung und der Tiefenlimitierung dienen. Wir nehmen an, daß die Anweisung "determine successor positions" als Ergebnis alle Nachfolger $J.1, \ldots, J.w$ des Knotens J liefert und der Variable w die Anzahl der erzeugten Nachfolger zuweist. Wenn der Knoten J ein Blatt ist, liefert die Anweisung den Wert $w = 0$ und der Blattwert $f(J)$ wird in den Programmzeilen 4 und 5 als Ergebnis der Minimaxwert-Berechnung zurückgeliefert. Falls J jedoch kein Endknoten ist, wird der Variable w die Anzahl der tatsächlich erzeugten Nachfolger zugewiesen und deren Minimaxwerte nacheinander rekursiv berechnet. Je nachdem, ob J ein MAX- oder ein MIN-Knoten ist, wird sein Minimaxwert in

Programmzeile 8 aus dem Maximum oder Minimum seiner Nachfolgerwerte berechnet. Das Ergebnis wird dann anschließend in Zeile 9 an die Aufrufstelle zurückgeliefert.

Die von Baumebene zu Baumebene abwechselnde Maximierung und Minimierung der Knotenwerte ist im abgebildeten Algorithmus auf zwei Funktionen verteilt. Wenn der Knoten J ein MAX-Knoten ist, wird sein Minimaxwert durch den Funktionsaufruf Minimax$_{\text{MAX}}(J)$ berechnet, anderenfalls muß die Funktion Minimax$_{\text{MIN}}(J)$ verwendet werden. Durch Induktion über die Suchtiefe kann gezeigt werden, daß die Funktionen tatsächlich den Minimaxwert gemäß Definition 1.6 berechnen.

Die beiden Funktionen Minimax$_{\text{MAX}}$ und Minimax$_{\text{MIN}}$ lassen sich geschickt vereinigen, wenn man die Spielstellungen aus der Sicht des jeweils am Zug befindlichen Spielers bewertet. Die Stellungswerte des MAX-Spielers und des MIN-Spielers sind dann gerade entgegengesetzt gleich und es gilt

$$\min\{a, b\} = -\max\{-a, -b\}.$$

Somit maximiert auch der MIN-Spieler die Knotenwerte—jedenfalls aus seiner Sicht gesehen. Wir erhalten die folgende Definition des *Negamaxwertes* $u(J)$:

Definition 1.9 *Der* **Negamaxwert** $u(J)$ *eines Knotens* J *ist definiert durch:*

$$u(J) = \begin{cases} g(J) & \text{falls } J \text{ ein Endknoten ist,} \\ \max\{-u(J.j)\mid 1 \leq j \leq w\} & \text{falls } J \text{ ein innerer Knoten ist,} \end{cases}$$

mit

$$g(J) = \begin{cases} f(J) & \text{falls } J \text{ ein MAX-Endknoten ist,} \\ -f(J) & \text{falls } J \text{ ein MIN-Endknoten ist.} \end{cases}$$

Die Rückbewertung der von Ebene zu Ebene invertierten Knotenwerte bezeichnet man als *Negamax-Rückbewertung*. Der *Negamax-Algorithmus* ist in Abbildung 1.6 dargestellt. Man kann sich leicht davon überzeugen, daß die beiden Funktionsaufrufe Minimax$_{\text{MAX}}(J)$ und Negamax(J) dasselbe Ergebnis liefern, sofern J ein MAX-Knoten ist.

Beide Rückbewertungsmethoden haben ihre Vorteile. Das Minimax-Verfahren scheint der menschlichen Denkweise näher zu liegen als das Negamax-Verfahren, denn die Analyse eines Spielverlaufs fällt oft leichter, wenn man sich in einen Spieler hineinversetzt und die Qualität der Stellungen aus dessen Warte beurteilt. Für die Programmierung rekursiver Suchalgorithmen ist die wechselweise Maximierung und Minimierung jedoch eher hinderlich, so daß man hier im allgemeinen das kürzere Negamax-Verfahren vorzieht.

Im Zuge der Rückbewertung expandieren beide Minimax-Algorithmen sämtliche Knoten des Spielbaumes. In gleichförmigen Bäumen der Breite w und Tiefe d bewerten sie also insgesamt w^d Blätter.

```
1     integer procedure Negamax (position J);
2     begin integer j, w, value;
3         determine successor positions J.1, ..., J.w;
4         if w = 0 then
5             return g(J);                    (* Blattbewertung *)
6         value ← −∞;
7         for j ← 1 to w do
8             value ← max (value, −Negamax (J.j));
9         return value
10    end;
```

Abbildung 1.6 — Negamax-Algorithmus

Wie wir im folgenden Abschnitt sehen werden, sind jedoch viele dieser Blattbewertungen überflüssig. Durch geschicktes Ausnutzen der bereits berechneten Knotenwerte können oft ganze Unterbäume von der weiteren Expansion ausgenommen werden, ohne daß sich dadurch der Minimaxwert ändert. In Bäumen mit binären Blattwerten ist die Ersparnis besonders groß.

1.3.3 Solve

Viele Spiele besitzen eine sehr einfache, binäre Gewinnauszahlung: Das Spiel ist für eine Partei entweder gewonnen oder verloren. Aufgrund der Null-Summen-Annahme ist damit auch die Gewinnhöhe der Gegenpartei festgelegt, ihr Gewinn entspricht dem eigenen Verlust. Der Minimaxwert eines derartigen Spielbaumes könnte zwar mit dem Minimax- oder Negamax-Algorithmus berechnet werden, indem die beiden Spielergebnisse "für MAX gewonnen" und "für MAX verloren" mit den numerischen Werten 1 und 0 assoziiert werden. In der Praxis ist das aber nicht üblich, weil zur Berechnung des Minimaxwertes meistens gar nicht alle Knoten expandiert zu werden brauchen.

Sobald nämlich ein Nachfolger $J.j$ eines MAX-Knotens J den Wert 1 zurückgeliefert hat, kann die Expansion der restlichen MAX-Nachfolger eingestellt werden, weil das Ergebnis $v(J) = 1$ nicht weiter verbessert werden kann. Es gilt: $\max\{1, \{v(J.i)|\, j < i \leq w\}\} = 1$. Die restlichen Knotennachfolger des Knotens J brauchen dann nicht mehr expandiert zu werden und es kann im Knoten J ein *Schnitt* (cut-off) durchgeführt werden. Analog wird in einem MIN-Knoten J ein Schnitt durchgeführt, sobald ein Nachfolger den Wert 0 zurückgeliefert hat, weil dann die Expansion der restlichen Nachfolger das

```
1     integer procedure Solve_MAX (position J);
2     begin integer j, w, value;
3         determine successor positions J.1, ..., J.w;
4         if w = 0 then
5             return f(J);                    (* Blattbewertung *)
6*        value ← 0;
7         for j ← 1 to w do begin
8             value ← max (value, Solve_MIN (J.j));
9*            if value = 1 then
10*               return value                (* Schnitt *)
11        end;
12        return value
13    end;


1     integer procedure Solve_MIN (position J);
2     begin integer j, w, value;
3         determine successor positions J.1, ..., J.w;
4         if w = 0 then
5             return f(J);                    (* Blattbewertung *)
6*        value ← 1;
7         for j ← 1 to w do begin
8             value ← min (value, Solve_MAX (J.j));
9*            if value = 0 then
10*               return value                (* Schnitt *)
11        end;
12        return value
13    end;
```

Abbildung 1.7 — Solve-Algorithmus

Ergebnis $v(J) = 0$ nicht mehr beeinflussen kann.

Zur Realisierung dieser beiden Schnittmöglichkeiten ist nur eine geringfügige Änderung des Minimax-Algorithmus notwendig. Der in Abbildung 1.7 gezeigte *Solve-Algorithmus* wurde aus dem Minimax-

Algorithmus (Abbildung 1.5) abgeleitet, indem die Schnittabfragen in die Programmzeilen 9 und 10 eingefügt wurden und die Variable *value* mit den Werten 0 bzw. 1 initialisiert wurde. Die Änderungen sind mit einem Stern gekennzeichnet[6].

Im besten Fall, das heißt wenn die Blattwerte so angeordnet sind, daß die maximale Anzahl Schnitte auftritt, expandiert Solve in gleichförmigen Bäumen der Breite w und Tiefe d nur $w^{\lfloor \frac{d}{2} \rfloor}$ Blätter. Aber auch bei allen anderen Blattwertanordnungen schneidet Solve gut gegenüber den anderen Suchalgorithmen ab: Tarsi hat bewiesen [Tarsi83], daß *jedes* Baum-Suchverfahren zur Berechnung des Minimaxwertes eines binär bewerteten, gleichförmigen Baumes im statistischen Mittel über alle Blattwertverteilungen mindestens die gleiche Blattanzahl wie der Solve-Algorithmus bewerten muß. Bei bestimmten Blattwertverteilungen kann es zwar Algorithmen geben, die weniger Blätter als Solve expandieren, aber gemittelt über *alle* Verteilungen expandiert Solve die geringstmögliche Anzahl. Besondere Bedeutung erhält dieser Beweis durch die Tatsache, daß Solve ein *direktionales* Suchverfahren ist.

Definition 1.10 *Ein Baum-Suchverfahren heißt* **direktional** *(directional), wenn es nach der Expansion eines Knotens J niemals einen lexikographisch vor J liegenden Knoten expandiert.*

Direktionale Baum-Suchverfahren expandieren die Knoten in einer fest vorgegebenen Reihenfolge, zum Beispiel von links nach rechts. Dadurch stehen während der Expansion nur Informationen aus zuvor durchlaufenen (im Beispiel: linken) Baumteilen zur Verfügung. Man könnte annehmen, daß nicht-direktionale Suchalgorithmen, die auch über Knotenwerte aus zuvor expandierten rechten Baumteilen verfügen, einen Informationsvorsprung besitzen. Der Optimalitätsbeweis von Solve, der ausdrücklich alle Suchverfahren einschließt, zeigt jedoch, daß diese Information nicht essentiell ist.

---

[6] Im Grunde ist die Variable *value* überflüssig—wir haben sie jedoch aus didaktischen Gründen im Solve-Algorithmus belassen.

Kapitel 2

Baum-Suchalgorithmen

In diesem Kapitel stellen wir Baum-Suchalgorithmen zur Berechnung des Minimaxwertes von Spielbäumen vor. Genauer gesagt, handelt es sich um *Suchbaum-Reduktionsverfahren*, denn diese Algorithmen dienen nicht nur dem bloßen Durchsuchen von Bäumen, sondern mit ihrer Hilfe sollen während des Suchprozesses möglichst viele überflüssige Knoten, und sogar ganze Unterbäume, abgeschnitten werden. Das darf natürlich nur in den Unterbäumen geschehen, die den Minimaxwert garantiert nicht beeinflussen können. Der Abschnitt geschieht auf der Grundlage von zuvor im Suchprozeß erworbenen Knoteninformationen.

Direktionale Suchverfahren verfügen aufgrund ihrer festgelegten Knoten-Expansionsreihenfolge über recht wenig Knoteninformationen. Sie können dementsprechend weniger Schnitte realisieren, als die aufwendigeren Besten-Suchverfahren, deren Expansionsreihenfolge dynamisch während des Suchprozesses entschieden wird. In diesem Kapitel stellen wir zwei direktionale Baum-Suchalgorithmen und zwei Besten-Suchverfahren vor. Im einzelnen handelt es sich um

- den Alpha-Beta-Algorithmus, der den Baum in einer einfachen direktionalen Tiefensuche expandiert,

- den NegaScout-Algorithmus, der eine aus dem Alpha-Beta-Algorithmus abgeleitete, teilweise direktionale, tiefenorientierte Expansionsstrategie aufweist,

- den SSS*-Algorithmus, der den Baum in einer völlig globalen Bestensuche expandiert und

- den Dual*-Algorithmus, dessen Bestensuche auf die einzelnen Wurzel-Unterbäumen beschränkt ist.

Diese vier Algorithmen, bilden einen Grundstock von Spielbaum-Suchalgorithmen, aus denen eine Vielzahl von Varianten abgeleitet werden kann. Wir stellen jeden Algorithmus detailliert vor und erläutern seine Funktionsweise anhand eines Beispielbaumes. Anschließend arbeiten wir die besonderen Eigenschaften heraus und diskutieren Verbesserungsmöglichkeiten.

2.1 Varianten des Alpha-Beta-Verfahrens

Die Erfindung des Alpha-Beta-Suchverfahrens vor etwa dreißig Jahren markiert einen wichtigen Meilenstein in der Spielprogrammierung. Seither gehört der Alpha-Beta-Algorithmus zum Grundwissen jedes Spielprogrammierers und er wird auch heute noch, in mehr oder weniger abgewandelter Form, in den meisten praktischen Spielprogrammen verwendet. Im Laufe der Zeit entstand eine ganze Familie von Alpha-Beta-Varianten, deren Mitglieder wir im folgenden vorstellen. Den Anfang macht natürlich der originale Alpha-Beta-Algorithmus, der in seiner ursprünglichen Form ein Musterbeispiel für die Prägnanz rekursiver Suchalgorithmen darstellt. Seine klare und einfache Algorithmus-Struktur bietet einen besonders guten Einstieg in die Technik rekursiver Suchalgorithmen.

Als Erfinder des Alpha-Beta-Verfahrens gilt McCarthy (siehe [Knuth-Moore75, S. 303]). Er hat bereits im Jahr 1956 darauf hingewiesen, daß zur Berechnung des Minimaxwertes im allgemeinen gar nicht alle Baumzweige durchlaufen werden müssen. Die erste Veröffentlichung ist Newell, Shaw und Simon zu verdanken [New-Sha-Sim58], die in der Beschreibung ihres Schachprogramms einen Algorithmus zum Abschneiden von Baumzweigen schildern. Dieser Algorithmus ist allerdings nicht mit dem später als "Alpha-Beta" bezeichneten Algorithmus identisch, da er nicht die volle Anzahl Schnitte durchführen kann. Er wurde von Knuth und Moore [Knuth-Moore75] als Branch-and-Bound-Algorithmus bezeichnet, was aber mittlerweile wieder als überholt gilt, weil man die Bezeichnung "Branch-and-Bound" nunmehr als Oberbegriff einer ganzen Klasse von Algorithmen verwendet [Kum-Kan83].

Wir bezeichnen in dieser Arbeit den leistungsschwächeren Algorithmus von Newell, Shaw und Simon als "B&B", und den vollständigen Alpha-Beta-Algorithmus, wie er in [Bru63,Sam67,Slag-Dix69] beschrieben ist, als "Alpha-Beta" bzw. "$\alpha\beta$".

2.1.1 Alpha-Beta

Der *Alpha-Beta-Algorithmus*, kurz $\alpha\beta$, ist ein tiefenorientiertes Suchverfahren zur Berechnung des Minimaxwertes von Spielbäumen. Er expandiert den Baum in einer vorher festgelegten Reihenfolge, das heißt direktional, unter Auslassung aller Knoten, die nach den bisherigen Informationen den Minimaxwert nicht beeinflussen können.

```
1    integer procedure αβ_MAX (position J; integer α, β);
2    begin integer j, w, value;
3        determine successor positions J.1, …, J.w;
4        if w = 0 then
5            return f(J);                    (* Blattbewertung *)
6        value ← α;
7        for j ← 1 to w do begin
8            value ← max (value, αβ_MIN (J.j, value, β));
9            if value ≥ β then
10               return value                (* β-Schnitt *)
11       end;
12       return value
13   end;
```

```
1    integer procedure αβ_MIN (position J; integer α, β);
2    begin integer j, w, value;
3        determine successor positions J.1, …, J.w;
4        if w = 0 then
5            return f(J);                    (* Blattbewertung *)
6        value ← β;
7        for j ← 1 to w do begin
8            value ← min (value, αβ_MAX (J.j, α, value));
9            if value ≤ α then
10               return value                (* α-Schnitt *)
11       end;
12       return value
13   end;
```

Abbildung 2.1 — $\alpha\beta$-Algorithmus (Minimax-Version)

```
1     integer procedure αβ (position J; integer α, β);
2     begin integer j, w, value;
3         determine successor positions J.1, ..., J.w;
4         if w = 0 then
5             return g(J);                    (* Blattbewertung *)
6         value ← α;
7         for j ← 1 to w do begin
8             value ← max (value, −αβ (J.j, −β, −value));
9             if value ≥ β then
10                    return value              (* Schnitt *)
11        end;
12        return value
13    end;
```

Abbildung 2.2 — $\alpha\beta$-Algorithmus (Negamax-Version)

Den beiden Rückbewertungsmethoden entsprechend existieren zwei Versionen des $\alpha\beta$-Algorithmus: eine ausführliche, aus zwei Funktionen bestehende Minimax-Version (siehe Abbildung 2.1) und eine kürzere, prägnante Negamax-Version (siehe Abbildung 2.2). Soweit nicht anders angegeben, beziehen wir uns im folgenden stets auf die Minimax-Version des $\alpha\beta$-Algorithmus, in der alle Knotenwerte aus der Sicht des MAX-Spielers angegeben werden. Je nach Baumebene werden die Knotenwerte zur Rückbewertung entweder maximiert oder minimiert.

Im Vergleich zum Solve-Algorithmus (Abbildung 1.7, Seite 19) fällt sofort die strukturelle Verwandtschaft ins Auge. Tatsächlich ist der $\alpha\beta$-Algorithmus im Grunde eine verallgemeinerte Variante des Solve-Algorithmus für Bäume mit ganzzahligen (bzw. sogar reellwertigen) Blattwerten. Durch den erweiterten Wertebereich benötigt $\alpha\beta$ natürlich eine andere Schnittbedingung: Während der Solve-Algorithmus die Expansion weiterer MAX-Knotennachfolger einstellen kann, sobald ein Nachfolger mit dem festen Wert 1 gefunden ist, hängen die Schnittmöglichkeiten des $\alpha\beta$-Algorithmus von den zuvor im Suchprozeß gefundenen Knotenwerten ab. Zum Glück brauchen jedoch nicht sämtliche bisher ermittelten Knotenwerte aufbewahrt zu werden, sondern die Schnitte können schon auf der Basis zweier Schrankenwerte durchgeführt werden: einer unteren α-*Schranke* und einer oberen β-*Schranke*. Sie formen das sogenannte *Suchintervall* oder *Suchfenster* (search window). Die α-Schranke entspricht dem Minimaxwert der besten, bisher bekannten MAX-Zugfolge und β ist der Wert, den der MIN-Spieler im seinerseits besten Fall erzielen kann. Wenn im Verlauf des Suchprozesses für

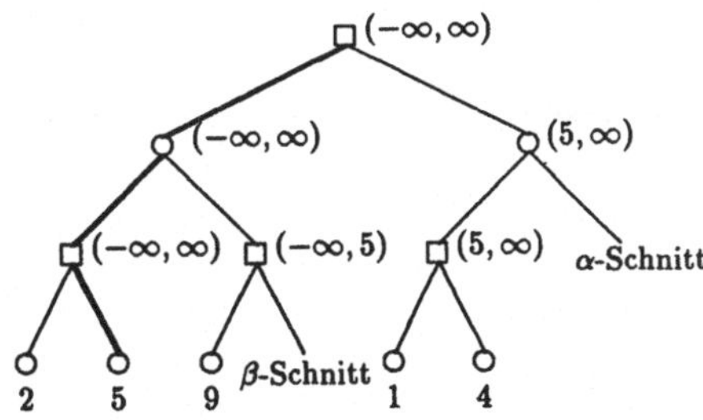

Abbildung 2.3 — Baum mit α- und β-Schnitten

---

den MAX-Spieler eine neue Zugfolge mit einem besseren Minimaxwert gefunden wird, erhöht sich die α-Schranke entsprechend. Wächst sie schließlich auf einen Wert $\geq \beta$, so kann die Expansion der restlichen Knotennachfolger eingestellt werden, weil der MIN-Spieler in diesem Fall die zuvor ermittelte, für ihn bessere Zugfolge mit dem Wert β bevorzugen würde.

Um sicherzustellen, daß alle auftretenden Blattwerte innerhalb des Suchintervalls liegen, wird es zu Anfang mit den Werten $(-\infty, +\infty)$ initialisiert[1]. Im Verlauf der Baumsuche schrumpft das Suchintervall durch das Auffinden immer besserer Zugfolgen, wodurch die Schnittmöglichkeiten sukzessiv zunehmen. Je nach Knotentyp (MAX- oder MIN-Knoten) treten die Schnitte in einer der beiden Funktionen $\alpha\beta_{\text{MAX}}$ oder $\alpha\beta_{\text{MIN}}$ auf. Man unterscheidet *β-Schnitte*, die in der $\alpha\beta_{\text{MAX}}$-Funktion auftreten, wenn ein MAX-Nachfolger einen Wert $\geq \beta$ zurückliefert und *α-Schnitte*, die in der $\alpha\beta_{\text{MIN}}$-Funktion auftreten, wenn ein MIN-Nachfolger einen Wert $\leq \alpha$ zurückliefert.

Diese beiden Schnittmöglichkeiten wollen wir anhand eines Beispiels (Abbildung 2.3) demonstrieren. Hier expandiert der $\alpha\beta$-Algorithmus zunächst die Knoten entlang des linken Pfades, das heißt die Knoten ε, 1 und 1.1, mit dem vollständig geöffneten Suchfenster $(-\infty, +\infty)$. Nachdem der Minimaxwert 5 des Knotens 1.1 ermittelt worden ist, wird er als β-Wert bei der Expansion des Knotens 1.2 eingesetzt. Das Suchfenster lautet hier $(-\infty, 5)$. Im Knoten 1.2 wird zunächst der links liegende Nachfolger, das Blatt 1.2.1, expandiert. Seine Bewertung liefert den Wert $v(1.2.1) = 9$ zurück, der wegen $9 \geq \beta = 5$ einen β-Schnitt verursacht (Programmzeile 9 in der $\alpha\beta_{\text{MAX}}$-Funktion).

Aus der Sicht der beiden Spieler läßt sich der Schnitt folgendermaßen begründen: Der MIN-Spieler hat im Knoten 1 die Wahl zwischen dem linken Zug, der ihm mit Sicherheit den Wert 5 einbringt, und dem rechten Zug, der einen beliebigen Wert ≥ 9 zur Folge hat. Also wird der MIN-Spieler, dessen Bestreben ja in der Minimierung des Spielresultats liegt, stets den linken Zug wählen, unabhängig

---

[1]Genau genommen gehören die Werte $\pm\infty$ nicht der Menge der ganzen Zahlen (integer) an. In der Praxis verwendet man das Suchintervall $(MININT, MAXINT)$.

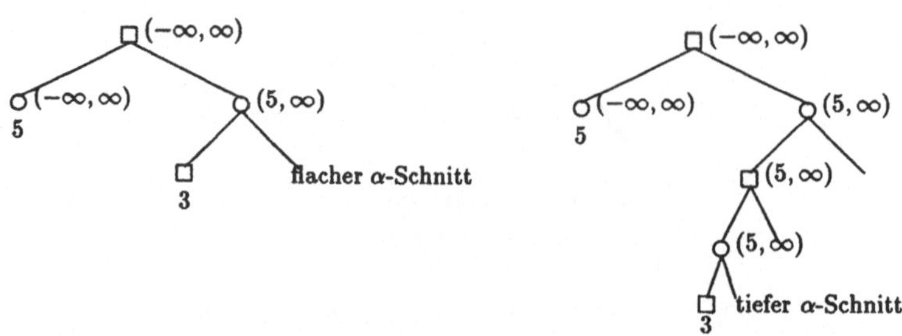

Abbildung 2.4 — Flache und tiefe α-Schnitte des $\alpha\beta$-Verfahrens

vom Wert des noch nicht expandierten Blattes 1.2.2, weil der rechte Zug einen schlechteren (höheren) Wert zur Folge hätte.

Analog läßt sich der im rechten Teil des Baumes abgebildete Schnitt begründen. Der einzige Unterschied zur gerade beschriebenen Situation liegt darin, daß hier ein MIN-Nachfolger mit einem geringeren Wert gefunden wurde, also ein α-Schnitt in der $\alpha\beta_{\text{MIN}}$-Funktion stattfindet.

Bei den gezeigten Schnitten handelt es sich um sogenannte *flache Schnitte* (shallow cut-offs). Sie treten in derselben Baumebene auf, in der zuvor der Knotenwert, der den Schnitt herbeiführt, gefunden wurde. Diese Situation ist in dem links in Abbildung 2.4 gezeigten Baumfragment noch einmal veranschaulicht. Hier expandiert der $\alpha\beta$-Algorithmus zunächst den linken Zweig und berechnet dessen Minimaxwert $v(1) = 5$, der anschließend die α-Schranke bei der Expansion des rechten Zweiges bildet. Da der Knoten 2.1 den Wert 3 zurückliefert, gilt $v(2.1) = 3 \leq \alpha = 5$. Im Knoten 2 wird also ein flacher α-Schnitt durchgeführt, das heißt die weiteren Nachfolger von Knoten 2 werden abgeschnitten.

Bei *tiefen Schnitten* (deep cut-offs) liegt der Schnittpunkt eine geradzahlige Anzahl Baumebenen unter der Ebene, in der zuvor der Knotenwert, der den Schnitt herbeiführt, gefunden wurde. Ein Beispiel ist im rechten Teil von Abbildung 2.4 gezeigt. Hier erfolgt der tiefe Schnitt im Knoten 2.1.1, also zwei Baumebenen unter der Ebene des Knotens 1, dessen Wert $v(1) = 5$ den Schnitt ermöglicht. Im Schnittknoten gilt $v(2.1.1.1) = 3 \leq \alpha = 5$, wodurch die Expansion der weiteren Nachfolger von Knoten 2.1.1 eingestellt werden kann.

Eine wesentliche Voraussetzung zur Realisierung tiefer Schnitte ist die Verfügbarkeit von α- und β-Schrankenwerten aus höher gelegenen Baumebenen. Die Übertragung dieser Werte geschieht durch die Besetzung der α- und β-Parameter der $\alpha\beta$-Funktion mit den entsprechenden Werten der zuvor durchsuchten, höher gelegenen Knoten. Im nächsten Abschnitt stellen wir einen Suchalgorithmus vor, der die Schrankenwerte nicht in tiefere Baumebenen überträgt und folglich keine tiefen Schnitte durchführen kann. Er bietet hingegen den Vorteil, außer zur Spielbaumsuche auch in anderen Anwendungsbereichen einsetzbar zu sein.

2.1.2 B&B

Durch sein zweiseitiges Suchfenster ist der $\alpha\beta$-Algorithmus nur zur Spielbaumsuche tauglich. Die in der betriebswirtschaftlichen Praxis auftretenden reinen Maximierungs- und Minimierungsprobleme lassen sich mit ihm nicht lösen, weil dort die Komponente des symmetrischen Gegenspiels fehlt. Hier wird entweder nur nur maximiert oder minimiert, wodurch natürlich nur jeweils eine Art von Schnitten, entweder α- oder β-Schnitte, möglich ist. Um den $\alpha\beta$-Algorithmus auch in diesem Anwendungsbereich einsetzen zu können, muß man ihn so verändern, daß er nur noch eine einzige Schranke benutzt[2].

Knuth und Moore [Knuth-Moore75] haben den resultierenden Algorithmus *Branch-and-Bound* genannt, im Gegensatz zu $\alpha\beta$, der nach ihrer Terminologie kein Branch-and-Bound-Algorithmus ist. In neueren Veröffentlichungen [Kum-Kan83] wird die Bezeichnung "Branch-and-Bound" jedoch als Oberbegriff einer ganzen Klasse von Algorithmen benutzt, deren Gemeinsamkeit das Verzweigen (branching) und Abschneiden (bounding) ist. Neben vielen anderen, gehören also auch alle in der vorliegenden Arbeit behandelten Suchalgorithmen der Klasse der Branch-and-Bound-Algorithmen an. Zur formalen Beschreibung dieser Algorithmen hat sich die sogenannte *allgemeine Branch-and-Bound-Notation* [Ibar78,Kum-Kan83,Ibar86] durchgesetzt, die allerdings zu abstrakt ist, als daß sie direkte Auswirkungen auf die praktische Programmierung haben könnte.

Zur Abgrenzung nennen wir den im folgenden beschriebenen Algorithmus, der mit Knuths und Moores "Branch-and-Bound" identisch ist, *B&B*. Er läßt sich aus dem $\alpha\beta$-Algorithmus durch Elimination einer Suchschranke ableiten: Aus der $\alpha\beta_{MAX}$-Funktion wird die α-Schranke herausgestrichen und aus der $\alpha\beta_{MIN}$-Funktion die β-Schranke. Man erhält so den in Abbildung 2.5 gezeigten B&B-Algorithmus. Da der untere α-Schrankenwert, der im $\alpha\beta$-Algorithmus zur Initialisierung der Variable *value* dient, in der B&B$_{MAX}$-Funktion nicht vorhanden ist, geschieht die Initialisierung hier mit dem Wert $-\infty$ (siehe Programmzeile 6). Analog wird die Variable *value* der B&B$_{MIN}$-Funktion mit dem Wert $+\infty$ vorbesetzt.

Mit dem Verzicht auf eine Suchschranke geht natürlich ein Informationsverlust einher. Der B&B-Algorithmus kann lediglich flache Schnitte durchführen, weil ihm die für tiefe Schnitte erforderlichen

---

[2]Der in Abbildung 2.5 gezeigte B&B-Algorithmus enthält—aus didaktischen Gründen—zwei Schrankenwerte (α und β), die bei näherer Betrachtung in einer einzigen Variable funktional zusammengefaßt werden könnten.

```
1    integer procedure B&B_MAX (position J; integer β);
2    begin integer j, w, value;
3        determine successor positions J.1, ..., J.w;
4        if w = 0 then
5            return f(J);                    (* Blattbewertung *)
6        value ← −∞;
7        for j ← 1 to w do begin
8            value ← max (value, B&B_MIN (J.j, value));
9            if value ≥ β then
10               return value                (* β-Schnitt *)
11       end;
12       return value
13   end;
```

```
1    integer procedure B&B_MIN (position J; integer α);
2    begin integer j, w, value;
3        determine successor positions J.1, ..., J.w;
4        if w = 0 then
5            return f(J);                    (* Blattbewertung *)
6        value ← +∞;
7        for j ← 1 to w do begin
8            value ← min (value, B&B_MAX (J.j, value));
9            if value ≤ α then
10               return value                (* α-Schnitt *)
11       end;
12       return value
13   end;
```

Abbildung 2.5 — B&B-Algorithmus (Minimax-Version)

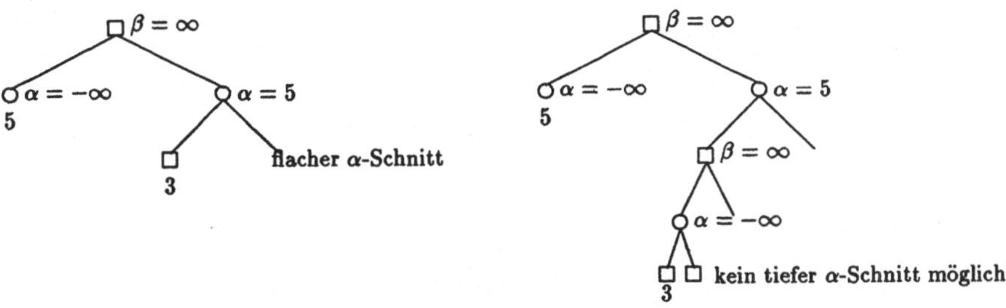

Abbildung 2.6 — Schnittmöglichkeiten des B&B-Verfahrens

Knotenwerte höherer Baumebenen fehlen. Zunächst wollen wir uns anhand des links in Abbildung 2.6 gezeigten Baumfragments davon überzeugen, daß B&B genau die gleichen flachen Schnitte wie $\alpha\beta$ realisiert. Die während der Knotenexpansion gültigen Schrankenwerte sind jeweils rechts neben den Knoten eingetragen.

Der B&B-Algorithmus beginnt die Baumsuche im linken Zweig, wo zunächst der Wert 5 ermittelt wird. Dieser Wert bildet bei der anschließenden Expansion des rechten Zweiges (Knoten 2) die α-Schranke der B&B$_{\mathrm{MIN}}$-Funktion. Nachdem auch hier wiederum der linke Nachfolger zuerst expandiert worden ist, tritt ein flacher α-Schnitt auf, weil sein Wert 3 die Schnittbedingung erfüllt. Es gilt: $v(2.1) = 3 \leq \alpha = 5$.

Die im rechten Teil der Abbildung gezeigte Möglichkeit eines tiefen Schnittes wird hingegen vom B&B-Algorithmus nicht realisiert. Bei der Expansion des rechten Wurzelnachfolgers, Knoten 2, besitzt die α-Schranke zwar auch den Wert 5, aber dieser Wert wird nicht in tiefer gelegene Baumebenen übertragen. Das hat zur Folge, daß die α-Schranke im Knoten 2.1.1 den Wert $-\infty$ besitzt, wodurch natürlich jegliche Schnittmöglichkeit ausgeschlossen ist.

2.1.3 Alpha-Beta-Verbesserungen

Das $\alpha\beta$-Verfahren gilt als das am besten erforschte Baum-Suchverfahren schlechthin. Dementsprechend ist bereits eine Vielzahl Tips und Tricks für anwendungsspezifische Verbesserungen veröffentlicht worden, die zumeist auf eine verbesserte Sortierung der Knoten-Expansionsreihenfolge hinauslaufen [Frey82,Mars83,Mar87]. In diesem Abschnitt wollen wir uns jedoch nur solchen Verbesserungen widmen, die generell in allen Anwendungen von Nutzen sind.

2.1.3.1 Suchfenster-Technik

Die Schnittmöglichkeiten des $\alpha\beta$-Algorithmus nehmen im Verlauf der Suche durch das ständig kleiner werdende Suchfenster sukzessiv zu. So ist es naheliegend, den langsamen Schrumpfprozeß des Fensters schon vorwegzunehmen, indem man die Baumsuche gleich zu Anfang mit einem beschränkten Suchfenster $(a, b) \neq (-\infty, \infty)$ startet [Baud78a]. Dann muß man jedoch damit rechnen, daß der Minimaxwert zuweilen außerhalb des Suchfensters liegt. In diesem Fall liefert die $\alpha\beta$-Baumsuche weder den tatsächlichen Minimaxwert, noch die Lage der Hauptvariante. Der Baum muß also nochmals mit einem größeren Suchfenster durchsucht werden. Wir sprechen von einer *Wiederholungssuche* (re-search). Dabei sind zwei Fälle zu unterscheiden:

- Der erste Suchvorgang mit dem Fenster (a, b) liefert das Ergebnis a. Dann steht fest, daß der tatsächliche Minimaxwert $v(\varepsilon) \leq a$ ist und die Suche mit dem geöffneten Fenster $(-\infty, a)$ wiederholt werden muß.

- Der erste Suchvorgang mit dem Fenster (a, b) liefert das Ergebnis b. Dann steht fest, daß der tatsächliche Minimaxwert $v(\varepsilon) \geq b$ ist und die Suche mit dem geöffneten Fenster $(b, +\infty)$ wiederholt werden muß.

Ein Sonderfall tritt ein, wenn auch die Wiederholungssuche den Wert a (bzw. b) liefert. Das ist ein Indiz dafür, daß der tatsächliche Minimaxwert $= a$ (bzw. $= b$) ist, weil aufgrund der ersten Suche $v(\varepsilon) \leq a$ (bzw. $v(\varepsilon) \geq b$) und aufgrund der Wiederholungssuche $v(\varepsilon) \geq a$ (bzw. $v(\varepsilon) \leq b$) gilt. Um diesen Fall programmtechnisch nicht gesondert behandeln zu müssen, wird zur Wiederholungssuche häufig auch gleich das größere Fenster $(-\infty, a + 1)$ bzw. $(b - 1, +\infty)$ verwendet.

2.1.3.2 F-Verbesserung

Wenn der Minimaxwert außerhalb des Suchfensters liegt, liefert der $\alpha\beta$-Algorithmus nur eine Intervallgrenze, das heißt entweder die α- oder β-Schranke, als Ergebnis zurück. Unter Berücksichtigung des großen Aufwandes—es ist ja schließlich der gesamte Baum durchsucht worden—ist das ein recht mageres Ergebnis. Wenn der $\alpha\beta$-Algorithmus hingegen eine genauere Abschätzung des tatsächlichen Minimaxwertes zurückliefern würde, könnte dieser Wert in der folgenden Wiederholungssuche sogleich zur Einschränkung des neuen Suchfensters verwendet werden.

Bei genauer Betrachtung des $\alpha\beta$-Algorithmus erkennt man, daß die Initialisierung der *value*-Variable für das unbefriedigende Suchergebnis verantwortlich ist. In der Negamax-Version des $\alpha\beta$-Algorithmus

```
1    integer procedure F-αβ (position J; integer α, β);
2    begin integer j, w, value;
3        determine successor positions J.1, ..., J.w;
4        if w = 0 then
5            return g(J);                    (* Blattbewertung *)
6*       value ← − ∞;
7        for j ← 1 to w do begin
8*           value ← max (value, −F-αβ (J.j, −β, − max (value, α)));
9            if value ≥ β then
10               return value                (* Schnitt *)
11       end;
12       return value
13   end;
```

Abbildung 2.7 — F-$\alpha\beta$-Algorithmus

(siehe Abbildung 2.2 auf Seite 24) wird die Variable *value* mit der α-Schranke initialisiert und anschließend das Maximum des α-Wertes und der Nachfolgerwerte berechnet. Wenn nun der Minimaxwert außerhalb des Suchfensters liegt, das heißt $\leq \alpha$ oder $\geq \beta$ ist, wird bei der Expansion des Wurzelknotens der Wert α oder bei der Expansion des ersten (und in diesem Fall einzigen) Wurzelnachfolgers der Wert β als Ergebnis zurückgeliefert. In beiden Fällen sind die Nachfolgerwerte kleiner als der Inhalt der Variable *value* (also $\leq \alpha$), so daß aus der Maximierung (Programmzeile 8) stets der Wert α hervorgeht.

Um eine genauere Abschätzung des Minimaxwertes zu erzielen, muß also die Variable *value* mit dem kleinstmöglichen Wert $-\infty$ initialisiert werden, damit *value* im Verlauf der Suche auch dann einen echten Knotenwert zugewiesen bekommt, wenn alle Werte $\leq \alpha$ sein sollten. Wir ändern die Programmzeile 6 des $\alpha\beta$-Algorithmus (Abbildung 2.2) entsprechend in:

$$value \leftarrow -\infty \, .$$

Mit dieser Änderung würde der $\alpha\beta$-Algorithmus jedoch mehr Knoten expandieren als zuvor, weil die obere β-Schranke des Suchfensters im rekursiven Aufruf den zu großen Wert $+\infty$ erhält. Zusätzlich muß also noch der Übergabeparameter des Funktionsaufrufs in Programmzeile 8 geändert werden:

$$value \leftarrow \max (value, -\text{F-}\alpha\beta \, (J.j, -\beta, - \max (value, \alpha))).$$

Der so erhaltene F-$\alpha\beta$-Algorithmus expandiert genau dieselben Knoten wie $\alpha\beta$. Im Gegensatz zu

$\alpha\beta$ liefert er jedoch auch dann eine genaue Abschätzung des Minimaxwertes, wenn das Endergebnis außerhalb des Suchfensters liegt. In der englischsprachigen Literatur ist diese Verbesserung als "fail-soft"-Verbesserung [Fish83] bekannt geworden—wir verwenden im folgenden die Kurzbezeichnung *F-Verbesserung*. Abbildung 2.7 zeigt die Negamax-Version des F-$\alpha\beta$-Algorithmus. Die Minimax-Version erhält man durch sinngemäße Änderung der Programmzeilen 6 und 8 der $\alpha\beta_{MAX}$- und $\alpha\beta_{MIN}$-Funktionen.

Bei geschickt gewähltem Suchfenster treten in der $\alpha\beta$-Baumsuche nur selten Wiederholungssuchen auf, so daß die F-Verbesserung hier kaum von Nutzen ist. Erst in den weiter unten beschriebenen Nullfenster-Suchverfahren, in denen die Wiederholungssuche ein zentraler Bestandteil des Suchkonzeptes ist, entfaltet die F-Verbesserung ihre volle Wirkung.

2.1.3.3 L-Verbesserung

Vielfach kommt es gar nicht auf die Berechnung des genauen Minimaxwertes an, sondern es ist nur der beste Zug der Ausgangsstellung gewünscht. In diesen Fällen kann man sich eine weitere Verbesserung des $\alpha\beta$-Algorithmus zunutze machen, mit deren Hilfe in bestimmten Bäumen Knotenexpansionen eingespart werden können.

Dazu wird der $\alpha\beta$-Algorithmus zunächst so modifiziert, daß er nur die ersten $w-1$ Wurzel-Unterbäume in bekannter Weise durchsucht. Der dabei berechnete Minimaxwert *value* dient anschließend zur Einschränkung des Suchfensters $(value, value + 1)$, das für die Expansion des letzten (w-ten) Wurzel-Unterbaumes benutzt wird. Da dieses Suchfenster kein Element enthält—weil der zurückgelieferte Minimaxwert eine ganze Zahl ist und die beiden Randwerte schon Schnitte herbeiführen—steht von vornherein fest, daß das Ergebnis nur außerhalb des Suchfensters liegen kann. Von Bedeutung ist nur, ob der zurückgelieferte Wert $\leq value$ oder $\geq value + 1$ ist.

Falls der im w-ten Wurzel-Unterbaum berechnete Minimaxwert $\leq value$ ist, bleibt der alte Minimaxwert gültig. In diesem Fall sind sowohl der genaue Minimaxwert als auch die Hauptvariante bekannt, denn es handelt sich ja um das Ergebnis eines zuvor mit dem üblichen $\alpha\beta$-Fenster durchsuchten Wurzel-Unterbaums $1, \ldots, w-1$. Liefert die Rückbewertung hingegen einen Wert $\geq value + 1$, so ist damit bewiesen, daß der beste Zug im rechten (w-ten) Wurzelnachfolger liegt. Der genaue Minimaxwert und die Lage der Hauptvariante sind dann allerdings unbekannt.

Der Vorteil dieser sogenannten *L-Verbesserung* (last move improvement [Fish80]) liegt in der Verwendung eines leeren Suchfensters im letzten Wurzel-Unterbaum, wobei natürlich mehr Schnittmöglichkeiten als mit einem normalen $\alpha\beta$-Suchfenster bestehen. Abbildung 2.8 zeigt, daß

```
1     integer procedure L-αβ (position J; integer α, β);
2     begin integer j, w, value;
3         determine successor positions J.1, ..., J.w;
4         if w = 0 then
5             return g(J);                    (* Blattbewertung *)
6         value ← α;
7*        for j ← 1 to w − 1 do begin
8             value ← max (value, −αβ (J.j, −β, −value));
9             if value ≥ β then
10                return value                (* Schnitt *)
11        end;
12*       if value ≥ −αβ (J.w, −value − 1, −value) then
13*           return value                    (* Der bisherige Minimaxwert ist korrekt. *)
14*       else                                (* Der w-te Wurzel-Unterbaum ist optimal, *)
15*           return unknown                  (* aber der Minimaxwert ist unbekannt. *)
16    end;
```

Abbildung 2.8 — L-αβ-Algorithmus

---

die Implementation der L-Verbesserung recht einfach ist und keinen zusätzlichen Rechenzeit- oder Speicherplatzaufwand erfordert. Aus diesem Grund ist die L-Verbesserung in der Praxis weit verbreitet.

2.2 Nullfenster-Suchverfahren

Je kleiner das Suchfenster, desto mehr Knotenexpansionen können eingespart werden. Treibt man die Reduktion auf die Spitze, so erhält man schließlich ein leeres Suchfenster $(value, value + 1)$, ein sogenanntes *Nullfenster* (minimal window). Ein derart modifizierter $\alpha\beta$-Algorithmus kann natürlich nicht mehr zur Berechnung des Minimaxwertes eingesetzt werden—er ist zu einer booleschen Funktion degeneriert, die prüft, ob der Minimaxwert $\geq value + 1$ ist.

Das Grundprinzip der Nullfenster-Suchverfahren besteht darin, zunächst im linken Wurzel-Unterbaum einen anfänglichen Minimaxwert als Referenzwert zu ermitteln und anschließend mit einer booleschen Funktion zu beweisen, daß die folgenden Unterbäume den Minimaxwert nicht beeinflussen können. Ist dieser Beweis für einen Unterbaum nicht möglich, so muß dessen genauer Minimaxwert mit einer Wiederholungssuche ermittelt werden, um den alten Referenzwert zu ersetzen. Meistens geht die Spekulation jedoch auf und es ist keine Wiederholungssuche notwendig. Dann erzielt die effiziente boolesche Funktion erhebliche Knoteneinsparungen, die den Mehraufwand gelegentlicher Wiederholungssuchen mehr als aufwiegen.

2.2.1 Scout

Der *Scout*-Algorithmus [Pearl80b] besteht aus drei Funktionen. Den Kern bilden zwei boolesche *Test*-Funktionen, die den Beweis erbringen sollen, daß der Wert eines Unterbaumes mit einer MAX- bzw. MIN-Wurzel gegenüber dem bisher gefundenen Minimaxwert unterlegen ist. Daneben existiert eine sogenannte *Eval*-Funktion, die zur genauen Berechnung des Minimaxwertes eines Unterbaumes dient.

Zur Minimaxwert-Berechnung eines MAX-Baumes setzt Scout zunächst die Eval-Funktion ein, die rekursiv den Wert des ersten Nachfolgers $J.1$ ermittelt. Anschließend wird mit Hilfe der beiden Test-Funktionen geprüft, ob einer der restlichen Nachfolger $J.2, \ldots, J.w$ einen besseren Minimaxwert aufweist. Gilt tatsächlich für einen Nachfolger $v(J.j) > v(J.1)$, so muß der Unterbaum $J.j$ nochmals expandiert werden, um seinen genauen Minimaxwert zu ermitteln. Das geschieht wieder nach demselben rekursiven Schema. Der ermittelte Wert $v(J.j)$ ersetzt dann den alten Referenzwert $v(J.1)$ und wird zum Testen der restlichen Nachfolger $J.j+1, \ldots, J.w$ benutzt. Da sich der Referenzwert mit jeder neuen Wiederholungssuche verbessert, nimmt die Wahrscheinlichkeit einer Wiederholungssuche stetig ab.

Liefert der Knotennachfolger $J.j$ hingegen einen Wert, der kleiner als der bisher gültige Referenzwert $v(J.1)$ ist, so ist damit bewiesen, daß $J.j$ keinen Einfluß auf den Minimaxwert hat und der Suchprozeß

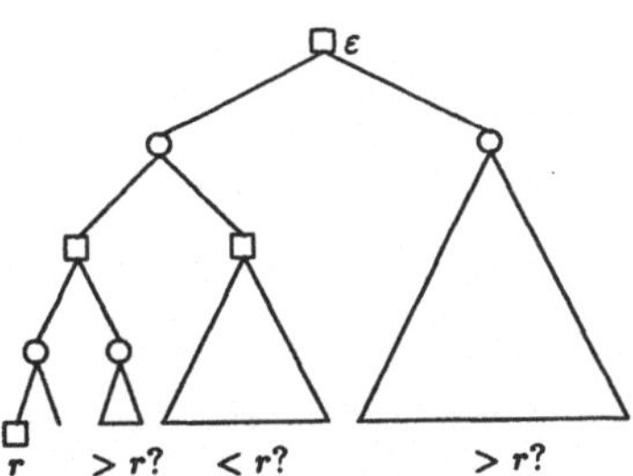

Abbildung 2.9 — Funktionsweise des Scout-Algorithmus

wird sogleich beim nächsten Nachfolger $J.j + 1$ fortgesetzt, ohne den genauen Minimaxwert von $J.j$ zu ermitteln.

Abbildung 2.9 veranschaulicht die Funktionsweise des Scout-Algorithmus. Unter den schematisch angedeuteten Unterbäumen ist der Referenzwert r eingetragen, mit dem die Test-Funktionen aufgerufen werden. Wenn bei einem der Test-Vorgänge die angegebene Bedingung "$> r$" bzw. "$< r$" erfüllt ist, muß eine Wiederholungssuche durchgeführt werden. Sie erfolgt rekursiv nach demselben Prinzip, das heißt, der Unterbaum der Wiederholungssuche besitzt wiederum die gleiche Struktur wie der in Abbildung 2.9 gezeigte Baum. Detaillierte Beschreibungen sowie ein Flußdiagramm des Scout-Algorithmus finden sich in [Pearl80a,Pearl80b].

Ursprünglich wurde der Scout-Algorithmus nur als theoretisches Hilfsmittel zum Beweis der asymptotischen Optimalität des $\alpha\beta$-Verfahrens entwickelt. Für die praktische Baumsuche schienen die umständlichen Mehrfachexpansionen auf den ersten Blick nicht geeignet zu sein. Entgegen dem Anschein stellte sich aber schnell heraus, daß die Knoteneinsparungen der beiden Test-Funktionen den Mehraufwand gelegentlicher Wiederholungssuchen meistens übertreffen. Es konnte gezeigt werden, daß der Scout-Algorithmus in vielen Anwendungen dem $\alpha\beta$-Verfahren überlegen ist [Pearl80b,Akl-Dor81,Rein83].

Bevor der Scout-Algorithmus in der Praxis eingesetzt werden konnte, mußten seine drei umständlichen, separaten Funktionen vereinfacht werden. Man erkannte, daß die booleschen Test-Funktionen durch eine einfache $\alpha\beta$-Suche mit einem Nullfenster ersetzt werden kann, die sogar noch den Vorteil einer genaueren Abschätzung des Minimaxwertes bietet (ähnlich der F-$\alpha\beta$-Funktion). Auch die Eval-Funktion konnte in den Algorithmus integriert werden, wodurch schließlich eine einzige, dem $\alpha\beta$-Algorithmus strukturell verwandte rekursive Funktion entstand. Unabhängig voneinander wurden drei neue Scout-Varianten, $C\alpha\beta$ [Fish81], NegaScout [Rein83] und PVS (principal variation search) [Mars-Camp82] entwickelt, die sich nur durch kleine algorithmische Details unterscheiden.

2.2.2 NegaScout

Funktional ist der *NegaScout*-Algorithmus [Rein83] ein Abkömmling des Scout-Verfahrens, algorithmisch ist er jedoch eher mit dem $\alpha\beta$-Algorithmus verwandt. Der prägnante Programmkode des NegaScout-Algorithmus demonstriert die perfekte Ausnutzung der Suchfenster-Technik: Ein offenes Suchfenster simuliert die Eval-Funktion des Scout-Verfahrens und ein Nullfenster erfüllt die Aufgaben der beiden booleschen Test-Funktionen. Darüber hinaus bietet die Verwendung des Nullfensters den Vorteil einer genaueren Abschätzung des Minimaxwertes, was die eventuell auftretenden Wiederholungssuchen beschleunigt.

Wie zuvor, beschreiben wir hier zunächst die Minimax-Version des NegaScout-Algorithmus (siehe Abbildung 2.10) und erläutern anschließend seine Funktionsweise an einem kleinen Beispielbaum. Die ersten Anweisungen des NegaScout-Algorithmus sind mit denen des $\alpha\beta$-Algorithmus identisch: Falls der Knoten J ein Blatt ist, liefert NegaScout den Blattwert $f(J)$ als Ergebnis (Programmzeile 5). Andernfalls initialisiert NegaScout die Variable *lo_value*, die der Variable *value* des $\alpha\beta$-Algorithmus entspricht, mit dem α-Wert, und die neu eingeführte Variable *hi_value* mit dem β-Wert. Diese beiden Variablen bilden das Suchfenster.

Der erste Knotennachfolger $J.1$ wird, genau wie vom $\alpha\beta$-Algorithmus gewohnt, mit dem geöffneten Suchfenster $(lo\_value, hi\_value) = (\alpha, \beta)$ expandiert, während die restlichen Nachfolger $J.2, \ldots, J.w$ nach Ausführung von Anweisung 15 mit dem Nullfenster $(lo\_value, lo\_value + 1)$ expandiert werden. Dieses Nullfenster wird im Anschluß an die Expansion jedes Nachfolgers $J.j$ in Programmzeile 15 neu angepaßt.

Die Schnittbedingung in Programmzeile 13 entspricht der des $\alpha\beta$-Algorithmus: Sobald ein Nachfolger $J.j$ mit einem $lo\_value \geq \beta$ gefunden wurde, ist die Expansion der weiteren Nachfolger $J.i$ mit $i > j$ nicht mehr erforderlich, und es wird als Resultat der Wert *lo_value* zurückgeliefert.

Kernpunkt des NegaScout-Algorithmus sind die Programmzeilen 9 bis 11. In Zeile 9 wird zunächst der Wert des Nachfolgers $J.j$ durch rekursiven Selbstaufruf berechnet und der Hilfsvariable t zugewiesen. Anschließend wird in Zeile 10 geprüft, ob der Nachfolger $J.j$ einen besseren Wert t zurückgeliefert hat, der eventuell in einer Wiederholungssuche mit einem geöffneten Suchfenster genau berechnet werden muß. Eine Wiederholungssuche ist nur dann notwendig, wenn sämtliche Bedingungen der Programmzeile 10 erfüllt sind:

- $t > lo\_value$. Nur diejenigen t-Werte, die den bisher bekannten Minimaxwert *lo_value* verbessern, sind in der weiteren Suche von Interesse und müssen gegebenenfalls in einer Wiederholungssuche genau berechnet werden.

```
1    integer procedure NegaScout_MAX (position J; integer α, β);
2    begin integer j, w, t, lo_value, hi_value;
3        determine successor positions J.1, ..., J.w;
4        if w = 0 then
5            return f(J);                                    (* Blattbewertung *)
6        lo_value ← α;
7*       hi_value ← β;
8        for j ← 1 to w do begin
9*           t ← NegaScout_MIN (J.j, lo_value, hi_value);
10*          if t > lo_value and t < β and j > 1 and depth < d − 1 then
11*              t ← NegaScout_MIN (J.j, t, β);             (* Wiederholungssuche *)
12           lo_value ← max (lo_value, t);
13           if lo_value ≥ β then
14               return lo_value;                            (* Schnitt *)
15*          hi_value ← lo_value + 1                         (* Neues Nullfenster *)
16       end;
17       return lo_value
18   end;
```

```
1    integer procedure NegaScout_MIN (position J; integer α, β);
2    begin integer j, w, t, lo_value, hi_value;
3        determine successor positions J.1, ..., J.w;
4        if w = 0 then
5            return f(J);                                    (* Blattbewertung *)
6        lo_value ← α;
7*       hi_value ← β;
8        for j ← 1 to w do begin
9*           t ← NegaScout_MAX (J.j, lo_value, hi_value);
10*          if t < hi_value and t > α and j > 1 and depth < d − 1 then
11*              t ← NegaScout_MAX (J.j, α, t);             (* Wiederholungssuche *)
12           hi_value ← min (hi_value, t);
13           if hi_value ≤ α then
14               return hi_value;                            (* Schnitt *)
15*          lo_value ← hi_value − 1                         (* Neues Nullfenster *)
16       end;
17       return hi_value
18   end;
```

Abbildung 2.10 — NegaScout-Algorithmus (Minimax-Version)

```
1    integer procedure NegaScout (position J; integer α, β);
2    begin integer j, w, t, lo_value, hi_value;
3        determine successor positions J.1, …, J.w;
4        if w = 0 then
5            return g(J);                        (∗ Blattbewertung ∗)
6        lo_value ← α;
7*       hi_value ← β;
8        for j ← 1 to w do begin
9*           t ← − NegaScout (J.j, −hi_value, −lo_value);
10*          if t > lo_value and t < β and j > 1 and depth < d − 1 then
11*              t ← − NegaScout (J.j, −β, −t);    (∗ Wiederholungssuche ∗)
12*          lo_value ← max (lo_value, t);
13           if lo_value ≥ β then
14               return lo_value;                 (∗ Schnitt ∗)
15*          hi_value ← lo_value + 1               (∗ Neues Nullfenster ∗)
16       end;
17       return lo_value
18   end;
```

Abbildung 2.11 — NegaScout-Algorithmus (Negamax-Version)

- $t < \beta$. Nur wenn der zurückgelieferte t-Wert nicht sofort zum Schnitt führt, muß sein genauer Wert ermittelt werden. Andernfalls wird der Schnitt sogleich mit dem ungenaueren, aber ausreichenden t-Wert durchgeführt.

- $j > 1$. Nur wenn der zurückgelieferte t-Wert von einem Nachfolger $J.2, \ldots, J.w$ stammt, muß gegebenenfalls eine Wiederholungssuche durchgeführt werden, da nur diese Nachfolger mit einem Nullfenster expandiert worden sind. Der linke Nachfolger $J.1$ wird stets mit einem geöffneten Suchfenster expandiert und erfordert daher keine Wiederholungssuche.

- $depth < d - 1$. Nur wenn die erreichte Suchtiefe $depth$[3] nicht die letzte Baumebene vor den Blättern ist, muß eine Wiederholungssuche stattfinden. Im anderen Fall, das heißt bei $depth =$

---

[3]Wir nehmen an, daß die Variable $depth$ außerhalb der NegaScout-Funktion deklariert ist und von der Anweisung "determine successor positions" bei Eintritt in eine neue Baumtiefe aktualisiert wird. Alternativ könnte der Parameter

$d - 1$, ist keine Wiederholungssuche erforderlich, weil von den Blättern immer exakte Werte zurückbewertet werden.

Der $C\alpha\beta$-Algorithmus, der diese vier Ausnahmebedingungen nicht enthält, schnitt in den ersten empirischen Experimenten so schlecht ab, daß sein Erfinder, Fishburn, ihn zunächst schlichtweg für unbrauchbar erklärte [Fish81, S. 110ff]. Die Tatsache, daß sich ein ähnlicher Algorithmus in der Schachmaschine *Belle* [Con-Tho82] gut bewährt hat, führte er auf die großen Verzweigungsfaktoren der Schachbäume zurück. Am NegaScout-Algorithmus kann jedoch beobachtet werden, daß die Nullfenster-Suche auch in schmalen Bäumen Vorteile gegenüber $\alpha\beta$ bietet, wenn man jede Möglichkeit zur Vermeidung überflüssiger Wiederholungssuchen ausnutzt. So ist der Erfolg des NegaScout-Verfahrens nicht zuletzt diesen vier Ausnahmebedingungen zu verdanken.

Aber die drei erwähnten Nullfenster-Algorithmen unterscheiden sich noch in einem weiteren Punkt: NegaScout führt die Wiederholungssuche mit einem rekursiven Selbstaufruf durch, während $C\alpha\beta$ und PVS zur Wiederholungssuche die $\alpha\beta$-Funktion benutzen. In Abgrenzung zum bisher diskutierten rekursiven NegaScout-Algorithmus, den wir auch abkürzend NS_r nennen, erhält man die zweite Methode, $NS_{\alpha\beta}$ genannt, durch Änderung des Funktionsaufrufs der Wiederholungssuche. Für die NegaScout$_{\text{MAX}}$-Funktion lautet die neue Programmzeile 11

$$t \leftarrow \alpha\beta_{\text{MIN}} \ (J.j, \ t, \ \beta)$$

und für die NegaScout$_{\text{MIN}}$-Funktion

$$t \leftarrow \alpha\beta_{\text{MAX}} \ (J.j, \ \alpha, \ t).$$

Bei Verwendung des $\alpha\beta$-Algorithmus zur Wiederholungssuche tritt innerhalb einer Wiederholungssuche garantiert niemals eine weitere Wiederholungssuche auf, was in der rekursiven Version NS_r durchaus der Fall sein kann. In der Praxis sind derartige geschachtelte Wiederholungssuchen aber so selten, daß NS_r im allgemeinen seinem Konkurrenten $NS_{\alpha\beta}$ überlegen ist.

Nach der Diskussion der unterschiedlichen NegaScout-Varianten wollen wir nun die Funktionsweise der Nullfenster-Suche anhand eines kurzen Beispiels erläutern. Abbildung 2.12 zeigt einen Baum, dessen Knoten mit den jeweiligen Suchfenstern der Minimax-Version des NegaScout-Algorithmus versehen sind. Angenommen, der linke Wurzel-Unterbaum ist bereits von NegaScout expandiert worden und sein Minimaxwert $v(1) = 5$ ist bekannt. Dann expandiert NegaScout den rechten Wurzelnachfolger 2 mit dem Nullfenster $(5, 6)$ und von dort aus wiederum den linken Nachfolger 2.1

---

depth bei jedem rekursiven NegaScout-Aufruf explizit übergeben werden, wie es teilweise in der Literatur üblich ist [Rein83,Rei-Sch-Mar85].

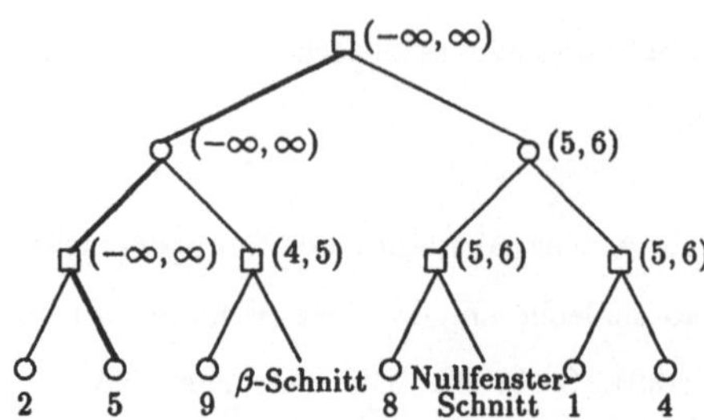

Abbildung 2.12 — Beispiel einer NegaScout-Baumsuche

---

mit demselben Fenster. An dieser Stelle findet nun ein Schnitt statt, da die Rückbewertung des Blattes 2.1.1 den Wert 8 liefert, wodurch die Schnittbedingung $v(2.1.1) = 8 \geq \beta = 6$ erfüllt ist. Das Blatt 2.1.2 wird also abgeschnitten.

Das $\alpha\beta$-Verfahren muß hingegen an dieser Stelle eine Blattbewertung vornehmen, da sein geöffnetes Suchfenster $(5, +\infty)$ hier keinen Schnitt zuläßt. In Abgrenzung zu den bisher eingeführten α- und β-Schnitten, die sowohl von $\alpha\beta$ als auch von NegaScout realisiert werden, bezeichnen wir diese neue Schnittart als *Nullfenster-Schnitte*.

Der in Abbildung 2.12 gezeigte Nullfenster-Schnitt wird gewissermaßen unter der Annahme durchgeführt, daß der später zu expandierende Nachfolger des MIN-Knotens 2 einen unterlegenen Wert ≤ 5 liefert. Damit wäre nämlich auch Knoten 2 als unterlegen bewiesen, weil der MAX-Spieler in der Wurzel dann den linken Zug bevorzugen würde. Dieser Fall entspricht der abgebildeten Situation.

Wird die Annahme jedoch im Verlauf der Suche nicht erfüllt, das heißt wenn beide rechten Blattwerte $v(2.2.1)$ und $v(2.2.2)$ im Beispiel größer als 5 sind, muß NegaScout im Knoten 2 eine Wiederholungssuche durchführen, um den genauen Minimaxwert und die neue Hauptvariante zu berechnen.

2.2.3 NegaScout-Verbesserungen

Der NegaScout-Algorithmus besteht aus zwei Komponenten, der Nullfenster-Suche und der Wiederholungssuche. Mit der ersten brauchen wir uns hier nicht weiter zu beschäftigen, weil die Suche mit einem Nullfenster bereits optimal ist (Beweis im dritten Kapitel). Anders hingegen die Wiederholungssuche, die eine Schwachstelle des ansonsten so effizienten NegaScout-Algorithmus darstellt. Ihrer Verbesserung sind die folgenden Teilabschnitte gewidmet.

```
1     integer procedure F-NegaScout (position J; integer α, β);
2     begin integer j, w, t, lo_value, hi_value;
3         determine successor positions J.1, ..., J.w;
4         if w = 0 then
5             return g(J);                              (* Blattbewertung *)
6*        lo_value ← − ∞;
7         hi_value ← β;
8         for j ← 1 to w do begin
9*            t ← −F-NegaScout (J.j, −hi_value, − max (lo_value, α));
10*           if t > max (lo_value, α) and t < β and j > 1 and depth < d − 2 then
11                t ← −F-NegaScout (J.j, −β, −t);       (* Wiederholungssuche *)
12            lo_value ← max (lo_value, t);
13            if lo_value ≥ β then
14                return lo_value;                      (* Schnitt *)
15*           hi_value ← max (lo_value, α) + 1           (* Neues Nullfenster *)
16        end;
17        return lo_value
18    end;
```

Abbildung 2.13 — F-NegaScout-Algorithmus

2.2.3.1   F-Verbesserung

Die bereits im Zusammenhang mit dem $\alpha\beta$-Verfahren vorgestellte F-Verbesserung entfaltet erst im NegaScout-Algorithmus ihre volle Wirkung, da hier die Wiederholungssuche ein integraler Bestandteil des Suchkonzepts ist. Mit ihrer Hilfe erzielt NegaScout auch bei Verwendung eines Nullfensters eine genaue Abschätzung des Minimaxwertes, die im Fall einer Wiederholungssuche zur Reduktion des Suchfensters eingesetzt wird. Das geschieht durch die Initialisierung der Variable lo_value mit dem Wert $-\infty$ (siehe Programmzeile 6 in Abbildung 2.13), die sicherstellt, daß lo_value im Verlauf der Suche auch dann einen echten Knotenwert zugewiesen bekommt, wenn alle Werte $\leq \alpha$ sein sollten. Die beiden weiteren Änderungen in Zeile 9 und 15 bewirken, daß die Nachfolgerknoten stets mit dem besseren, höheren Wert von lo_value und α expandiert werden.

Neben der Beschleunigung der Wiederholungssuche bietet die F-Verbesserung in Verbindung mit dem NegaScout-Algorithmus den weiteren Vorteil, daß in den beiden tiefsten Baumebenen keine Wiederholungssuchen stattzufinden brauchen. Die von dort zurückgelieferten Werte sind aufgrund der Initialisierung der Variable *lo_value* mit dem Wert $-\infty$ immer korrekt. Diese Tatsache ist in Programmzeile 10 in der Bedingung $depth < d - 2$ formuliert.

In der Praxis wird die Grundversion des NegaScout-Algorithmus kaum noch verwendet. Stattdessen greift man gleich auf den verbesserten *F-NegaScout*-Algorithmus zurück, der ohne großen Programmieraufwand zusätzliche Effizienzvorteile bietet. Da die F-Verbesserung mittlerweile als regulärer Bestandteil des NegaScout-Algorithmus angesehen wird, ist die Bezeichnung "F-NegaScout" kaum in die Literatur eingegangen. So verwenden auch wir—wenn nicht ausdrücklich anders angegeben—die Bezeichnung "NegaScout" als Kurzform für die in Abbildung 2.13 dargestellte F-NegaScout-Variante.

2.2.3.2   L-Verbesserung

Daß die L-Verbesserung auch auf NegaScout anwendbar ist, versteht sich von selbst. Hier fällt sie gewissermaßen als Nebenprodukt ab, weil NegaScout den Baum ohnehin zunächst mit einem Nullfenster durchsucht. Es braucht nur noch sichergestellt zu werden, daß im letzten Wurzel-Unterbaum auch dann keine Wiederholungssuche stattfindet, wenn er sich als überlegen erweisen sollte.

2.2.3.3   TL-Verbesserung

Eine Verfeinerung der L-Verbesserung wurde von Thompson in der Schachmaschine *Belle* [ConTho82] realisiert. Diese setzt die Baumsuche auch dann mit einem Nullfenster fort, wenn bereits ein überlegener Wurzel-Unterbaum, das heißt ein Wurzel-Unterbaum mit einem besseren Minimaxwert gefunden wurde. Bleibt es der einzige überlegene Wurzel-Unterbaum, so ist er als optimal bewiesen, ohne daß sein Minimaxwert jemals genau berechnet worden ist. Nur wenn sich später noch ein zweiter überlegener Wurzel-Unterbaum anfindet, muß eine Wiederholungssuche eingeleitet werden.

Dabei sind zwei Dinge zu beachten. Zum einen liefert die Nullfenster-Suche des ersten überlegenen Wurzel-Unterbaumes eine untere Schranke seines tatsächlichen Minimaxwertes zurück, die zur Aktualisierung des Nullfensters benutzt werden sollte. Der zweite Punkt bezieht sich auf die Anzahl der Wiederholungssuchen. Liefert die Wiederholungssuche des ersten Unterbaumes einen Wert, der kleiner als die untere Schranke ist, mit der zuvor der zweite Unterbaum durchsucht wurde, so kann die zweite Wiederholungssuche zunächst zurückgestellt werden, weil dann der zweite Unterbaum als Favorit feststeht. Die bisher gültige untere Schranke wird solange weiter benutzt, bis eventuell noch ein weiterer (dritter) überlegener Wurzel-Unterbaum gefunden wird.

```
integer procedure TL-NegaScout (position J; integer α, β);
begin integer j, w, t, lo_value, hi_value, research;
    determine successor positions J.1, ..., J.w;
    if w = 0 then
        return g(J);                                      (* Blattbewertung *)
    research ← 0;
    lo_value ← − ∞;                                       (* F-Verbesserung *)
    hi_value ← β;

    for j ← 1 to w do begin
        t ← − F-NegaScout (J.j, −hi_value, −max (lo_value, α));
        if t > lo_value then begin                 (* Besseren Minimaxwert gefunden? *)
            lo_value ← t;
            if j > 1 and t > α and t < β and depth < d − 2 then          (* WS nötig? *)
                if research = 0 then
                    research ← j                  (* Merke 1. Wiederholungssuche für später *)
                else begin
                    t ← − F-NegaScout (J.research, −β, −lo_value);   (* WS 1.Unterbaum *)
                    if t > lo_value then begin
                        lo_value ← t;
                        if lo_value ≥ β then
                            return lo_value;                          (* Schnitt *)
                        t ← − F-NegaScout (J.j, −β, −lo_value);   (* WS 2.Unterbaum *)
                        lo_value ← max (lo_value, t);
                        research ← 0
                    end else
                        research ← j          (* Merke 2. Wiederholungssuche für später *)
                end
        end;
        if lo_value ≥ β then
            return lo_value;                                          (* Schnitt *)
        hi_value ← max (lo_value, α) + 1          (* Obere Schranke des neuen Nullfensters *)
    end
    if research = 0 then
        return lo_value                              (* Rückgabe des Minimaxwertes *)
    else
        return unknown          (* Es ist nur der beste Wurzel-Unterbaum bekannt *)
end
```

Abbildung 2.14 — TL-NegaScout-Algorithmus

Allerdings birgt die Fortsetzung der Suche (ohne Wiederholungssuche) die Gefahr, daß aufgrund der schlechteren Schrankenwerte manchmal mehr Knoten expandiert werden, als es bei einer sofortigen Wiederholungssuche der Fall wäre. Dieser unerwünschte Effekt tritt besonders häufig ein, wenn gleich zu Anfang der Suche ein überlegener Wurzel-Unterbaum gefunden wird und anschließend weite Teile des Baumes mit einem schlechten Suchfenster expandiert werden müssen.

Es ist also—etwa anhand der lexikographischen Position des überlegenen Unterbaums—von Fall zu Fall abzuwägen, ob nicht doch eine sofortige Wiederholungssuche einzuleiten ist, um dadurch das Suchfenster zu verbessern. Letztlich basiert die TL-Verbesserung auf einer Spekulation, bei der nicht von vornherein klar ist, ob sie sich auszahlt. Die im vorangegangenen Abschnitt diskutierte "einfache" L-Verbesserung wirkt sich hingegen niemals nachteilig aus.

2.2.3.4 Verbesserte Informationsakquisition

Genau wie $\alpha\beta$ bewahrt NegaScout während der Suche außer den beiden Schrankenwerten keinerlei Knoteninformationen auf. Für $\alpha\beta$ ist das nicht von Nachteil, weil es streng direktional von links nach rechts vorgeht und somit Werte weiter links liegender Knoten später ohnehin nicht mehr benötigt. NegaScout muß hingegen im Fall einer Wiederholungssuche die zuvor mit dem Nullfenster expandierten Knoten noch ein zweites Mal durchsuchen. Mangels Information geschieht dies wieder nach demselben Schema von links nach rechts. Im folgenden stellen wir Methoden zur besseren Informationsakquisition vor, die zwei neue Schnittarten in der Wiederholungssuche ermöglichen.

Ein erster Verbesserungsansatz besteht darin, während der ersten Suchphase alle Knotennachfolger zu speichern, die den Minimaxwert nicht beeinflußt haben, um sie im Fall einer Wiederholungssuche nicht nochmals expandieren zu müssen. Abbildung 2.15 zeigt einen solchen *Links-Schnitt* (ignore left cut-off). Angenommen, die drei Unterbäume A, B und C werden mit dem Nullfenster $(4, 5)$ expandiert und die Expansion des linken Unterbaums A liefert einen Wert ≤ 2. Da dieser Wert kleiner als die β-Schranke ist, muß die Suche im Unterbaum B fortgesetzt werden, dessen Wert ≥ 8 schließlich einen Schnitt ermöglicht, weil $8 \geq \beta$ ist. In der anschließenden Wiederholungssuche braucht nun der Unterbaum A nicht mehr berücksichtigt zu werden, da er durch die erste Suche schon als unterlegen $(< \beta)$ identifiziert worden ist. Nur noch B und C sind von Interesse, und die Wiederholungssuche kann ohne Informationsverlust einen Links-Schnitt im Knoten A durchführen.

Links-Schnitte treten nur in jeder zweiten Ebene der Wiederholungssuche auf. In den dazwischenliegenden Ebenen sind jedoch andere Informationen zur Knoteneinsparung verfügbar, wie Abbildung 2.16 zeigt. Hier liefern alle drei Nachfolger in der anfänglichen Nullfenster-Suche die oberen Schranken ihrer tatsächlichen Minimaxwerte zurück. Wenn später eine Wiederholungssuche notwen-

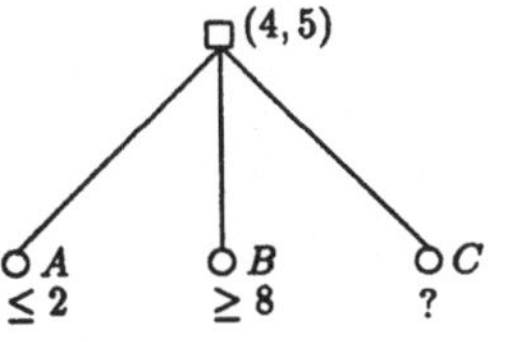

Nullfenster-Suche

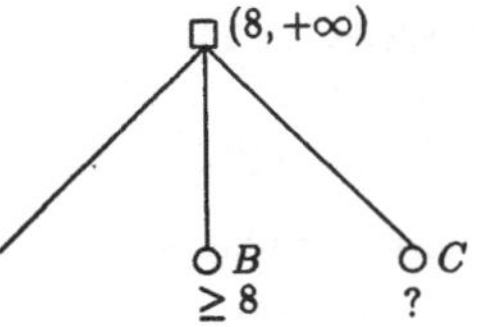

Wiederholungssuche

Abbildung 2.15 — Links-Schnitt im Knoten A in der Wiederholungssuche

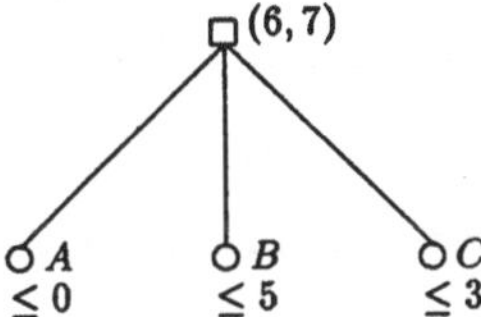

Nullfenster-Suche

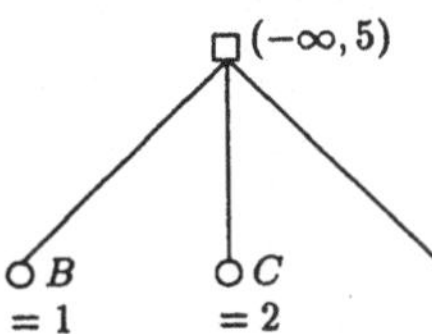

Wiederholungssuche

Abbildung 2.16 — Prove-Best-Schnitt im Knoten A in der Wiederholungssuche

dig sein sollte, können diese Schrankenwerte zur Sortierung der Expansionsreihenfolge herangezogen werden. Knoten B wird zuerst durchsucht, weil sein Unterbaum in der vorangegangenen Nullfenster-Suche die höchste obere Schranke (≤ 5) zurückgeliefert hat und er also mit großer Wahrscheinlichkeit der beste Unterbaum ist.

Angenommen, die Erwartungen werden nicht erfüllt und die Wiederholungssuche des Unterbaums B liefert nur den Wert 1 (siehe rechter Teil der Abbildung). Dann muß auch noch der Unterbaum C expandiert werden. Da von C nur die obere Schranke 3 bekannt ist, könnte C also noch einen besseren Wert als 1 besitzen. Folglich benutzt man statt eines Nullfensters das eingeschränkte Suchfenster $(1,3)$ für die Expansion des Unterbaums C, um dort eventuell auftretende mehrfach geschachtelte Wiederholungssuchen zu vermeiden.

Nehmen wir weiterhin an, daß die Expansion von C den Wert 2 ergibt, so steht C nun schon als bester Unterbaum fest, ohne daß A noch durchsucht werden muß. Für den Unterbaum B wurde nämlich zuvor der schlechtere Wert 1 berechnet, und von A ist bereits aus der ersten Nullfenster-Suche bekannt, daß sein Wert nicht größer als 0 sein kann. Den so erzielten Abschnitt des Knotens A bezeichnen wir als *Prove-Best-Schnitt*, denn C ist bereits als bester Unterbaum bewiesen, ohne daß

A noch expandiert werden muß.

Auf diese Weise sind die aufbewahrten Knotenwerte gleich von dreierlei Nutzen: Sie dienen zur Sortierung der Expansionsreihenfolge, sie grenzen das Suchfenster ein und schließlich ermöglichen sie Prove-Best-Schnitte.

Abbildung 2.17 zeigt den *Informierten NegaScout-Algorithmus* [Rei-Sch-Mar85], kurz *INS* genannt, der alle diskutierten Schnittmöglichkeiten im gesamten Wiederholungsbaum ausschöpft. Dazu bewahrt INS in den ungeradzahligen Baumebenen (relativ zum Startpunkt der Nullfenster-Suche) jeweils w Knotenwerte für die Prove-Best-Schnitte auf und in den geradzahligen Ebenen je einen Wert, der die Nummer des zuerst zu expandierenden Nachfolgers für die Links-Schnitte angibt. Die Informationen können entweder in Form einer verketteten Baumstruktur aufbewahrt werden, oder in einer großen Hashtabelle. Die erste Methode ist zwar aufwendig zu programmieren, bietet aber die Garantie, daß im Fall einer Wiederholungssuche alle Schnittmöglichkeiten ausgeschöpft werden. Der benutzte Speicherplatz wird natürlich sofort wieder freigegeben, sobald feststeht, daß in dem gerade durchsuchten Teilbaum keine Wiederholungssuche erforderlich ist.

In der Praxis dürfte sich die Datenhaltung in einer Hashtabelle bewähren, da diese einfacher zu implementieren ist und den Vorteil größerer Flexibilität bietet. Mit einer Hashtabelle läßt sich nämlich die Informationsmenge leicht dem verfügbaren Speicherplatz anpassen. Gerade diese Möglichkeit ist eine der interessanten Eigenschaften des INS-Algorithmus: Während andere Suchalgorithmen, wie zum Beispiel die später vorgestellten Zustandsraum-Suchverfahren zwingend auf eine gewisse Mindestmenge an Speicherplatz angewiesen sind, um überhaupt eine Baumsuche durchführen zu können, benötigt INS den Speicherplatz nur zur Beschleunigung des Suchprozesses. Prinzipiell arbeitet der INS-Algorithmus auch bei beliebig kleinem Speicherplatzangebot. Bei geringen Tabellengrößen treten zwar häufig Zugriffskollisionen auf, die Sucheffizienz übertrifft aber in jedem Fall die des NegaScout-Verfahrens.

Wenn der verfügbare Speicherplatz allerdings sehr klein ist, läßt sich die Verwendung einer Hashtabelle nicht mehr rechtfertigen. Anstatt die Tabellengröße drastisch zu verringern, bietet sich eine abgemagerte Version von INS an, der *Partiell Informierte NegaScout-Algorithmus*, kurz *PNS* genannt. PNS führt Links-Schnitte nur während des ersten rekursiven Abstiegs im Wiederholungsbaum durch und erkennt Prove-Best-Schnitte nur in der obersten Ebene.

Die Vorzüge des PNS-Verfahrens liegen in seiner kurzen, übersichtlichen Programmstruktur und dem geringen Verwaltungsaufwand. Zur Realisierung der Prove-Best-Schnitte benötigt PNS nur ein Datenfeld der Länge w, in dem die Knotenwerte der ersten Aufrufebene gespeichert werden. Die Links-Schnitte erfordern noch weniger Aufwand: Sie fallen praktisch als Nebenprodukt bei der

```
integer procedure INS (position J; integer α, β; boolean research);
var
    j, w, t, lo_value, hi_value : integer;
    scores : array [1..w_max] of integer;
    moves : array [1..w_max] of position;
    cut_type : (prove_best, ignore_left);
    res : boolean;
begin
    moves[ ] ← determine successor positions J.1,...,J.w;          (* Zuweisung der Nachfolger. *)
    if w = 0 then
        return g(J);                                                (* Blattbewertung. *)
    res ← research;
    if res then begin                           (* Falls in einer Wiederholungssuche befindlich ... *)
        GetInfo (J, cut_type, scores[ ]);       (* werden die Werte der vorangeg. Suche geholt ... *)
        Sort (moves[ ], scores[ ])              (* und die Nachfolger entsprechend sortiert. *)
    end else
        cut_type ← prove_best;
    lo_value ← − ∞;                                                 (* F-Verbesserung. *)
    hi_value ← β;

    for j ← 1 to w do begin
        t ← − INS (moves[j], −hi_value, − max (lo_value, α), res);
        if t > lo_value then                                        (* Ist eine Wiederholungssuche nötig? *)
            if j = 1 or t ≤ α or t ≥ β or  depth ≥ d − 2  then
                lo_value ← t                                        (* Nein. Begründung siehe F-NegaScout. *)
            else if research and cut_type = prove_best then
                lo_value ← t                                        (* Nein, weil vorheriges Fenster offen war. *)
            else
                t ← − INS (moves[j], −β, −t, true);    (* Ja, führe Wiederholungssuche durch. *)
        if t ≥ β then begin
            cut_type ← ignore_left;
            goto done                                               (* β-Schnitt. *)
        end;
        if res and j < w then
            if max (lo_value, α) ≥ scores[j + 1] then begin
                lo_value ← max (lo_value, scores[j + 1]);
                goto done                                           (* Prove-Best-Schnitt. *)
            end else
                hi_value ← scores[j + 1]                            (* Obere Schranke des neuen Fensters. *)
        else
            hi_value ← max (lo_value, α) + 1;                       (* Obere Schranke des neuen Nullfensters. *)

        if cut_type = ignore_left then                              (* Nur der erste Unterbaum ... *)
            res ← false                                             (* ist zuvor durchsucht worden. *)
    end
done:
    if not research then                                           (* Falls nicht in einer Wiederholungssuche ... *)
        SaveInfo (J, cut_type, scores[ ]);                         (* müssen die Knotenwerte gespeichert werden. *)
    return lo_value
end
```

Berechnung einer Hauptvariante ab, die in den meisten Spielprogrammen ohnehin ermittelt wird.

Obwohl die reduzierte Informationsmenge weniger Schnittmöglichkeiten bietet, hat sich PNS in der Praxis als interessante Alternative zu INS erwiesen, weil die einfachere Datenakquisition weniger zeitintensiv ist. Da das PNS-Verfahren die wichtigen oberen Knoten abschneidet, bei denen der Gewinn natürlich am größten ist, schneidet es in empirischen Untersuchungen deutlich besser als das NegaScout-Verfahren ab.

2.3 Zustandsraum-Suchverfahren

Schon der Titel der ersten Veröffentlichung "A minimax algorithm better than alpha-beta?" [Stock79] zeigt, wie bahnbrechend die Erfindung des ersten Zustandsraum-Suchverfahrens für die Spielprogrammierung war. Das $\alpha\beta$-Verfahren, das bis dahin unangefochten in der Spielbaumsuche dominierte, schien plötzlich in Frage gestellt zu sein, weil Stockman in seinem berühmten Artikel den Beweis erbrachte, daß sein SSS*-Verfahren (state space search) niemals einen Knoten expandiert, den das $\alpha\beta$-Verfahren abschneiden kann. Meistens ist das SSS*-Verfahren in der Praxis sogar deutlich überlegen. Stockman belegte dies mit einigen experimentellen Daten, nach denen SSS* um bis zu 30 Prozent weniger Blätter bewertet als $\alpha\beta$.

Daß sich das SSS*-Verfahren in der Spielprogrammierung dennoch nicht durchsetzen konnte, ist seinem enorm hohen Speicherplatzbedarf zuzuschreiben. Im Prinzip bewahrt SSS* die Werte aller expandierten Unterbäume in einer umfangreichen Datenstruktur auf, deren Größe exponentiell mit der Suchtiefe wächst. Da mit der Datenmenge auch der Verwaltungsaufwand exponentiell zunimmt, kann SSS* nur zum Durchsuchen kleiner Bäume eingesetzt werden.

Nach dem Vorbild des SSS*-Verfahrens sind in den folgenden Jahren noch weitere Suchalgorithmen entwickelt worden, so daß wir heute von einer Klasse von Zustandsraum-Suchverfahren sprechen können [Rein86]. Das Grundprinzip dieser Algorithmen besteht in einer Bestensuche im Zustandsraum der partiell expandierten Lösungsbäume. Während des Suchprozesses werden die am aussichtsreichsten erscheinenden Lösungsbaum-Fragmente sukzessiv vervollständigt, bis schließlich ein kompletter, optimaler Lösungsbaum aufgebaut ist. Die verschiedenen Zustandsraum-Suchalgorithmen unterscheiden sich nur durch den Umfang ihrer Knoteninformationen und die Art ihrer Expansionsstrategie.

Die Grundidee der Zustandsraum-Suche ist dem bekannten A*-Suchverfahren [Ha-Ni-Ra68,Nils71] entlehnt. Ursprünglich wurde der SSS*-Algorithmus nämlich nicht zur Minimaxwert-Berechnung entwickelt, sondern zur Mustererkennung von Pulswellen [Sto-Kan83]. Dabei werden die gesammelten Wellendaten mit Hilfe der Problem-Reduktionsmethode in kleine Abschnitte aufgespalten und als Knoten eines UND/ODER-Baumes dargestellt. Die Suche findet dann, wie beschrieben, im Zustandsraum der partiellen Lösungsbäume statt, bis schließlich ein nur aus primitiven Wellensegmenten bestehender kompletter Lösungsbaum gefunden ist, der einem der vordefinierten Muster entspricht.

Stockman führt die herausragende Suchleistung des SSS*-Verfahrens auf dessen quasi-parallele Expansion zurück, durch die SSS* umfangreiche Knoteninformationen aus allen Baumteilen besitzt:

"In order to be more informed than $\alpha\beta$, SSS* sinks paths in parallel across the full breadth of the game tree" [Stock79, S. 179]. Was lag also näher, als die inhärente Parallelität des SSS*-Verfahrens in einen Geschwindigkeitsgewinn umzusetzen und die quasi-parallele Knotenexpansion auf einem echten Parallelrechner auszuführen? Bei den Experimenten stellte sich allerdings schnell heraus, daß der originale SSS*-Algorithmus entgegen dem ersten Anschein für eine parallele Ausführung nicht besonders gut geeignet ist, weil er nur eine *obere* Schranke des Minimaxwertes besitzt, die von den parallel arbeitenden Prozessoren nicht zum Abschneiden von Baumzweigen genutzt werden kann. Erst die Einführung der dualen Knoten-Expansionstechnik [Kum-Kan84], die Schnitte mit Hilfe einer *unteren* Schranke durchführt, ermöglichte die Zustandsraum-Suche auf Parallelrechnern.

Aus diesem parallelen *dual-SS**-Algorithmus [Kum-Kan84] ist anschließend wieder eine sequentielle Version abgeleitet worden, der *Dual**-Algorithmus [Rei-Mar-Sch85,Mar-Rei-Sch87]. Aufgrund seiner Besten-Suchstrategie ist Dual*, genau wie SSS*, dem $\alpha\beta$-Verfahren strikt überlegen (Beweis im dritten Kapitel). Im Gegensatz zu SSS* ist die Bestensuche von Dual* aber nur auf die einzelnen Wurzel-Unterbäume beschränkt. Obwohl ihm dadurch während des Suchprozesses weniger globale Knoteninformationen zur Verfügung stehen, expandiert Dual* in vielen Bäumen weniger Knoten als SSS*. Als weiterer Vorteil kommt sein geringerer Speicherplatzbedarf und der reduzierte Verwaltungsaufwand hinzu, so daß man heute in der Praxis das Dual*-Verfahren dem SSS*-Verfahren vorzieht.

Im folgenden Teilabschnitt stellen wir zunächst den relativ spät erfundenen Dual*-Algorithmus vor, weil sich dieser auf natürliche Weise aus den im ersten Kapitel eingeführten Definitionen und Sätzen ableiten läßt. Erst anschließend behandeln wir den dazu dualen SSS*-Algorithmus. Den größten Raum nimmt in diesem Kapitel die Diskussion der charakteristischen Eigenschaften und Verbesserungsmöglichkeiten ein. Einige Verbesserungen, z.B. die Suchfenstertechnik und die L-Verbesserung, lassen sich einfach von den direktionalen Suchverfahren übertragen; andere, die der besseren Ausnutzung der Zustandsinformationen dienen, sind speziell für die Zustandsraum-Suchverfahren entwickelt worden. Neben den reinen Zustandsraum-Suchverfahren werden in diesem Abschnitt auch hybride Algorithmen behandelt, die die Suchleistung der Zustandsraum-Suchverfahren mit den Vorteilen der direktionalen Suchverfahren (geringer Speicher- und Verwaltungsaufwand) vereinen.

2.3.1 Dual*

Im ersten Kapitel (Seite 11) haben wir gesehen, daß der Minimaxwert eines Spielbaumes auf mindestens zwei grundlegend verschiedene Arten berechnet werden kann. Neben der Methode des sukzessiven Zurückbewertens der Blattwerte in immer höhere Baumebenen, die von $\alpha\beta$ und NegaScout angewendet wird, besteht die zweite Möglichkeit in der Suche nach dem besten MAX-Lösungsbaum. Diese Methode wird von den beiden Zustandsraum-Suchverfahren Dual* und SSS* angewendet.

Zum besseren Verständnis der Zustandsraum-Suche fassen wir hier noch einmal kurz die Eigenschaften der MAX-Lösungsbäume zusammen: Ein MAX-Lösungsbaum (Def. 1.7) beschreibt eine Zugfolge des MAX-Spielers mit allen möglichen MIN-Erwiderungen. Der Wert eines MAX-Lösungsbaumes entspricht dem Minimum seiner Blattwerte, weil der MIN-Spieler die für ihn beste Zugfolge auswählen kann (vgl. Def. 1.3). Der MAX-Spieler, der ja definitionsgemäß in der Ausgangsstellung das Zugrecht besitzt, kann seinerseits aus der Menge aller MAX-Lösungsbäume den günstigsten wählen. Da er an der Maximierung des Spielresultats interessiert ist, wird er sich für den MAX-Lösungsbaum mit dem größten Wert entscheiden. Somit entspricht der Wert eines Spielbaumes dem Maximum über alle MAX-Lösungsbaum-Werte (vgl. Def. 1.4 und Satz 1.8).

Der Dual*-Algorithmus bewahrt die bisher expandierten MAX-Lösungsbäume in einer zentralen Datenstruktur, der sogenannten *OPEN-Liste* auf. Sie sind dort ihrem Wert nach in aufsteigender Ordnung sortiert, so daß sich am Anfang der OPEN-Liste stets ein Lösungsbaum mit dem geringsten Wert befindet. Bei den einzelnen Lösungsbäumen handelt es sich allerdings nur um partiell expandierte Lösungsbäume, deren Wurzeln innere Knoten des zu durchsuchenden Baumes sind. Im Verlauf des Suchprozesses wird fortwährend der jeweils erste Lösungsbaum aus der OPEN-Liste entnommen, weiter expandiert und anschließend (ggf. mit einem neuen Wert versehen) wieder in die OPEN-Liste eingefügt. Erst wenn ein komplett expandierter Lösungsbaum an den Anfang der OPEN-Liste gelangt, dessen Wurzelknoten der Wurzel des zu durchsuchenden Baumes entspricht, ist die Suche beendet und der Minimaxwert des besten MAX-Lösungsbaumes bekannt.

Die partiell expandierten Lösungsbäume konkurrieren gewissermaßen darum, an den Anfang der OPEN-Liste zu gelangen, um von dort aus weiter bearbeitet und vervollständigt zu werden. Viele Lösungsbäume gelangen im Verlauf der Bestensuche jedoch niemals nach vorn und werden auf diese Weise einfach abgeschnitten.

Während des Suchprozesses befinden sich also viele partiell expandierte Lösungsbäume in der OPEN-Liste, von denen letztlich nur ein einziger zum MAX-Lösungsbaum des gesamten Spielbaumes vervollständigt wird. Somit beschreibt jeder einzelne Lösungsbaum potentiell einen Zustand des Expansionsprozesses. Man bezeichnet die partiell expandierten Lösungsbäume als *Zustände*, und die OPEN-Liste als *Zustandsraum*. Die Zustände Z werden im Dual*-Algorithmus durch Tripel (J, s, h) repräsentiert, bestehend aus

- einem Knotendeskriptor J, der den Wurzelknoten des partiell expandierten Lösungsbaumes bezeichnet,

Der Dual*-Algorithmus

1. Initialisiere die OPEN-Liste mit dem Wurzel-Zustand $(\varepsilon, LIVE, -\infty)$.

2. Entferne den ersten Zustand $Z = (J, s, h)$ aus der OPEN-Liste.

3. Falls $J = \varepsilon$ und $s = SOLVED$, beende die Suche und liefere als Ergebnis den Minimaxwert h.

4. Wende den Γ-Operator gemäß Tabelle 2.1 auf den Zustand Z an.

5. Fahre mit Schritt 2 fort.

Nr.	Eigenschaften des Zustands $Z = (J, s, h)$	Aktion des Γ-Operators
1	$s = LIVE,$ J ist innerer MAX-Knoten	Füge $(J.1, LIVE, h)$ am Anfang von OPEN ein.
2	$s = LIVE,$ J ist innerer MIN-Knoten	Füge die Zustände $(J.j, LIVE, h)$ mit $j = 1, \ldots, w$ am Anfang von OPEN in aufsteigender Reihenfolge von j ein.
3	$s = LIVE,$ J ist Endknoten	Füge $(J, SOLVED, \max\{h, f(J)\})$ vor dem Zustand mit dem nächstgrößeren h-Wert oder spätestens am Ende von OPEN ein. Bei gleichen h-Werten ist die lexikographische Knotenreihenfolge zu berücksichtigen.
4	$s = SOLVED,$ J ist MAX-Knoten, $J = J'.j$	Füge $(J', SOLVED, h)$ am Anfang von OPEN ein. Lösche alle direkten und indirekten Nachfolge-Zustände von J' aus OPEN.
5	$s = SOLVED,$ J ist MIN-Knoten, $J = J'.j$	
5a	$j \neq w$	Füge $(J'.j + 1, LIVE, h)$ am Anfang von OPEN ein.
5b	$j = w$	Füge $(J', SOLVED, h)$ am Anfang von OPEN ein.

Tabelle 2.1 — Γ-Operator des Dual*-Algorithmus

- einem Statuswert $s \in \{LIVE, SOLVED\}$, der angibt, ob der betreffende Lösungsbaum bereits vollständig bis zu den Blättern expandiert worden ist, und

- einem Wert h, der in Abhängigkeit vom Status s entweder eine untere Schranke des Lösungsbaumwertes oder bereits der tatsächliche Minimaxwert $v(J)$ ist.

Jeder Zustand Z repräsentiert also gleich eine ganze Knotenmenge, nämlich die Knoten des von J ausgehenden besten Lösungsbaumes. Ist der Status eines Zustands $s = LIVE$, so sind noch nicht alle Nachfolger von J generiert worden, und der Wert h bildet die untere Schranke des noch zu berechnenden Minimaxwertes von J. Besitzt ein Zustand hingegen den Status $s = SOLVED$, so sind die Nachfolger bereits bis zu den Blättern expandiert worden. Der Wert h entspricht dann dem Minimaxwert des besten MAX-Lösungsbaumes mit der Wurzel J.

Zu Anfang der Baumsuche wird der Wurzel-Zustand $(\varepsilon, LIVE, -\infty)$ in die OPEN-Liste eingetragen. Anschließend wird fortlaufend der jeweils erste Zustand entfernt, und die Knotenexpansionen oder -reduktionen gemäß Tabelle 2.1 durchgeführt, bis schließlich wieder der Wurzel-Zustand $(\varepsilon, SOLVED, h)$ mit dem Minimaxwert h am Anfang der OPEN-Liste auftaucht. Die Programmschritte des Dual*-Algorithmus sind auf Seite 52 aufgeführt. Man kann sich leicht davon überzeugen, daß die dort gezeigte Γ-Funktion die aufsteigende Sortierung der OPEN-Liste aufrecht erhält.

Der Suchvorgang des Dual*-Verfahrens läßt sich am einfachsten an einem Beispiel demonstrieren. Wie verwenden dazu wieder denselben Baum, der zuvor schon die NegaScout-Suche verdeutlichte:

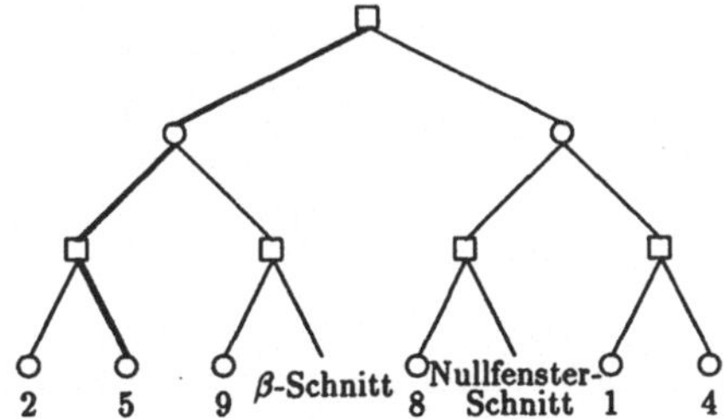

Um den Suchprozeß leichter verfolgen zu können, haben wir den Expansionsvorgang des Dual*-Verfahrens in einzelnen Phasen zerlegt. Links ist jeweils das Baumfragment abgebildet, das Dual* nach Ausführung der rechts-gezeigten Γ-Operatoren expandiert hat.

Zu Anfang der Baumsuche expandiert Dual* in der sogenannten *Aufbauphase* einen anfänglichen MAX-Lösungsbaum und deponiert dessen Knoten in der OPEN-Liste:

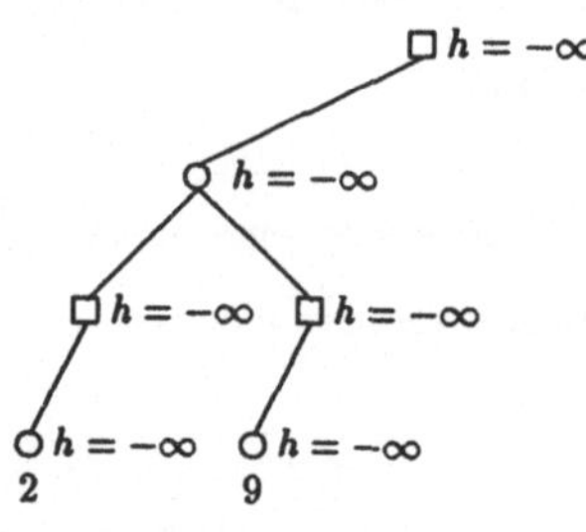

Γ	OPEN-Liste:
	$(\varepsilon, LIVE, -\infty)\#$
1	$(1, LIVE, -\infty)\#$
2	$(1.1, LIVE, -\infty), (1.2, LIVE, -\infty)\#$
1	$(1.1.1, LIVE, -\infty), (1.2, LIVE, -\infty)\#$
3	$(1.2, LIVE, -\infty)\ (1.1.1, SOLVED, 2)\#$
1	$(1.2.1, LIVE, -\infty)\ (1.1.1, SOLVED, 2)\#$
3	$(1.1.1, SOLVED, 2), (1.2.1, SOLVED, 9)\#$
	$\ldots$

Da die Zustände in aufsteigender Folge ihrer h-Werte in der OPEN-Liste sortiert sind, befindet sich das am weitesten links liegende Blatt 1.1.1 am Anfang der Liste. Sein Wert $v(1.1.1) = 2$ entspricht gemäß Definition 1.3 dem Wert des bislang expandierten MAX-Lösungsbaumes.

In der nun folgenden *Lösungsphase* sucht Dual* nach einem besseren MAX-Lösungsbaum mit einem höheren Wert. Dazu werden, ausgehend von der Blattebene, weitere MAX-Alternativen in die Suche einbezogen und deren Werte in höhere Baumebenen zurückbewertet.

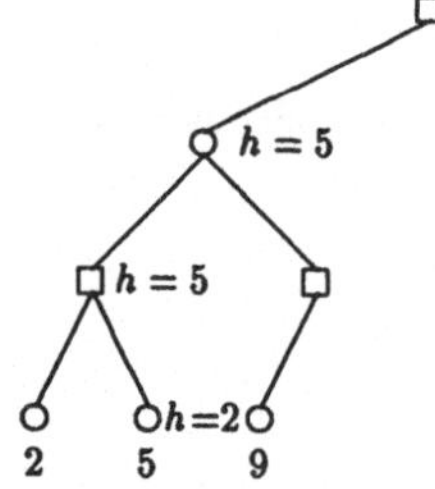

Γ	OPEN-Liste:
	$\ldots$
5a	$(1.1.2, LIVE, 2), (1.2.1, SOLVED, 9)\#$
3	$(1.1.2, SOLVED, 5), (1.2.1, SOLVED, 9)\#$
5b	$(1.1, SOLVED, 5), (1.2.1, SOLVED, 9)\#$
4	$(1, SOLVED, 5)\#$ Schnitt!
	$\ldots$

Der Blattwert $v(1.1.2) = 5$ bildet den Wert des besten, bisher bekannten Lösungsbaumes. Im Zuge der Rückbewertung ist dieser Wert in die höheren Baumebenen gelangt, wobei der Γ-Operator 4 zugleich die rechte unterlegene Alternative (Knoten 1.2) abgeschnitten hat.

Nachdem der linke Wurzel-Unterbaum durchsucht worden ist und sein Wert $h = 5$ feststeht, kann die Aufbauphase im rechten Wurzel-Unterbaum beginnen. Hier dient der gerade ermittelte h-Wert als untere Schranke.

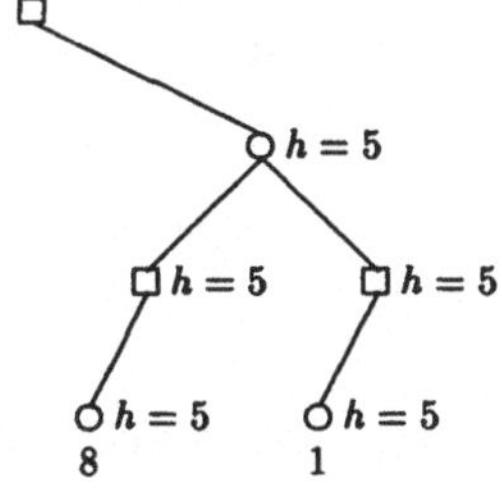

Γ   **OPEN-Liste:**

> ...
>
> 5a $(2, LIVE, 5)\#$
> 2 $(2.1, LIVE, 5)$, $(2.2, LIVE, 5)\#$
> 1 $(2.1.1, LIVE, 5)$, $(2.2, LIVE, 5)\#$
> 3 $(2.2, LIVE, 5)$, $(2.1.1, SOLVED, 8)\#$
> 1 $(2.2.1, LIVE, 5)$, $(2.1.1, SOLVED, 8)\#$
> 3 $(2.2.1, SOLVED, 5)$, $(2.1.1, SOLVED, 8)\#$
>
> ...

Durch die im Γ-Operator 3 durchgeführte Maximierung konnte der geringe Blattwert $v(2.2.1) = 1$ den aktuell gültigen h-Wert nicht beeinflussen. Bester MAX-Lösungsbaum bleibt also weiterhin der im linken Wurzel-Unterbaum gefundene Lösungsbaum mit dem Wert $h = 5$. In der folgenden Lösungsphase setzt Dual* die Expansion sogleich im rechten Blatt 2.2.2 fort. Dadurch findet im Blatt 2.1.2 ein Nullfenster-Schnitt statt, weil dieses Blatt von der Bestensuche nicht weiter berücksichtigt wird.

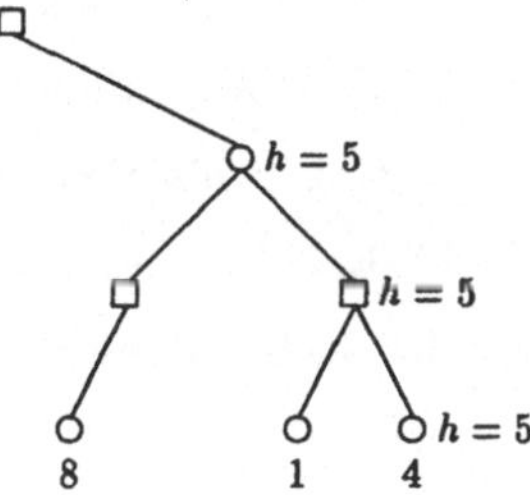

Γ   **OPEN-Liste:**

> ...
>
> 5a $(2.2.2, LIVE, 5)$, $(2.1.1, SOLVED, 8)\#$
> 3 $(2.2.2, SOLVED, 5)$, $(2.1.1, SOLVED, 8)\#$
> 5b $(2.2, SOLVED, 5)$, $(2.1.1, SOLVED, 8)\#$
> 4 $(2, SOLVED, 5)\#$ Schnitt!
> 5b $(\varepsilon, SOLVED, 5)\#$

Auf diese Weise ist der Wert des besten MAX-Lösungsbaumes $h = 5$ berechnet. Neben einem normalen $\alpha\beta$-Schnitt im Knoten 1.2 hat Dual* auch einen *Nullfenster-Schnitt* im Knoten 2.1 durchgeführt (vgl. Abb. 2.12). Für den Dual*-Algorithmus besteht allerdings kein Unterschied zwischen diesen beiden Schnittarten: Sobald ein MAX-Knoten mit dem Zustand *SOLVED* an den Anfang der OPEN-Liste gelangt, wird er entfernt und sein MIN-Vorgänger mit demselben Wert eingetragen. Durch die aufsteigende Sortierung der OPEN-Einträge ist nämlich gewährleistet, daß kein anderer Nachfolger des neu eingetragenen MIN-Knotens mit einem geringeren Minimaxwert existiert. Die Rückbewertung findet im Γ-Operator 4 statt, der auch zugleich die restlichen, tiefer gelegenen Knoten aus der OPEN-Liste eliminiert. Dabei ist es völlig gleichgültig, ob ein rechts liegender Nachfolger des MIN-Vorgängers abgeschnitten wird (was einem $\alpha\beta$-Schnitt entsprechen würde), oder ein links liegender Nachfolger (was einem Nullfenster-Schnitt entsprechen würde).

Ein weiterer interessanter Aspekt von Dual* ist die sequentielle Expansion der Wurzel-Unterbäume[4]. In Bäumen mit MAX-Wurzeln fügt der Γ-Operator 1 zunächst nur den ersten (linken) Wurzelnachfolger in die OPEN-Liste ein und vervollständigt ihn in der Aufbauphase zu einem anfänglichen MAX-Lösungsbaum. Erst nachdem der Minimaxwert des ersten Wurzel-Unterbaumes komplett berechnet ist, werden nacheinander die folgenden Unterbäume expandiert.

Die sequentielle Expansion der Wurzel-Unterbäume hat zwar den Nachteil, daß sich in der OPEN-Liste nur die Knoteninformationen jeweils eines einzigen Wurzel-Unterbaumes befinden. Sie bietet aber gegenüber einer völlig globalen Bestensuche den Vorteil geringeren Speicherplatzbedarfs: Während der Baumsuche befinden sich maximal $w^{\lfloor d/2 \rfloor}$ Zustände in der OPEN-Liste. Das ist am Ende der Aufbauphase der Fall. Alle folgenden Operationen löschen erst Zustände (dadurch, daß MIN-Knoten den Status *SOLVED* bekommen), bevor sie höchstens die gleiche Anzahl neue Zustände einfügen.

2.3.2 SSS*

Während Dual* im Grunde eine pessimistische Suchtechnik ist, die von Anfang an alle denkbaren Erwiderungen des MIN-Spielers in die Suche einbezieht, verfolgt der SSS*-Algorithmus [Stock79] den umgekehrten, dualen Weg. Ausgehend von einer einzigen, zu Anfang "willkürlich" gewählten MIN-Zugfolge, erzeugt SSS* in der Aufbauphase alle möglichen MAX-Erwiderungen und erhält so eine optimistische Abschätzung des Minimaxwertes, die im Verlauf der Suche sukzessiv nach unten korrigiert wird.

Wie der Suchprozeß von Dual* läßt sich auch die SSS*-Suche in zwei Phasen gliedern. In der *Aufbauphase* erzeugt SSS* die Knoten eines anfänglichen MIN-Lösungsbaumes. Analog zum oben definierten MAX-Lösungsbaum ist ein *MIN-Lösungsbaum* ein Unterbaum, der sämtliche Nachfolger der MAX-Knoten enthält, aber nur je einen Nachfolger der MIN-Knoten. Der *Wert eines MIN-Lösungsbaumes* entspricht dem Maximum seiner Blattwerte, weil hier der MAX-Spieler die freie Wahl über alle möglichen Zugfolgen hat.

In der *Lösungsphase* sucht SSS* nach dem besten MAX-Lösungsbaum mit dem größten Wert. Dazu werden, ausgehend von den Blättern, immer größere MAX-Lösungsbaum-Fragmente expandiert, bis schließlich ein vollständiger, bis zur Wurzel reichender MAX-Lösungsbaum aufgebaut ist.

---

[4]Die sequentielle Expansion der Wurzelnachfolger kommt in dem in [Mar-Rei-Sch87] veröffentlichten Programmkode besser zum Ausdruck als in unserer Tabelle 2.1. Die hier gewählte Darstellung genügt hingegen formalen Ansprüchen und verdeutlicht besser die Dualität zu SSS*.

Der SSS*-Algorithmus

1. Initialisiere die OPEN-Liste mit dem Wurzel-Zustand $(\varepsilon, LIVE, +\infty)$.

2. Entferne den ersten Zustand $Z = (J, s, h)$ aus der OPEN-Liste.

3. Falls $J = \varepsilon$ und $s = SOLVED$, beende die Suche und liefere als Ergebnis den Minimaxwert h.

4. Wende den Γ-Operator gemäß Tabelle 2.2 auf den Zustand Z an.

5. Fahre mit Schritt 2 fort.

Nr.	Eigenschaften des Zustands $Z = (J, s, h)$	Aktion des Γ-Opertors
1	$s = LIVE$, J ist innerer *MIN-Knoten*	Füge $(J.1, LIVE, h)$ am Anfang von OPEN ein.
2	$s = LIVE$, J ist innerer *MAX-Knoten*	Füge die Zustände $(J.j, LIVE, h)$ mit $j = 1, \ldots, w$ am Anfang von OPEN in aufsteigender Reihenfolge von j ein.
3	$s = LIVE$, J ist *Endknoten*	Füge $(J, SOLVED, \min\{h, f(J)\})$ vor dem Zustand mit dem nächstkleineren h-Wert oder spätestens am Ende von OPEN ein. Bei gleichen h-Werten ist die lexikographische Knotenreihenfolge zu berücksichtigen.
4	$s = SOLVED$, J ist *MIN-Knoten*, $J = J'.j$	Füge $(J', SOLVED, h)$ am Anfang von OPEN ein. Lösche alle direkten und indirekten Nachfolge-Zustände von J' aus OPEN.
5	$s = SOLVED$, J ist *MAX-Knoten*, $J = J'.j$	
5a	$j \neq w$	Füge $(J'.j + 1, LIVE, h)$ am Anfang von OPEN ein.
5b	$j = w$	Füge $(J', SOLVED, h)$ am Anfang von OPEN ein.

Tabelle 2.2 — Γ-Operator des SSS*-Algorithmus

Aufgrund der Dualität der beiden Zustandsraum-Suchverfahren läßt sich der SSS*-Algorithmus leicht aus dem Dual*-Algorithmus (siehe Tabelle 2.1) ableiten:

- Invertiere alle Knotentypen (MIN $\leftrightarrow$ MAX).

- Führe im Γ-Operator 3 statt der Maximierung eine Minimierung durch.

- Ändere den Γ-Operator 3 so, daß die Zustände in absteigender Folge der h-Werte in die OPEN-Liste eingetragen werden.

- Initialisiere die OPEN-Liste mit dem Anfangszustand $(\varepsilon, LIVE, +\infty)$.

Zur besseren Übersicht ist der komplette SSS*-Algorithmus auf Seite 57 abgebildet. Unsere Formulierung entspricht der Originalversion des SSS*-Algorithmus [Stock79] mit der in [Camp-Mars83] diskutierten Korrektur des Γ-Operators 3. Eine alternative, an eine Programmiersprache angelehnte Formulierung findet sich in [Musz-Shin85].

Aufgrund seiner völlig globalen Bestensuche treten die Vorteile des SSS*-Verfahrens besonders in Bäumen zutage, in denen die Hauptvariante im rechten Teil liegt. Das folgende Beispiel zeigt einen solchen Baum. Dabei haben wir den Suchprozeß wieder in einzelne Phasen aufgeteilt. Zunächst erfolgt die Aufbauphase eines anfänglichen MIN-Lösungsbaumes:

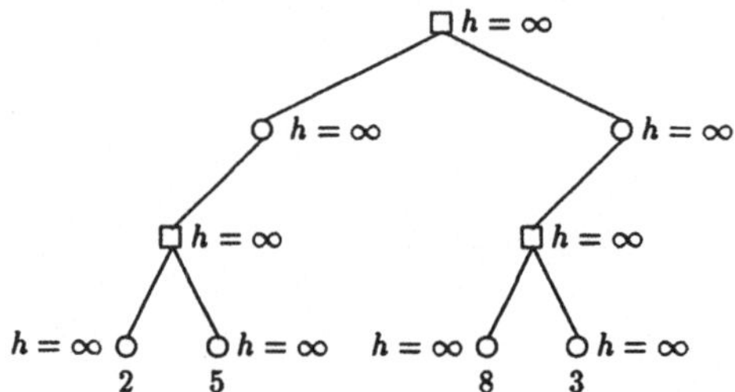

Γ	OPEN-Liste:
	$(\varepsilon, LIVE, +\infty)\#$
2	$(1, LIVE, +\infty)$, $(2, LIVE, +\infty)\#$
1	$(1.1, LIVE, +\infty)$, $(2, LIVE, +\infty)\#$
2	$(1.1.1, LIVE, +\infty)$, $(1.1.2, LIVE, +\infty)$, $(2, LIVE, +\infty)\#$
3	$(1.1.2, LIVE, +\infty)$, $(2, LIVE, +\infty)$, $(1.1.1, SOLVED, 2)\#$
3	$(2, LIVE, +\infty)$, $(1.1.2, SOLVED, 5)$, $(1.1.1, SOLVED, 2)\#$
1	$(2.1, LIVE, +\infty)$, $(1.1.2, SOLVED, 5)$, $(1.1.1, SOLVED, 2)\#$
2	$(2.1.1, LIVE, +\infty)$, $(2.1.2, LIVE, +\infty)$, $(1.1.2, SOLVED, 5)$, $(1.1.1, SOLVED, 2)\#$
3	$(2.1.2, LIVE, +\infty)$, $(2.1.1, SOLVED, 8)$, $(1.1.2, SOLVED, 5)$, $(1.1.1, SOLVED, 2)\#$
3	$(2.1.1, SOLVED, 8)$, $(1.1.2, SOLVED, 5)$, $(2.1.2, SOLVED, 3)$, $(1.1.1, SOLVED, 2)\#$

$\cdots$

An dieser Stelle ist der Wert des anfänglichen MIN-Lösungsbaumes bekannt. Er entspricht dem größten Blattwert $v(2.1.1) = 8$. In der nun folgenden Lösungsphase werden, ausgehend von diesem Blatt, weitere Alternativen in den Suchprozeß einbezogen.

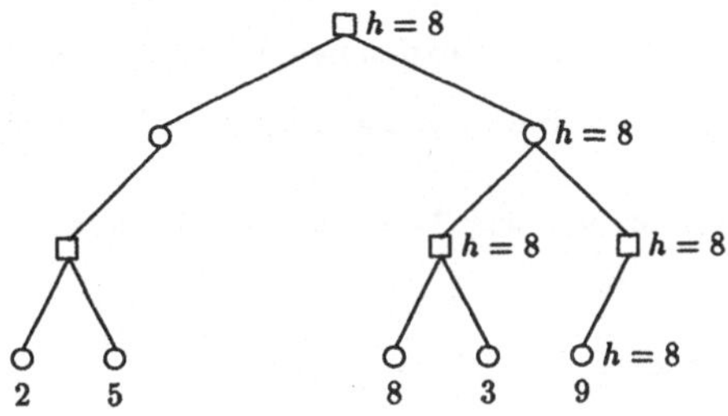

Γ   OPEN-Liste:

$\cdots$

4   $(2.1, SOLVED, 8)$, $(1.1.2, SOLVED, 5)$, $(1.1.1, SOLVED, 2)\#$

5a $(2.2, LIVE, 8)$, $(1.1.2, SOLVED, 5)$, $(1.1.1, SOLVED, 2)\#$

2   $(2.2.1, LIVE, 8)$, $(2.2.2, LIVE, 8)$, $(1.1.2, SOLVED, 5)$, $(1.1.1, SOLVED, 2)\#$

3   $(2.2.1, SOLVED, 8)$, $(2.2.2, LIVE, 8)$, $(1.1.2, SOLVED, 5)$, $(1.1.1, SOLVED, 2)\#$

4   $(2.2, SOLVED, 8)$, $(1.1.2, SOLVED, 5)$, $(1.1.1, SOLVED, 2)\#$ Schnitt!

5b $(2, SOLVED, 8)$, $(1.1.2, SOLVED, 5)$, $(1.1.1, SOLVED, 2)\#$

4   $(\varepsilon, SOLVED, 8)\#$ Schnitt!

Während des Suchprozesses hat SSS* mit Hilfe seiner globalen Bestensuche einen Schnitt durchgeführt, den keiner der bisher vorgestellten Algorithmen realisieren kann: Es ist der (implizite) Abschnitt des Knotens 1.2. Dieser Knoten ist erst gar nicht in die OPEN-Liste eingetragen worden, weil SSS* seine globale Bestensuche in der zweiten Phase sogleich im rechten Wurzel-Unterbaum fortgesetzt hat, ohne den linken Wurzel-Unterbaum noch weiter zu durchsuchen. Man kann sich leicht überlegen, daß sowohl $\alpha\beta$ als auch NegaScout und Dual* aufgrund ihrer (partiell) direktionalen Expansionsstrategie den Knoten 1.2, und damit auch mindestens das Blatt 1.2.1, bewerten müssen.

Durch den Einbezug sämtlicher MAX-Nachfolger findet die Bestensuche von SSS* im gesamten Baum statt: Sie ist völlig *nicht-direktional.* Gegenüber Dual* muß die größere Informationsmenge mit einem erhöhten Speicherplatzbedarf erkauft werden. Auf der OPEN-Liste befinden sich maximal $w^{\lceil d/2 \rceil}$ Zustände (Beweis siehe [Stock79, S. 194]).

2.3.3 Eigenschaften und Verbesserungen

Durch ihre große Knoten-Informationsmenge besitzen die Zustandsraum-Suchverfahren beste Voraussetzungen für eine effiziente Baumsuche. Wenn sie in der Praxis manchmal dennoch mehr Knoten als die simplen direktionalen Suchverfahren expandieren, kann das nur an einer unzureichenden Auswertung ihrer akkumulierten Knoten-Informationen liegen.

In den folgenden Abschnitten stellen wir Techniken zur besseren Ausnutzung der vorhandenen Zustandsraum-Information vor. Wenn nicht explizit anders angegeben, sind die Verbesserungsvorschläge sowohl auf Dual* als auch auf SSS* anwendbar.

2.3.3.1 Suchfenster-Technik

Obwohl sich die Suchfenster-Technik in der direktionalen Baumsuche recht gut bewährt hat, wurde ihr in Verbindung mit den Zustandsraum-Suchverfahren bisher nur wenig Bedeutung beigemessen. Das mag daran liegen, daß die Suchfenster-Technik den Lösungsraum des SSS*-Verfahrens, das ja lange Zeit das einzige bekannte Zustandsraum-Suchverfahren war, auf untypische Weise einschränkt [Camp81].

Ein Suchfenster wird durch zwei Schrankenwerte begrenzt, eine untere α-Schranke und eine obere β-Schranke. Der Zweck der Suchfenster-Technik besteht darin, im Verlauf des Suchprozesses alle Lösungsbäume abzuschneiden, deren Wert außerhalb des Suchfensters liegt.

Das SSS*-Verfahren beginnt die Baumsuche normalerweise mit einer optimistischen Abschätzung des Minimaxwertes ($h = +\infty$), die anschließend sukzessiv nach unten korrigiert wird. Die Wirkung einer *unteren* Suchschranke α besteht also im vorzeitigen Abbruch der Suche, sobald ein Zustand mit einem Wert $h \leq \alpha$ am Anfang der OPEN-Liste auftaucht. Dann steht nämlich fest, daß der Minimaxwert der Wurzel garantiert $\leq \alpha$ ist und die restlichen Knoten nicht mehr expandiert zu werden brauchen. Die *obere* Suchschranke kann im SSS*-Algorithmus durch Initialisierung der OPEN-Liste mit dem Wurzel-Zustand $(\varepsilon, LIVE, \beta)$ (anstelle von $(\varepsilon, LIVE, +\infty)$) modelliert werden. Dadurch werden alle Lösungsbäume mit einem Wert $> \beta$ abgeschnitten.

Während die untere α-Schranke keinerlei Vorteile bietet wenn der Minimaxwert innerhalb des Suchfensters liegt, wirkt sich die obere β-Schranke stets positiv aus. Das SSS*-Verfahren eignet sich also besonders gut zur Berechnung von Lösungen, die unter einem Grenzwert β liegen.

In der Praxis überwiegen jedoch die Maximierungsprobleme, bei denen nur Lösungen gesucht sind, die über einem gegebenen Schwellwert α liegen. Dafür bietet das Dual*-Verfahren bessere Vorausset-

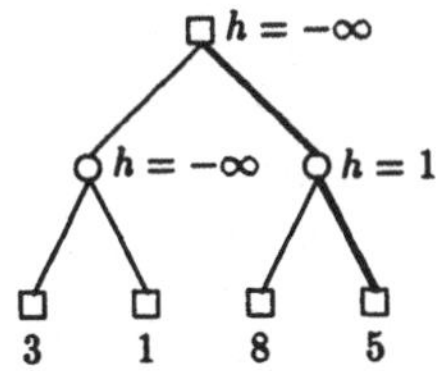
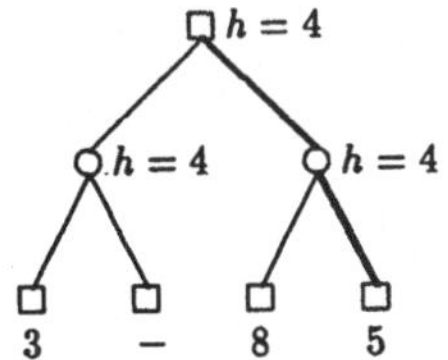

Abbildung 2.18 — Einsparung durch Suchfenster-Technik (rechts)

zungen: Da es von Natur aus den Lösungsraum bereits von unten her approximiert, braucht nur der anfangs in der OPEN-Liste befindliche Wurzel-Zustand mit der unteren Schranke $h = \alpha$ initialisiert zu werden, um nur noch Lösungen mit einem Minimaxwert $h \geq \alpha$ zu berücksichtigen. Insgesamt kann ein komplettes (α, β)-Suchfenster folgendermaßen in den Dual*-Algorithmus integriert werden:

Untere Schranke α: Initialisiere die OPEN-Liste mit dem Wurzel-Zustand $(\varepsilon, LIVE, \alpha)$ anstatt mit $(\varepsilon, LIVE, -\infty)$ und führe die Bestensuche wie üblich durch. Durch diese Maßnahme werden alle Lösungsbäume abgeschnitten, deren Wert $\leq \alpha$ sind.

Obere Schranke β: Beende die Suche, sobald am Anfang der OPEN-Liste ein Zustand mit einem Wert $h \geq \beta$ auftaucht und liefere β als untere Schranke des tatsächlichen Minimaxwertes.

Dual* bricht die Baumsuche ab, sobald ein Zustand mit einem h-Wert $\geq \beta$ am Anfang der OPEN-Liste auftaucht—ansonsten verhilft die β-Schranke zu keinen weiteren Einsparungen. Die α-Schranke spart hingegen auch dann Knotenexpansionen ein, wenn der Minimaxwert innerhalb des Suchintervalls liegt. Ein solcher Fall liegt in Abbildung 2.18 vor. Wenn Dual*, wie im linken Teil der Abbildung gezeigt, kein Suchfenster benutzt, müssen aufgrund des geringen h-Wertes ($h = -\infty$) beide Nachfolger des Knotens 1 bewertet werden. Bei Verwendung der α-Schranke $h = 4$ (rechts abgebildet) springt Dual* gleich nach der Bewertung des ersten Blattes 1.1 in den rechten Teilbaum, wo schließlich der Minimaxwert $v(\varepsilon) = 5$ gefunden wird. Knoten 1.2 wird ersatzlos abgeschnitten.

Bei näherer Betrachtung drängt sich die Analogie zu NegaScouts Nullfenster-Suche auf. Sowohl Dual* als auch NegaScout überspringen zunächst Knoten in der Erwartung, daß sich ihre Expansion später als überflüssig erweisen wird. Wäre der Minimaxwert im gezeigten Beispiel ≤ 4, so würden beide Suchverfahren das gleiche Ergebnis liefern, nämlich den unteren Schrankenwert ($\alpha = 4$) ihres Suchfensters. Sie expandieren dabei sogar genau die gleichen Knoten, wie wir später im dritten Kapitel nachweisen werden. Wenn jedoch, wie in Abbildung 2.18 gezeigt, der Minimaxwert größer als 4 ist, liefert Dual* sogleich das korrekte Ergebnis, während NegaScout den rechten Wurzel-

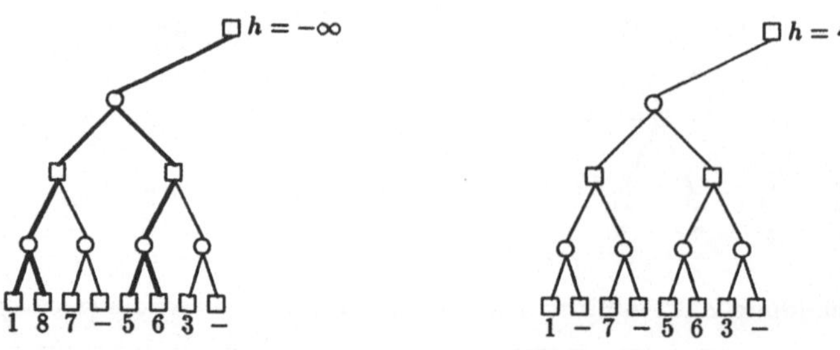

Abbildung 2.19 — Einsparung durch Suchfenster-Technik im überlegenen Teilbaum (rechts)

Unterbaum nochmals mit einem geöffneten Fenster durchsuchen muß. Man kann also das Dual*-Verfahren als eine Variante der Nullfenster-Suchverfahren ansehen, die den genauen Minimaxwert mit einer Bestensuche anstatt mit einer Wiederholungssuche berechnet.

Es könnte nun eingewendet werden, daß die in Abbildung 2.18 gezeigte Einsparung leicht zu erzielen sei, weil sie in einem *unterlegenen* Teilbaum auftritt, dessen Minimaxwert für den Ausgang der Baumsuche völlig belanglos ist. Die Frage ist, ob die Suchfenster-Technik auch in einem *überlegenen* Teilbaum Knotenexpansionen einzusparen vermag. Das erscheint zunächst schwieriger, denn hier muß Dual* nicht nur die beste MAX-Strategie ausfindig machen, sondern auch ihren genauen Minimaxwert berechnen. Aber auch in diesem Fall ist die Suchfenster-Technik von Nutzen, wie Abbildung 2.19 zeigt.

Anstatt die Expansionsreihenfolge in diesem großen Baum mühsam Schritt für Schritt nachzuvollziehen, brauchen wir uns nur zu vergegenwärtigen, daß Dual* in der Aufbauphase die am weitesten links liegende MAX-Strategie in der OPEN-Liste deponiert. Sie ist im linken Teilbaum fett eingezeichnet. Jeder dieser Endknoten muß bewertet werden, weil die anfänglichen h-Werte jeweils $h = -\infty$ betragen und die zugehörigen Knoten im Laufe der Suche mit Sicherheit einmal an den Anfang der OPEN-Liste gelangen.

Bei Verwendung des Suchfensters $h = 4$ ist das nicht der Fall, wie im rechten Teil der Abbildung zu sehen ist. Nach der Bewertung des ersten Blattes verbleibt dieses aufgrund seines niedrigen Wertes ganz am Anfang der OPEN-Liste. Der Γ-Operator 4 entnimmt es anschließend sogleich wieder und ersetzt es durch seinen MIN-Vorgänger mit dem Status *SOLVED*, ohne daß das zweite Blatt (von links gesehen) jemals bewertet wird.

Im allgemeinen geht die Knoten-Elimination bei den Zustandsraum-Suchverfahren aber nicht so problemlos vonstatten wie bei den direktionalen Verfahren. Während die letzteren alle außerhalb des

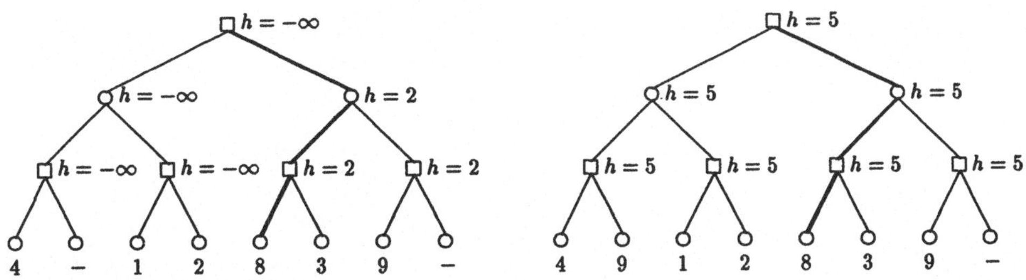

Abbildung 2.20 — Mehraufwand durch zu klein bemessenes Suchfenster (rechts)

Suchfensters liegenden Knoten ersatzlos abschneiden, erleiden die Zustandsraum-Suchverfahren bei einem Schnitt zunächst einen Informationsverlust, der später eventuell durch zusätzliche Knotenexpansionen wieder ausgeglichen werden muß. Je kleiner das Suchfenster, desto mehr gleich bewertete Zustände gelangen in die OPEN-Liste, die dann entsprechend in lexikographischer Reihenfolge expandiert werden. Dadurch verliert die OPEN-Liste an Informationswert und die Baumsuche bekommt einen zunehmend direktionalen Charakter. Im Extremfall, das heißt bei Verwendung eines Nullfensters, ist die OPEN-Liste völlig wertlos, weil dann alle Knoten in lexikographischer Reihenfolge in der OPEN-Liste angeordnet sind und in dieser Reihenfolge expandiert werden.

Die in Abbildung 2.20 gezeigte Situation veranschaulicht die Auswirkung eines zu klein bemessenen Suchfensters. Dual* erzielt zwar in beiden Bäumen das gleiche Ergebnis $v(\varepsilon) = 8$, bewertet aber mit der unteren Suchschranke $h = 5$ (im rechten Baum) einen Knoten mehr. Das liegt an der im Γ-Operator 3 stattfindenden Maximierung $\max\{h, f(J)\}$, durch die das links außen liegende Blatt 1.1.1 mit demselben Wert $\max\{h = 5, v(1.1.1) = 4\} = 5$ in die OPEN-Liste eingetragen wird, wie das Blatt 1.2.1. Aufgrund seiner besseren lexikographischen Position befindet sich das Blatt 1.1.1 ganz vorn in der OPEN-Liste und folglich muß anschließend sein rechter Bruder 1.1.2 expandiert werden. Ohne ein Suchfenster (bzw. mit der minimalen unteren Schranke $h = -\infty$) gelangt hingegen das Blatt 1.2.1 aufgrund seines geringeren Wertes $v(1.2.1) = 1$ vor dem Blatt 1.1.1 mit $v(1.1.1) = 4$ in die OPEN-Liste, wodurch anschließend die Expansion sogleich im Blatt 1.2.2 fortgesetzt wird, ohne daß das Blatt 1.1.2 jemals bewertet werden muß.

In der Praxis wirkt sich die Suchfenster-Technik aber nur selten negativ aus. Empirische Untersuchungen haben gezeigt, daß man bei Verwendung eines Suchfensters viel häufiger mit Knoteneinsparungen rechnen darf, als mit zusätzlichem Aufwand. Genau wie bei den direktionalen Suchverfahren, ist auch hier die geschickte Wahl der Suchfenstergröße für den Erfolg ausschlaggebend, da bei einem außerhalb des Fensters befindlichen Minimaxwert der Baum auch mit den Zustandsraum-Suchverfahren ein zweites Mal durchsucht werden muß.

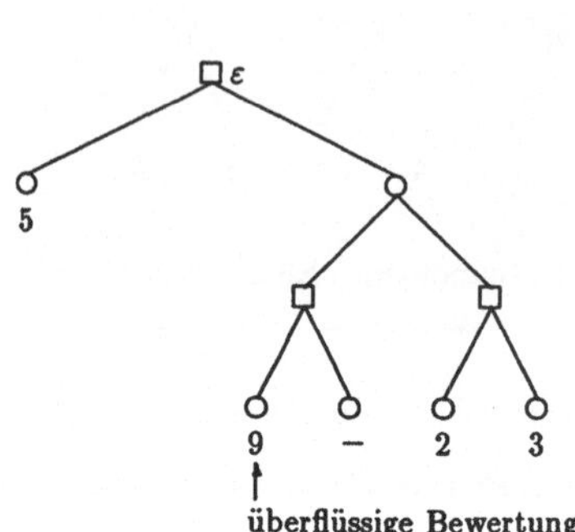

OPEN-Liste:

...

$(2, LIVE, 5)\#$

$(2.1, \mathbf{LIVE}, 5), \quad (2.2, \mathbf{LIVE}, 5)\#$

$(2.1.1, LIVE, 5), \quad (2.2, LIVE, 5)\#$

$(2.2, LIVE, 5), \quad (2.1.1, SOLVED, 9)\#$

$(2.2.1, LIVE, 5), \quad (2.1.1, SOLVED, 9)\#$

$(2.2.1, SOLVED, 5), \quad (2.1.1, SOLVED, 9)\#$

$(2.2.2, LIVE, 5), \quad (2.1.1, SOLVED, 9)\#$

$(2.2.2, SOLVED, 5), \quad (2.1.1, SOLVED, 9)\#$

$(2.2, SOLVED, 5), \quad (2.1.1, SOLVED, 9)\#$

$(2, SOLVED, 5)\#$

$(\varepsilon, SOLVED, 5)\#$

Abbildung 2.21 — Überflüssige Knotenexpansion durch ungünstige Sortierung der MIN-Nachfolger

---

2.3.3.2 Verbesserte Zustandsreihenfolge

Auf den ersten Blick könnte man vermuten, daß die Reihenfolge der Knotenexpansionen bei den Zustandsraum-Suchverfahren eine sekundäre Rolle spielt, da diese ja ohnehin eine Bestensuche im gesamten Zustandsraum durchführen. Das ist aber ein Trugschluß. Bevor überhaupt eine Bestensuche stattfinden kann, muß die OPEN-Liste mit den Knoten eines anfänglichen Lösungsbaumes gefüllt werden, der anschließend so lange weiter ausgebaut wird, bis ein optimaler Lösungsbaum gefunden ist. Um dabei unnütze Knotenexpansionen zu vermeiden, sollten also möglichst schon in der Aufbauphase nur diejenigen Knoten in die OPEN-Liste eingetragen werden, die aller Voraussicht nach im späteren optimalen Lösungsbaum enthalten sind.

Das betrifft zunächst einmal den Γ-Operator 1, der aus der Menge der w möglichen Knotennachfolger einen besonders aussichtsreichen Kandidaten zur weiteren Expansion auswählt. Beim Dual*-Verfahren ist eine sorgfältige Auswahl des ersten Wurzelnachfolgers besonders lohnend. Gelingt es durch geschickten Einsatz von anwendungsspezifischen Informationen, verbunden mit etwas Glück, den besten Wurzel-Unterbaum zuerst zu expandieren, so durchsucht Dual* die restlichen Unterbäume mit minimalem Aufwand (Beweis siehe Kapitel 3). In diesem Fall ist sogar die globale Bestensuche des SSS*-Verfahrens unterlegen.

Der Γ-Operator 2 deponiert—anders als Γ-Operator 1—grundsätzlich alle Nachfolger der MIN-Knoten in der OPEN-Liste, wobei aber auch hier die Reihenfolge der Einträge nicht gleichgültig ist. Abbildung 2.21 zeigt eine Situation, in der Dual* durch eine ungünstige Expansionsreihenfolge

OPEN-Liste:

$(\varepsilon, LIVE, -\infty)\#$

$(1, LIVE, -\infty)\#$

$(1.1, LIVE, -\infty), \ (1.2, LIVE, -\infty)\#$

$(1.1.1, LIVE, -\infty), \ (1.2, LIVE, -\infty)\#$

$(1.2, LIVE, -\infty), \ (1.1.1, SOLVED, 5)\#$

$(1.2.1, LIVE, -\infty), \ (1.1.1, SOLVED, 5)\#$

$(1.2.1, SOLVED, 2), \ (1.1.1, SOLVED, 5)\#$

$(1.2.2, LIVE, 2), \ (1.1.1, SOLVED, 5)\#$

$\mathbf{(1.1.1, SOLVED, 5), \ (1.2.2, SOLVED, 5)\#}$

$(1.1.2, LIVE, 5), \ (1.2.2, SOLVED, 5)\#$

$(1.2.2, SOLVED, 5), \ (1.1.2, SOLVED, 8)\#$

$(1.2, SOLVED, 5), \ (1.1.2, SOLVED, 8)\#$

$(1, SOLVED, 5)\#$

$\dots$

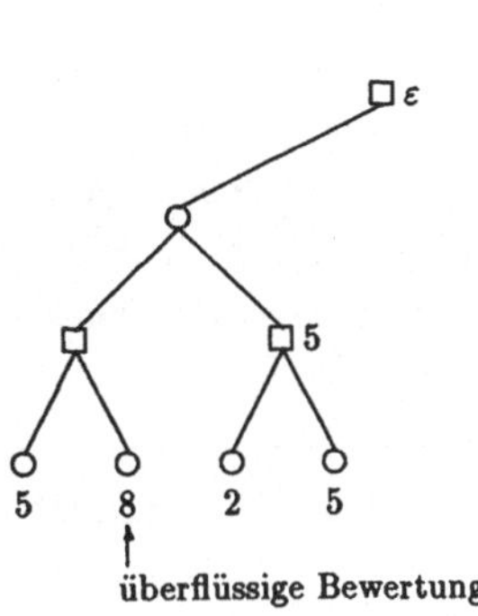

Abbildung 2.22 — Negative Auswirkung der lexikographischen Knotenreihenfolge

---

einen Knoten mehr bewertet, als eigentlich erforderlich wäre. Aus der rechts abgebildeten OPEN-Liste geht hervor (siehe fett gedruckte Zeile), daß sich der MAX-Knoten 2.1 vor dem Knoten 2.2 in der OPEN-Liste befindet, wodurch das mit 9 bewertete Blatt expandiert werden muß, obwohl später im rechten Teilbaum eine Widerlegung gefunden wird. Würden sich die beiden MAX-Knoten hingegen in umgekehrter Reihenfolge in der OPEN-Liste befinden, bräuchten nur zwei der drei Endknoten bewertet zu werden. Für SSS* gilt die duale Überlegung.

Auch der Γ-Operator 3, der unter anderem das Einfügen wertgleicher Zustände in die OPEN-Liste besorgt, kann verbessert werden. Generell ordnet der Γ-Operator 3 alle neuen Zustände den h-Werten gemäß ein. Wenn sich aber schon ein Zustand mit gleichem h-Wert in der OPEN-Liste befindet, wird der lexikographisch geringere, das heißt der im Baum weiter links liegende Knoten vor seinem wertgleichen Konkurrenten in die OPEN-Liste eingefügt. Erst durch dieses zweite Ordnungskriterium ist sichergestellt, daß SSS* die gleich bewerteten Knoten in derselben Reihenfolge wie $\alpha\beta$ (nämlich auch von links nach rechts) expandiert [Camp-Mars83].

Manchmal wirkt sich die strikte lexikographische Sortierung aber auch nachteilig aus, wie Abbildung 2.22 am Beispiel eines Dual*-Suchbaumes zeigt. Hier wird zuerst der Endknoten 1.1.1 bewertet, dann der Endknoten 1.2.1 und schließlich sein rechter Bruder 1.2.2. Jetzt steht der Minimaxwert 5 bereits fest, aber durch die ungünstige Position des Knotens 1.2.2 in der OPEN-Liste (siehe fett gedruckte Zeile) expandiert Dual* noch überflüssigerweise den kompletten linken Baumteil, bevor

Nr.	Eigenschaften des Zustands $Z = (J, s, h)$	Aktion des Γ-Opertors
3	$s = LIVE$, J ist Endknoten	Füge $Z' = (J, SOLVED, h' = \max\{h, f(J)\})$ vor dem Zustand mit dem nächstgrößeren h-Wert oder spätestens am Ende von OPEN ein. Falls h' mit dem h-Wert des obersten Zustands übereinstimmt, so füge Z' ganz am Anfang von OPEN ein. Ansonsten ist die lexikographische Knotenreihenfolge zu berücksichtigen.

Tabelle 2.3 — Verbesserte Zustandsreihenfolge im Γ-Operator 3 (Dual*)

schließlich der zuvor berechnete Minimaxwert als Ergebnis zurückgeliefert wird.

Dieser unnütze Extra-Aufwand kann durch geschicktes Außerkraftsetzen der lexikographischen Sortierung vermieden werden. Das darf jedoch nicht pauschal in jeder Einfüge-Operation geschehen, sondern nur in den Fällen, in denen der h-Wert des neu einzufügenden Zustands mit dem h-Wert des obersten Zustands der OPEN-Liste übereinstimmt. Tabelle 2.3 zeigt die Änderungen des Γ-Operators 3 für den Dual*-Algorithmus.

2.3.3.3 Elimination überflüssiger Zustände

Der maximale Speicherplatzbedarf von Dual* liegt in der Größenordnung $O(w^{\lfloor d/2 \rfloor})$. Diese Speicherplatzmenge wird am Ende der Aufbauphase belegt, wenn sich alle Zustände der Blattebene in der OPEN-Liste befinden. Im weiteren Verlauf schrumpft die Liste wieder zusammen, weil dann die vielen Blatt-Zustände im Zuge der Rückbewertung durch die Zustände höher gelegener Knoten ersetzt werden.

In geradzahligen Suchtiefen ist der Speicherplatzbedarf besonders groß. Die letzte Knotenebene über den Blättern enthält hier nur MIN-Knoten, deren gesamte w Nachfolger in die OPEN-Liste eingetragen werden. Im Grunde ist dieser Aufwand jedoch überflüssig, denn es steht von vornherein bereits fest, daß von den jeweils w Nachfolgern eines MIN-Knotens höchstens ein einziger—nämlich derjenige mit dem geringsten Wert—wieder aus der OPEN-Liste entnommen wird. Alle anderen MIN-Knotennachfolger befinden sich weiter hinten in der OPEN-Liste und werden im weiteren Verlauf der Suche vom Γ-Operator 4 abgeschnitten. Die im hinteren Teil der OPEN-Liste befindlichen MIN-Knotennachfolger repräsentieren unterlegene Zugalternativen mit einen höheren Wert, die der MIN-Spieler ohnehin nicht wählen würde.

Der Speicherplatzbedarf des Dual*-Verfahrens kann bei geradzahligen Suchtiefen um den Faktor w

Nr.	Eigenschaften des Zustands $Z = (J, s, h)$	Aktion des Γ-Opertors
3a	$s = LIVE$, J ist MIN-Endknoten	(Dieser Fall entspricht dem bisherigen Γ-Operator 3.) Füge $(J, SOLVED, \max\{h, f(J)\})$ vor dem Zustand mit dem nächstgrößeren h-Wert oder spätestens am Ende von OPEN ein. Bei gleichen h-Werten ist die lexikographische Knotenreihenfolge zu berücksichtigen.
3b	$s = LIVE$, J ist MAX-Endknoten	Inspiziere alle Zustände $Z' = (J', s', h')$ vom Anfang bis zum Ende der OPEN-Liste und prüfe: (1.) Falls das Ende der OPEN-Liste erreicht ist, trage $(J, SOLVED, \max\{h, f(J)\})$ ein und verlasse die Schleife. (2.) Falls $h > h'$ ist, oder $h = h'$ und J lexikographisch kleiner als J' ist, trage $(J, SOLVED, \max\{h, f(J)\})$ an dieser Stelle in die OPEN-Liste ein. Lösche alle Brüder von J aus dem Rest der Liste und verlasse die Schleife. (3.) Falls J ein Bruder von J' ist, verlasse die Schleife. Es ist kein Eintrag notwendig.

Tabelle 2.4 — Speicherersparnis im Γ-Operator 3 (Dual*)

reduziert werden, indem anstelle von w Blatt-Zuständen nur derjenige mit dem geringsten Wert in die OPEN-Liste eingetragen wird. Tabelle 2.4 zeigt die entsprechenden Änderungen des Γ-Operators 3. Vor dem Eintrag eines neuen Blatt-Zustandes wird zunächst geprüft, ob sich bereits ein Bruder mit einem geringeren Wert in der OPEN-Liste befindet. Ist das der Fall, so ist der neue Zustand überflüssig und braucht nicht eingetragen zu werden. Falls kein Bruder mit einem geringeren Wert existiert, wird der neue Zustand an entsprechender Stelle in die OPEN-Liste eingefügt und alle im hinteren Teil der Liste gelegenen Brüder entfernt.

Diese Verbesserung verringert den Speicherplatzbedarf des Dual*-Verfahrens auf $w^{\lfloor\frac{d-1}{2}\rfloor}$ und den des SSS*-Verfahrens auf $w^{\lceil\frac{d-1}{2}\rceil}$ Zustände. Neben der Speicherplatzersparnis sind die reduzierten Verwaltungskosten in der Praxis besonders attraktiv. Aufgrund der kürzeren OPEN-Liste verringert sich die Suchzeit des Dual*-Verfahrens in breiten Bäumen erheblich (z.B. Halbierung des CPU-Zeitbedarfs in Bäumen der Breite 10 und Tiefe 8).

2.3.3.4 L-Verbesserung für Dual*

Die von den direktionalen Suchverfahren bekannte L-Verbesserung ist zwar für das SSS*-Verfahren unbrauchbar, weil dessen Bestensuche völlig global im gesamten Baum stattfindet. Sie kann jedoch auf den Dual*-Algorithmus übertragen werden, der, genau wie die direktionalen Suchverfahren, alle Wurzel-Unterbäume streng sequentiell expandiert. Dazu wird der in den ersten $w - 1$ Wurzel-Unterbäumen ermittelte h-Wert, der bisher bei der Expansion des letzten (w-ten) Wurzel-Unterbaumes nur als untere Schranke diente, dort zugleich auch als obere Schranke verwendet. Auf diese Weise wird der letzte Wurzel-Unterbaum mit einem echten Nullfenster durchsucht. Die Suche wird abgebrochen, sobald feststeht, ob der Minimaxwert $\geq h$ ist.

Auch Thompsons L-Verbesserung ist auf den Dual*-Algorithmus anwendbar. Das Grundprinzip dieser Verbesserung besteht darin, nach der anfänglichen Nullfenster-Suche der einzelnen Wurzel-Unterbäume erst dann eine Wiederholungssuche durchzuführen, wenn *zwei* überlegene Wurzel-Unterbäume gefunden wurden. Im Dual*-Algorithmus kann eine Nullfenster-Suche dadurch simuliert werden, daß die Knotenexpansion abgebrochen wird, sobald am Anfang der OPEN-Liste ein Zustand mit einem größeren h-Wert als der zuvor ermittelte Referenzwert auftaucht. Beim Abbruch sollte allerdings die OPEN-Liste aufbewahrt werden, weil sie beim Auffinden eines zweiten überlegenen Wurzel-Unterbaumes zur Berechnung des ersten Minimaxwertes wieder benötigt wird. Im Gegensatz zu NegaScout braucht Dual* dann keine Wiederholungssuche durchzuführen, sondern kann die Bestensuche einfach anhand der alten OPEN-Liste fortführen.

Mit dieser Verbesserung kann die vollständige Expansion des optimalen Wurzel-Unterbaumes, die im allgemeinen die meisten Bewertungen erfordert, häufig vermieden werden. Sie ist nur dann unumgänglich, wenn die Hauptvariante im ersten (linken) Wurzel-Unterbaum liegt. In diesem Fall wird der Mehraufwand aber dadurch aufgewogen, daß das Dual*-Verfahren die restlichen Wurzel-Unterbäume mit minimalem Aufwand widerlegt (Beweis im dritten Kapitel).

2.3.3.5 Globale Bestensuche für Dual*

Im Vergleich zur globalen Bestensuche des SSS*-Verfahrens bietet die streng sequentielle Expansion der Wurzelnachfolger zwar den Vorteil geringeren Speicherplatzbedarfs, andererseits verfügt Dual* dadurch aber über weniger globale Knoteninformationen. Die Informationsmenge könnte vergrößert werden, wenn Dual* in der Aufbauphase alle w Wurzel-Unterbäume probeweise zugleich expandieren würde. Der aussichtsreichste Kandidat, das heißt der Wurzel-Unterbaum mit dem größten MAX-Strategiewert, könnte dann in der zweiten Suchphase zuerst berücksichtigt werden. Eine Garantie, daß sich dieser später auch als optimal erweisen wird, besteht natürlich nicht, aber zumindest erhöht sich die Wahrscheinlichkeit. In empirischen Versuchen mit Bäumen der Tiefe 3 bis 8 und dem Verzweigungsfaktor 5 hat sich gezeigt, daß sich die Chance, auf Anhieb den besten Wurzel-Unterbaum zu expandieren, etwa verdoppelt. Sie liegt bei etwa $2/w$—anstatt $1/w$ bei wahlloser Expansion eines beliebigen Wurzel-Unterbaumes.

Im statistischen Mittel erhält man also einen Effizienzgewinn, aber leider nicht in jedem Einzelfall. Wenn sich der anfangs aussichtsreichste Wurzel-Unterbaum später als unterlegen herausstellt, sind unter Umständen einige Knoten vergebens expandiert worden.

Aber selbst wenn der zuerst expandierte Wurzel-Unterbaum tatsächlich wie gewünscht den Minimaxwert enthält, besteht keine Garantie auf eine reduzierte Blattbewertungsanzahl, weil bei seiner Expansion noch kein unterer Schrankenwert zur Verfügung steht. Wie die vorangegangene Diskussion der Suchfenstertechnik zeigte, ist für die Suchleistung des Dual*-Verfahrens nicht so sehr das frühzeitige Auffinden des besten Wurzel-Unterbaumes wichtig, sondern vielmehr die Berechnung einer guten unteren Suchschranke. Dieses kann gleichermaßen gut in einem unterlegenen oder überlegenen Wurzel-Unterbaum geschehen.

2.3.3.6 Zustandsraum-Suche in Graphen

Bei den meisten sogenannten Spiel*bäumen* handelt es sich in Wahrheit um azyklische gerichtete *Graphen*. Sie haben die Eigenschaft, daß tief gelegene Knoten mitunter auf verschiedenen Pfaden erreichbar sind. Das ist zum Beispiel im Schach- oder Damespiel der Fall, wo die Reihenfolge der Züge zur Erreichung einer bestimmten Stellung—zumindest aus Sicht der Baumsuche—gleichgültig ist. Dieses Phänomen kann ab Suchtiefen $d \geq 4$ beobachtet werden; die Anzahl gleicher Stellungen nimmt dann exponentiell mit der Suchtiefe zu.

Um Mehrfachbewertungen gleicher Stellungen in Graphen zu vermeiden, bewahrt man die bisher expandierten Stellungen in einer *Zugumstellungstabelle* auf. Vor Neu-Expansionen wird stets geprüft, ob die Stellung bereits in der Zugumstellungstabelle vorhanden ist und ihr Wert eventuell schon hinreichend genau berechnet worden ist. Diese Methode hat sich in der Praxis zur Beschleunigung der direktionalen Suchverfahren bewährt[5].

Bei den Zustandsraum-Suchverfahren ist die Implementation einer Zugumstellungstabelle überflüssig, weil deren Aufgabe von der ohnehin vorhandenen OPEN-Liste übernommen werden kann. Redundante Knotenexpansionen können vermieden werden, indem alle Knoten, die mehrere Vorgänger besitzen, von Löschoperationen (Γ-Operator 4) ausgenommen werden. Anstatt sie von der OPEN-Liste zu entfernen, werden sie—z.B. mit einem neu einzuführenden Statuswert—markiert. Vor dem

---

[5]Zuweilen expandieren praktische Spielprogramme weniger Blätter, als im theoretisch besten Fall expandiert werden müßten! Diese scheinbar unmögliche Tatsache ist auf die große Anzahl gleicher Spielstellungen zurückzuführen, die in der Praxis nicht jedesmal neu untersucht werden, sondern aus der zuvor gefüllten Zugumstellungstabelle abgerufen werden.

Einfügen eines neuen Knotens braucht dann nur noch geprüft zu werden, ob sich der entsprechende Knoten, eventuell mit einem anderen h-Wert, bereits in der OPEN-Liste befindet. Es fällt also ein zusätzlicher Rechenzeit-Aufwand in den Γ-Operatoren 1 bis 3 und 5 an, der abhängig von der Länge der OPEN-Liste ist.

Wenn der Graph zudem noch zyklisch ist, muß in jedem Knotendeskriptor die Liste seiner Vorgänger mitgeführt werden, um die Expansion endloser Zyklen zu erkennen und zu vermeiden.

2.3.3.7 Hybride Algorithmen

Einer weiten Verbreitung der Zustandsraum-Suchverfahren steht ihr enorm hoher Speicherplatzbedarf und der damit verbundene Verwaltungsaufwand entgegen. Abhilfe schaffen hybride Algorithmen, die an unkritischen Stellen die speicherintensive Bestensuche durch direktionale Suchtechniken ersetzen. Dadurch werden zwar, von einer Ausnahme abgesehen, durchweg mehr Knoten als mit einem reinen Zustandsraum-Suchverfahren durchsucht, die hybriden Algorithmen erlauben aber selbst in den Anwendungen eine partielle Bestensuche, in denen die reine Zustandsraum-Suche zu speicherintensiv wäre.

Besonders kritisch ist die Auswahl der Baumteile, die direktional durchsucht werden sollen. Es bietet sich eine horizontale Zerlegung des Baumes an, in der die direktionalen Suchverfahren alle Knoten bis zu (bzw. ab) einer festgelegten Baumebene durchsuchen, sowie eine vertikale Zerlegung, in der die direktionalen Suchverfahren nur zur Expansion bestimmter Wurzel-Unterbäume eingesetzt werden. Die horizontale Zerlegung stellt eher eine Notlösung dar, mit deren Hilfe unter erheblichen Effizienzeinbußen der Speicherplatzbedarf der Suchalgorithmen reduziert werden kann. Die vertikale Zerlegung bietet hingegen den Vorteil, daß im linken Baumteil ein effizientes Besten-Suchverfahren zur Berechnung eines anfänglichen Suchfensters eingesetzt werden kann, welches die anschließende direktionale Expansion der restlichen Wurzelnachfolger beschleunigt. Diese Technik nutzt die teuer erworbene Knoteninformation gut aus und verspricht zugleich eine Rechenzeitverkürzung durch den überwiegenden Einsatz schneller direktionaler Suchverfahren.

Im folgenden stellen wir einige hybride Zustandsraum-Suchverfahren vor. Die ersten vier führen eine horizontale Zerlegung durch, während die beiden letzten Methoden den Baum vertikal zerlegen:

$\alpha\beta$-SSS* *[Camp-Mars83]*: Das $\alpha\beta$-Verfahren durchsucht lediglich die oberen Baumebenen bis zu einer Grenzebene, von wo ab SSS* zur weiteren Expansion eingesetzt wird. Mit Hilfe der Suchfenster-Technik können die α- und β-Schrankenwerte vom SSS*-Algorithmus genutzt werden.

SSS-αβ [Camp-Mars83]:* Im Gegensatz zum vorangegangenen Vorschlag reduziert die in dieser Variante stattfindende anfängliche SSS*-Suche zwar die Knotenanzahl der Grenzebene, hat aber den Nachteil, daß die dort startende $\alpha\beta$-Suche nur mit einer oberen (β-) Schranke ausgestattet werden kann.

Dual-αβ:* Diese Hybridversion ist effizienter als der vorangegangene SSS*-$\alpha\beta$-Algorithmus, weil die in den oberen Baumebenen stattfindende Dual*-Suche die für $\alpha\beta$ wichtigere untere Schranke bereitstellt.

SSS-SSS* [Camp-Mars83]:* Hierbei werden die Knoten der Grenzebene von einer zweiten, unabhängigen SSS*-Suche bewertet. Der Vorteil dieser Zerlegung liegt allein in ihrer Speicherplatzersparnis. Globale Knoteninformationen können von SSS*-SSS* nicht genutzt werden. Eine ähnliche Zerlegung für den A*-Algorithmus [Nils71, S. 71] hat den Nachteil, daß unter Umständen der beste Pfad nicht mehr gefunden wird. Analog findet die SSS*-SSS*-Hybridversion nicht immer die gleiche Hauptvariante wie eine reine SSS*-Suche.

Dual-NS [Rei-Mar-Sch85]:* Diese Hybridversion zerlegt den Baum vertikal: Dual* expandiert zunächst nur den ersten (linken) Wurzel-Unterbaum. Der dabei ermittelte vorläufige Minimaxwert dient zur Initialisierung des Suchfensters der anschließenden NegaScout-Suche der restlichen $w - 1$ Wurzel-Unterbäume. Die dort eventuell auftretenden Wiederholungssuchen können dann ggf. wieder von Dual* ausgeführt werden.

Dual-INS [Rei-Mar-Sch85]:* Diese Variante arbeitet ähnlich wie Dual*-NS, jedoch werden alle rechten Teilbäume von INS expandiert. Da INS in der ersten Phase genau dieselben Knoten wie Dual* durchsucht, sollte INS zweckmäßigerweise die von ihm expandierten Knotenwerte sogleich in einer OPEN-Liste aufbewahren, die dann bei eventuelle Wiederholungssuchen von Dual* benutzt werden kann. Dies ist die einzige Hybridversion, die genau die gleiche Anzahl Knoten wie ihre Ausgangsversion (Dual*) expandiert, dabei aber Rechenzeit einspart.

Die genannten Quellen enthalten detaillierte Beschreibungen der hybriden Algorithmen sowie empirische Ergebnisse, so daß wir uns hier tiefergehende Untersuchungen ersparen können. Stattdessen wollen wir im folgenden genauer auf die *iterativen Zustandsraum-Suchverfahren* eingehen, die einen variablen Grad an Direktionalität in die Bestensuche einbringen. Obwohl sie im Grunde auch den hybriden Suchalgorithmen zuzuordnen sind, haben wir den iterativen Zustandsraum-Suchverfahren aufgrund ihrer Bedeutung einen eigenen Abschnitt gewidmet.

2.3.3.8 Iterative Zustandsraum-Suche

Zwei Arten iterativer Suche sind denkbar: *Iterative Tiefensuche* und *iterative Breitensuche.* Die erste Form ist ein bekanntes Mittel zur Leistungssteigerung konventioneller Suchverfahren, wie beispielsweise A* [Korf85] oder $\alpha\beta$ [Frey82,Sla-Atk77]. Im Prinzip wird derselbe Baum mehrfach mit schrittweise erhöhter Suchtiefe expandiert. Die Suche bis zur Tiefe d profitiert dann von den in der vorangegangenen $(d-1)$-Suche gewonnenen Informationen (Suchfenster, Hauptvariante), so daß trotz der mehrfach expandierten höher gelegenen Knoten ein Effizienzgewinn übrigbleibt.

In diesem Abschnitt beschäftigen wir uns mit der zweiten, weniger bekannten Form, der *iterativen Breitensuche.* In Analogie zur iterativen Tiefensuche wird in der iterativen Breitensuche die Breite des Suchbaumes schrittweise vergrößert: Anstatt sogleich alle Knotennachfolger in den Suchprozeß einzubeziehen, wird die Anzahl erst nach und nach erhöht. Auf diese Weise können reine Besten-Suchverfahren mit einem beliebigen Grad an Direktionalität ausgestattet werden.

Die Idee der iterative Breitensuche ist sowohl auf SSS* [Sri85,Mar-Sri86] als auch auf Dual* [Rein86] anwendbar. Wir beschreiben hier den *iterativen Dual*-Algorithmus,* kurz *I-Dual** genannt. Sein Gegenstück, der iterative SSS*-Algorithmus, I-SSS*, läßt sich leicht daraus ableiten.

Die einzigen Unterschiede zum "normalen" Dual*-Verfahren bestehen in der Expansion der MIN-Knotennachfolger, die nun nicht mehr komplett in die OPEN-Liste eingetragen werden, sondern erst nach und nach in einzelnen *Partitionen.* Der Γ-Operator 2 erzeugt zunächst nur die erste Partition $\{1,\dots,p\}$, $p \leq w$, der MIN-Nachfolgerknoten und deponiert sie in der OPEN-Liste. Die weiteren $w-p$ Nachfolger, die auf ihre spätere Expansion warten, werden durch den Eintrag des $(p+1)$-ten Nachfolgerknotens mit dem neu eingeführten Status *PENDING* repräsentiert. Erst wenn alle Zustände einer Partition verarbeitet worden sind, gibt der Γ-Operator 4a die nächste Partition $\{p+1,\dots,2p\}$ der MIN-Nachfolger zur Expansion frei.

Durch die stufenweise Expansion der MIN-Knotennachfolger ergeben sich hauptsächlich Änderungen in den Γ-Operatoren 2 und 4. Zusätzlich müssen die Γ-Operatoren 1, 2, 4 und 5, die bisher ihre neu erzeugten Zustände einfach am Anfang der OPEN-Liste eingefügt haben, derart geändert werden, daß die Zustände nun ihrem h-Wert gemäß an entsprechender Stelle einsortiert werden. Am Anfang der OPEN-Liste befinden sich nämlich im allgemeinen mehrere *PENDING*-Zustände mit einem geringen Wert, die beim Eintragen neuer Zustände übersprungen werden müssen.

Die Hauptschleife des iterativen Dual*-Algorithmus (I-Dual*) besteht aus den folgenden Programmschritten:

Nr.	Eigenschaften des Zustands $Z = (J, s, h)$	Aktion des Γ-Operators
1	$s = LIVE$, J ist innerer MAX-Knoten	Füge $(J.1, LIVE, h)$ in die OPEN-Liste ein.
2	$s = LIVE$, J ist innerer MIN-Knoten	Füge $(J.j, LIVE, h)$ für $j = 1, \ldots, p$ und $j \leq w$ in aufsteigender Ordnung in die OPEN-Liste ein. Falls $p < w$, füge auch $(J.p + 1, PENDING, h)$ an entsprechender Stelle ein.
3	$s = LIVE$, J ist Endknoten	Füge $(J, SOLVED, \max\{h, f(J)\})$ vor dem Zustand mit dem nächstgrößeren h-Wert oder spätestens am Ende der OPEN-Liste ein. Bei gleichen h-Werten ist die lexikographische Knotenreihenfolge zu wahren. Entferne zur Speicherersparnis alle rechten Brüder von J, die den Status $SOLVED$ besitzen und sich hinter J in OPEN befinden.
4	$s = SOLVED$, J ist MAX-Knoten, $J = J'.j$	
4a	$j \neq w$	Inspiziere alle $PENDING$-Zustände, die vor Z in der OPEN-Liste liegen. Wähle daraus einen Zustand, der den tiefsten Nachfolgerknoten von J' enthält, oder, falls keiner existiert, wähle daraus einen Zustand des tiefsten Knotens, der in einer tieferen Baumebene als J' liegt. Bei Knoten gleicher Tiefe ist der lexikographisch geringere zu wählen. Ersetze den ausgewählten Zustand $(I.i, PENDING, h')$ durch die nächste Partition $(I.k, LIVE, h')$ mit $k = i, \ldots, i + p - 1$ und $k \leq w$. Füge den neuen $PENDING$-Zustand $(I.i + p, PENDING, h')$ (falls $i + p \leq w$) und den zuvor entnommenen Zustand Z in die OPEN-Liste ein. Falls kein Zustand diese Bedingungen erfüllt, wende Γ-Operator 4b an.
4b	$j = w$	Füge $(J', SOLVED, h)$ in die OPEN-Liste ein und entferne alle direkten und indirekten Nachfolger von J' aus OPEN.
5	$s = SOLVED$, J ist MIN-Knoten, $J = J'.j$	
5a	$j \neq w$	Füge $(J'.j + 1, LIVE, h)$ in die OPEN-Liste ein.
5b	$j = w$	Füge $(J', SOLVED, h)$ in die OPEN-Liste ein.

Tabelle 2.5 — Γ-Operator des I-Dual*-Algorithmus

1. Wähle eine Partitionsgröße p : $1 \leq p \leq w$.

2. Initialisiere die OPEN-Liste mit dem Wurzel-Zustand $(\varepsilon, LIVE, -\infty)$.

3. Entferne den ersten Zustand $Z = (J, s, h)$ mit einem Status $s \neq PENDING$ aus der OPEN-Liste.

4. Falls $J = \varepsilon$ und $s = SOLVED$ ist, beende die Suche und liefere als Ergebnis den Minimaxwert h.

5. Wende den Γ-Operator in Tabelle 2.5 auf den Zustand Z an.

6. Fahre mit Schritt 3 fort.

Mit der maximalen Partitionsgröße $p = w$ expandiert I-Dual* genau dieselben Knoten wie der normale Dual*-Algorithmus. Der Γ-Operator 2 deponiert in diesem Fall alle MIN-Nachfolger zugleich in der OPEN-Liste, und Γ-Operator 4 führt stets die Aktion 4b durch, die mit dem Γ-Operator 4 des Dual*-Verfahrens identisch ist.

Wenn man hingegen die minimale Partitionsgröße $p = 1$ wählt, führt das I-Dual*-Verfahren eine völlig direktionale $\alpha\beta$-Suche durch, in der alle Knoten von links nach rechts expandiert werden. Die in der OPEN-Liste befindliche Information ist dann gewissermaßen die explizite Repräsentation des Laufzeitstapels der $\alpha\beta$-Funktion. Zu jedem Zeitpunkt existiert höchstens ein einziger Zustand mit dem Status $LIVE$ in der OPEN-Liste. Er entspricht demjenigen Knoten, den das $\alpha\beta$-Verfahren in der gleichen Situation expandieren würde. Die restlichen Zustände mit dem Status $PENDING$ sind für $\alpha\beta$ nicht direkt zugreifbar, weil sie von der Laufzeitunterstützung während des rekursiven Abstiegs verwaltet werden. Das ist jedoch kein Nachteil, denn auch I-Dual* kann die Information dieser Zustände in der Zwischenzeit nicht nutzen. (Im Gegenteil: Sie vergrößern sogar den Verwaltungsaufwand.)

Die Partitionsgröße ist aber nicht nur auf die beiden Extremwerte $p = 1$ und $p = w$ beschränkt, sondern dazwischen kann jeder beliebige Grad an Direktionalität gewählt werden. Auf diese Weise entsteht ein ganzes Spektrum von Suchalgorithmen mit unterschiedlichem Informationsgehalt und dementsprechend mit unterschiedlicher Sucheffizienz.

Je geringer die Partitionsgröße, desto geringer ist der Speicherplatzbedarf der OPEN-Liste. Einerseits geht mit einer Verringerung der Partitionsgröße natürlich ein Informationsverlust einher, wodurch letztlich mehr Knoten expandiert werden müssen. Andererseits nimmt mit der geschrumpften OPEN-Liste aber auch der Verwaltungsaufwand ab. Welche Partitionsgröße in der Praxis vorteilhaft ist, hängt nicht zuletzt von der Rechenzeit ab, die jede einzelne Blattbewertung erfordert.

2.3.4 Zusammenfassung

Die Zustandsraum-Suchverfahren bieten ideale Voraussetzungen für eine effiziente Baumsuche: Sie akkumulieren sämtliche während der Suche auftretenden Informationen im Zustandsraum und führen darauf eine Bestensuche durch. Mitunter werden während des Suchprozesses auch Lösungsbäume aus dem Zustandsraum entfernt—das geschieht aber nur, um die gewonnenen Daten sofort in übergeordnete Lösungsbäume einzugliedern. Auf diese Weise nimmt der Informationsgehalt der OPEN-Liste ständig zu, ohne daß gleichzeitig die Menge der Zustände wächst.

Nichtsdestotrotz ist der Speicherplatzbedarf des Zustandsraums sehr groß. Dieser Aspekt stand in der Literatur stets im Vordergrund. Zur Abhilfe wurden hybride Suchalgorithmen vorgeschlagen, die die informierte Bestensuche mit anderen bekannten, weniger Speicherplatz-intensiven Suchtechniken verschmelzen. Besonders interessant ist in diesem Zusammenhang die iterative Zustandsraum-Suche, die mit zunehmender Partitionsgröße nicht nur Speicherplatz einspart, sondern auch die Abhängigkeit der Sucheffizienz vom Grad der verfügbaren Knoteninformationen erkennen läßt.

Letztlich ist aber der Speicherplatzbedarf nicht das alleinige Kriterium—insbesondere nicht bei der heutigen, stetig zunehmenden Verfügbarkeit preiswerter Speicherbausteine, die die Anwendung von Zustandsraum-Suchverfahren auch auf Mikroprozessor-Systemen realistisch werden läßt. Vielmehr spielt der hohe Rechenzeitverbrauch der Zustandsraum-Suchverfahren, bedingt durch die komplexe Verwaltung des Zustandsraums, eine entscheidende Rolle. In der Praxis muß man, je nach Implementation und Baumgröße, mit dem doppelten bis zehnfachen Rechenzeitverbrauch gegenüber den einfachen direktionalen Suchverfahren rechnen.

In den vorangegangenen Teilabschnitten haben wir eine Reihe von Maßnahmen zur Beschleunigung der Zustandsraum-Suche diskutiert: Die Verringerung der Zustandsmenge durch Elimination der Blattknoten von der OPEN-Liste, die Verbesserung der Zustandsreihenfolge, die L-Verbesserung des Dual*-Algorithmus und schließlich die Verwendung hybrider und iterativer Zustandsraum-Suchverfahren. Auch die Suchfenster-Technik zog sich in diesem Kapitel, das ja primär die Bestensuche abhandelt, wie ein roter Faden durch die Diskussion. Das ist zunächst überraschend, da Besten-Suchverfahren im Grunde über genügend Informationen verfügen, ohne auf einen künstlichen Steuermechanismus durch ein Suchfenster angewiesen zu sein. Aber schon die Grundversion des Dual*-Algorithmus basiert implizit auf der Suchfenster-Technik und die hybriden Algorithmen sind ohne sie nicht denkbar. Die Größe des Suchfensters muß allerdings sehr sorgfältig ausgewählt werden, weil es in der Zustandsraum-Suche, selbst wenn der Minimaxwert innerhalb des Fensters liegt, einen Informationsverlust verursachen kann, der sich in einer erhöhten Blattbewertungsanzahl äußert. Dieser negative Effekt war bisher von den direktionalen Suchverfahren unbekannt.

Kapitel 3

Theoretische Effizienzanalyse

Mit der stetig zunehmenden Verfügbarkeit von Rechenzeit wurden empirische Experimente in den letzten Jahren zwar immer beliebter, auf eine theoretische Effizienzanalyse kann aber dennoch nicht verzichtet werden: Sie unterliegt keinen empirischen Unwägbarkeiten (wie z.B. der Güte des übersetzten Programmkodes oder der Effizienz des Zielrechners), sie erfordert anstelle von Rechenaufwand nur gedanklichen Aufwand und ihre Ergebnisse können—zumindest im Prinzip—leicht verifiziert werden.

Primäres Ziel der theoretischen Effizienzanalyse ist natürlich die Berechnung der Suchkomplexität, aber als Nebenprodukt erwartet man auch Aufschlüsse über die charakteristischen Eigenschaften der verschiedenen Suchstrategien. Dabei ist gerade die Art, in der die während des Suchprozesses erworbene Information zur Steuerung der Knoten-Expansionsreihenfolge genutzt wird, von besonderem Interesse. Die Vielfalt und Unterschiedlichkeit der Steuermechanismen erschweren die Analyse derart, daß zur Zeit kein einzelner theoretischer Ansatz existiert, mit dem die Leistung aller im vorangegangenen Kapitel vorgestellten Suchalgorithmen direkt verglichen werden könnte.

So liegt der Schwerpunkt dieses Kapitels nicht auf der bloßen Effizienzanalyse einzelner Algorithmen, sondern vielmehr auf der Herleitung theoretischer Modelle, die zur vergleichenden Analyse aller vorgestellten Suchalgorithmen gleichermaßen gut geeignet sind. Es werden drei grundlegend verschiedene, sich aber gegenseitig ergänzende Ansätze verfolgt.

Im ersten Abschnitt beschreiben wir ein theoretisches Modell, das die Struktur des Suchbaumes von den Blättern ausgehend definiert. Im Prinzip wird eine Blattwertverteilung festgelegt und der in den höheren Ebenen stattfindende Rückbewertungsprozeß analysiert. Mit diesem Modell konnte bewiesen werden, daß die drei Suchverfahren Scout [Pearl80a], $\alpha\beta$ [Pearl82] und SSS* [Roiz-Pearl83] in sehr großen Suchtiefen ($d \rightarrow \infty$) das gleiche asymptotische Wachstum der Suchkomplexität besitzen. Für den Anwender ist dieses Ergebnis allerdings nicht sehr bedeutsam, da die genannten Algorithmen in den in der Praxis auftretenden geringen Suchtiefen erhebliche Leistungsunterschiede aufweisen, die in den theoretischen Ergebnissen nicht zum Ausdruck kommen. So liegt der primäre Wert dieser Untersuchungen vielmehr in dem detaillierten Einblick, den man in die Grundlagen der Baumsuche gewinnt. Man erfährt nicht nur Einzelheiten über die Anzahl der Knotenexpansionen in Abhängigkeit von der Blattwertverteilung, sondern auch über die Eigenschaften der zurückbewerteten Minimaxwerte.

Im zweiten Abschnitt stellen wir für jedes der behandelten Baum-Suchverfahren notwendige und hinreichende Kriterien auf, die angeben, unter welchen Bedingungen ein beliebiger Knoten eines beliebigen Baumes expandiert werden muß. Diese Knoten-Expansionskriterien beschreiben die Auswirkung statischer Knotenwerte auf den dynamischen Suchprozeß und geben damit die charakteristischen Eigenheiten der Suchstrategien besonders gut wieder. Die dabei gewonnenen Erkenntnisse werden direkt zur Entwicklung algorithmischer Verbesserungen genutzt. Am Ende des zweiten Abschnittes vergleichen wir die aufgestellten Knoten-Expansionsgleichungen und fassen die Ergebnisse in einer Dominanztabelle zusammen.

Im letzten Abschnitt dieses Kapitels stellen wir einen Ansatz vor, in dem, ausgehend vom Wurzelknoten, alle Knoten-Nachfolger in Typklassen eingeteilt werden und deren Beziehung untereinander in rekursiven Gleichungen beschrieben wird. Besondere Bedeutung besitzt die Klasse der Schnittknoten, in denen ein gewisser Prozentsatz der Nachfolgerknoten expandiert werden muß, bevor ein Schnitt möglich ist. Mit Hilfe der rekursiven Gleichungen kann für jeden Suchalgorithmus die durchschnittliche Blattbewertungsanzahl bei gegebener Anzahl Schnittknoten-Nachfolger berechnet werden. Die inneren Knoten und die Endknoten werden entsprechend ihren tatsächlichen Verarbeitungskosten gewichtet, so daß man auf analytischem Wege neben der Suchkomplexität auch eine realistische Abschätzung der zu erwartenden Zeitkomplexität erhält. Wir führen dies am Beispiel von NegaScout und $\alpha\beta$ durch; das Verfahren läßt sich aber genauso gut auf die anderen vorgestellten Suchalgorithmen übertragen.

3.1 Effizienzanalyse bei gegebener Blattwertverteilung

Schon seit langer Zeit ist es das erklärte Ziel der Theoretiker, herauszufinden, wie stark die Baum-Suchalgorithmen die exponentiell wachsende Komplexität des Suchraums einzuschränken vermögen. Dabei spielt natürlich die Reihenfolge, in der die Knoten expandiert werden, eine entscheidende Rolle. Bereits die frühen Resultate von Slagle und Dixon [Slag-Dix69, S. 201ff] zeigen, daß der $\alpha\beta$-Algorithmus bei bester Knotensortierung nur

$$w^{\lceil \frac{d}{2} \rceil} + w^{\lfloor \frac{d}{2} \rfloor} - 1 \tag{3.1}$$

Blätter bewertet. Das ist in Bäumen der Fall, in denen der erste Nachfolger jedes inneren Knotens optimal ist, das heißt, in denen der erste MAX-Nachfolger den größten und der erste MIN-Nachfolger den kleinsten Wert besitzt[1]. Da die $\alpha\beta$-Schnitte bereits bei gleichen Knotenwerten auftreten, ist die beste Knotensortierung ist auch dann gegeben, wenn alle Blätter denselben Wert besitzen.

Bei schlechtester Knotensortierung muß das $\alpha\beta$-Verfahren hingegen alle

$$w^d \tag{3.2}$$

Blätter bewerten. Das ist der Fall, wenn für alle MAX-Nachfolger $\alpha < v(J.1) < \cdots < v(J.w) < \beta$ und für alle MIN-Nachfolger $\beta > v(J.1) > \cdots > v(J.w) > \alpha$ gilt. Zum Glück tritt eine derart ungünstige Konstellation in der Praxis recht selten auf—jedenfalls wesentlich seltener als die beste Knotenreihenfolge. Knuth und Moore haben gezeigt, daß in jedem beliebigen Baum mindestens eine Blattwert-Permutation existiert, bei der $\alpha\beta$ die maximale Anzahl Schnitte durchführt [Knuth-Moore75]. Die schlechteste Blattwertsortierung, bei der $\alpha\beta$ keinen einzigen Schnitt durchführen kann, ist hingegen in sehr vielen Bäumen nicht durch eine einfache Blattwert-Permutation erreichbar [Griff76]. Aus diesem Grund kann man in der Praxis selbst bei ungünstig angeordneten Blattwerten stets mit einigen $\alpha\beta$-Schnitten rechnen.

Sofern es nicht gerade um die beste oder schlechteste Knotensortierung geht, ist die mathematische Berechnung der Blattbewertungsanzahl in Abhängigkeit von der Baumbreite und -tiefe oft schwierig. Theoretische Untersuchungen konzentrieren sich daher meistens auf die Analyse der asymptotischen Suchleistung in sehr tiefen Bäumen ($d \to \infty$). Dabei wird ein von der Suchtiefe unabhängiges Effizienzmaß verwendet, der *relative Verzweigungsfaktor*.

---

[1]Vorsicht bei ungleichförmigen Bäumen! Dort gelten andere Kriterien für die beste Knotensortierung. Siehe [Knuth-Moore75, S. 307].

Definition 3.1 (Blattbewertungen, relativer Verzweigungsfaktor) *Sei A ein Algorithmus zur Berechnung des Minimaxwertes eines gleichförmigen Baumes mit dem Verzweigungsfaktor w, der Tiefe d und der Blattwertverteilungsfunktion F. Wir bezeichnen die Anzahl der von A durchgeführten* **Blattbewertungen** *mit*

$$I_A(w, d, F)$$

und nennen

$$R_A(w, F) = \lim_{d \to \infty} (I_A(w, d, F))^{1/d}$$

den **relativen Verzweigungsfaktor** *des Algorithmus A.*

Der relative Verzweigungsfaktor R_A ist gewissermaßen der durchschnittliche Verzweigungsfaktor des vom Suchalgorithmus A entwickelten Baumes. Das Minimax-Verfahren, das in allen inneren Knoten sämtliche w Nachfolger expandiert, besitzt den größten relativen Verzweigungsfaktor:

$$R_{Minimax}(w, F) = w \quad \forall w, F. \tag{3.3}$$

Der relative Verzweigungsfaktor des $\alpha\beta$-Verfahrens liegt aufgrund der Gleichungen 3.1 und 3.2 im Bereich

$$\sqrt{w} \le R_{\alpha\beta}(w, F) \le w \quad \forall w, F. \tag{3.4}$$

In der Praxis kommen die beiden Grenzwerte allerdings recht selten vor. Im besten Fall müßte die optimale Knotenreihenfolge schon vor der Expansion feststehen, was eine Baumsuche natürlich erübrigen würde, und der schlechteste Fall ist dazu gerade invers: Die Knoten bräuchten nur anders herum expandiert zu werden, um den Minimaxwert mit der minimalen Anzahl Blattbewertungen zu berechnen.

Gesucht ist also eine möglichst typische, "durchschnittliche" Blattwertverteilung, die einen relativen Verzweigungsfaktor zwischen den beiden Grenzwerten aufweist. Die ersten diesbezüglichen Arbeiten widmeten sich der einfachsten Blattwertverteilung, bei der die Werte aus einer unabhängig gleichverteilten, stetigen Verteilungsfunktion gewonnen werden. In diesen Bäumen besitzen alle Blätter unterschiedliche Werte, so daß $\alpha\beta$-Schnitte aufgrund von Wertgleichheit ausgeschlossen sind. Fuller, Gashnig und Gillogly leiteten eine Gleichung her, die die durchschnittliche Blattbewertungsanzahl von $\alpha\beta$ in derartigen Bäumen beschreibt [Fu-Ga-Gi73]. Da zur Lösung dieser Gleichung w^d Rechenschritte erforderlich sind, in denen zudem noch die Gefahr von Rundungsfehlern besteht, findet die Gleichung in der Praxis allerdings kaum Verwendung.

In Anbetracht der mathematischen Komplexität ließen Knuth und Moore die tiefen $\alpha\beta$-Schnitte zunächst außer acht und berechneten den relativen Verzweigungsfaktor des einfacheren B&B-

Verfahrens [Knuth-Moore75, S. 319ff]. Er liegt in der Größenordnung

$$R_{B\&B}(w, \textit{stetige Gleichvert.}) = O\left(\frac{w}{\log w}\right). \qquad (3.5)$$

Ihre Vermutung, daß dieser Wert auch für das $\alpha\beta$-Verfahren gilt, wurde später von Baudet [Baud78b] bestätigt, womit zugleich gezeigt war, daß die tiefen $\alpha\beta$-Schnitte den relativen Verzweigungsfaktor des $\alpha\beta$-Verfahrens nicht beeinflussen.[2]

Pearl [Pearl82, S. 563] ermittelte schließlich den genauen relativen Verzweigungsfaktor des $\alpha\beta$-Verfahrens für Blattwerte einer unabhängig gleichverteilten, stetigen Verteilungsfunktion:

$$R_{\alpha\beta}(w, \textit{stetige Gleichvert.}) = \frac{\xi_w}{1 - \xi_w}, \qquad (3.6)$$

wobei ξ_w die positive reelle Lösung der Gleichung $x^w + x - 1 = 0$ im Intervall $[0, 1]$ ist. In Bäumen mit *diskreten* Blattwerten ist die Suchleistung wesentlich besser, weil der $\alpha\beta$-Algorithmus Schnitte schon bei Wertgleichheit durchführt. Asymptotisch, d.h. bei $d \to \infty$, erzielt $\alpha\beta$ die maximale Schnittanzahl. Der korrespondierende relative Verzweigungsfaktor besitzt den Wert [Pearl80a, S. 135]

$$R_{\alpha\beta}(w, \textit{diskrete Gleichvert.}) = \sqrt{w}. \qquad (3.7)$$

Weiterhin zeigte Pearl [Pearl80a, S. 124], daß kein direktionaler Suchalgorithmus existiert, der den Minimaxwert mit einem geringeren relativen Verzweigungsfaktor berechnet. Somit ist der $\alpha\beta$-Algorithmus *asymptotisch optimal* über alle direktionalen Suchalgorithmen.

Definition 3.2 (Asymptotische Optimalität) *[Pearl80a, S. 120] Ein Baum-Suchalgorithmus A* **ist** asymptotisch optimal *über eine Menge C von Baum-Suchalgorithmen, wenn für alle Verzweigungsfaktoren w und einige Blattwert-Verteilungsfunktionen F gilt:*

$$R_A(w, F) \leq R_B(w, F) \quad \forall B \in C.$$

In Zusammenhang mit dem Beweis von Tarsi [Tarsi83, S. 391], der zeigt, daß *jedes* Baum-Suchverfahren im statistischen Mittel $(\frac{\xi_w}{1-\xi_w})^d$ Blätter bewerten muß, ist $\alpha\beta$ sogar als asymptotisch optimal über *alle* Baum-Suchverfahren bewiesen. Diese Aussage hebt $\alpha\beta$ jedoch keinesfalls aus der Menge der anderen Suchverfahren hervor, denn die asymptotische Optimalität wurde auch für Scout [Pearl80a] und SSS* [Roiz-Pearl83] bewiesen.

Zur Überprüfung der theoretischen Ergebnisse wurde der relative Verzweigungsfaktor von $\alpha\beta$ auch anhand statistischer Experimente numerisch approximiert.

---

[2] Es sei aber vor Rückschlüssen auf die Praxis gewarnt. In "geringen" Suchtiefen, $d \neq +\infty$, haben tiefe Schnitte nicht zu unterschätzende positive Auswirkungen auf die Suchleistung!

Am bekanntesten ist die Approximation von Fuller, Gashnig und Gillogly
[Fu-Ga-Gi73, S. 44ff]:

$$R_{\alpha\beta}(w, Gleichvert.) \approx w^{0.72},\qquad(3.8)$$

bzw. deren Gleichung für die durchschnittliche Blattbewertungsanzahl:

$$I_{\alpha\beta}(w, d, Gleichvert.) \approx k_d w^{0.72d+0.277}.\qquad(3.9)$$

d	k_d	d	k_d
1	1.00	6	1.59
2	1.12	7	1.67
3	1.30	8	1.71
4	1.39	9	1.73
5	1.51		

Die rechts abgebildete Tabelle zeigt einige Werte der Konstante k_d für
Suchtiefen $d < 10$.

Pearl hat später eine genauere Approximation des relativen Verzweigungsfaktors für $w \leq 1000$ berechnet [Pearl84a, S. 9]:

$$R_{\alpha\beta} \approx 0.925 \ w^{0.747}.\qquad(3.10)$$

Das $\alpha\beta$-Verfahren durchsucht also durchschnittlich nur einen Anteil von etwa $\frac{0.925 \ w^{0.747}}{w} \approx w^{-\frac{1}{4}}$
aller Knotennachfolger. Anders ausgedrückt, ermöglicht das $\alpha\beta$-Verfahren, einen gegebenen Baum
bei gleichbleibender Suchzeit um den Faktor $\frac{\log w}{\log R_{\alpha\beta}} \approx \frac{4}{3}$ tiefer zu durchsuchen als mit dem reinen
Minimax-Verfahren.

Nachdem die Effizienz des $\alpha\beta$-Verfahrens weitgehend erforscht war, widmete man sich vermehrt
der Analyse des SSS*-Verfahrens. Wie bereits erwähnt, wurde schnell herausgefunden, daß SSS*
denselben relativen Verzweigungsfaktor wie $\alpha\beta$ aufweist. Für die Anwender war dieses Ergebnis
allerdings nicht befriedigend, da SSS* in der Praxis bekanntermaßen erheblich weniger Knoten als
$\alpha\beta$ durchsucht. Roizen und Pearl [Roiz-Pearl83, S. 217] haben daraufhin den Leistungsunterschied
zwischen SSS* und $\alpha\beta$ direkt aus der durchschnittlichen Blattbewertungsanzahl berechnet. Definiert
man die Blattbewertungszahl als

$$I(w, d) = c(w, d)\left(\frac{\xi_w}{1 - \xi_w}\right)^d,\qquad(3.11)$$

so liegt der Faktor $c(w, d)$ für die Verzweigungsfaktoren $2 \leq w \leq 20$ und Suchtiefen $2 \leq d \leq 20$ bei

$$1.2 < c_{SSS*} < c_{\alpha\beta} < 4.2 \ .$$

Die Leistungsdiskrepanz zwischen $\alpha\beta$ und SSS* verringert sich mit zunehmender Baumbreite.
Während $c_{\alpha\beta} - c_{SSS*}$ bei $w \leq 10$ noch zwischen 2.5 und 3 liegt, schrumpft die Diskrepanz bei
$w = 20$ auf den Wert 2.1 [Roiz-Pearl83, S. 218].

Der praktische Wert der genannten Untersuchungen ist aber verschiedentlich in Frage gestellt worden,
denn in welcher Anwendung kommen schon Blattwerte einer unabhängig gleichverteilten, stetigen

Verteilungsfunktion vor? Meist kann man mit einer günstigeren Sortierung rechnen, und reelle Blattwerte, die alle voneinander verschieden sind, treten in der Praxis recht selten auf. Erste Ansätze zur Effizienzanalyse anhand diskreter Verteilungsfunktionen [Baud78b] und positionsabhängiger Blattwertverteilungen existieren bereits, die letzteren gelten jedoch nur für geringe Suchtiefen $d \leq 3$ [Newb77] oder nur für binäre Verzweigungsfaktoren [Darw83].

Wie praxisfern das theoretische Modell unabhängig gleichverteilter Blattwerte ist, zeigt auch der folgende Minimax-Konvergenzsatz, der in [Pearl80a, S. 117] bewiesen ist:

Satz 3.3 (Minimax-Konvergenz) *Der Minimaxwert eines Baumes mit Blattwerten einer stetigen, streng monoton wachsenden Verteilungsfunktion im Intervall* $[0,1]$ *nimmt asymptotisch für* $d \to \infty$ *den Wert*

$$v(\varepsilon) = 1 - \xi_w$$

an, wobei ξ_w *die positive reelle Lösung der Gleichung* $x^w + x - 1 = 0$ *im Intervall* $[0,1]$ *ist.*

Wenn die Blattwerte aus einer diskreten Verteilungsfunktion F *mit den Werten* $v_1 < \cdots < v_{max}$ *im Intervall* $[0,1]$ *stammen, nimmt der Minimaxwert* $v(\varepsilon)$ *den kleinsten Wert* v_i *an, für den gilt*

$$F(v_{i-1}) < 1 - \xi_w < F(v_i) \; .$$

(Falls einer der diskreten Blattwerte mit dem Wert $1 - \xi_w$ *übereinstimmt, nimmt der Minimaxwert den Wert* v_i *bzw.* $v_i + 1$ *mit der Wahrscheinlichkeit* $1 - \xi_w$ *bzw.* ξ_w *an.)*

Aus theoretischer Sicht erübrigt sich also die Baumsuche in Bäumen mit gleichverteilten Blattwerten, weil der Minimaxwert—zumindest im Prinzip—einen genau definierten, vorab berechenbaren Wert annimmt. Obwohl der Minimax-Konvergenzsatz im Grunde nur in sehr tiefen Bäumen ($d \to \infty$) gültig ist, kann seine Auswirkung schon in geringen Suchtiefen, etwa ab Tiefe 4 oder 6, beobachtet werden. (Derartige Experimente sind auf Seite 133 beschrieben.)

w	ξ_w	w	ξ_w
1	0.50000	6	0.77809
2	0.61803	7	0.79654
3	0.68233	8	0.81165
4	0.72449	9	0.82430
5	0.75488	10	0.83508

Blattwerte einer unabhängig gleichverteilten Verteilungsfunktion scheinen also in der Tat nicht besonders gut zur Modellierung praktischer Suchbäume geeignet zu sein, da der Minimaxwert in der Praxis natürlich nicht von vornherein als Funktion des Verzweigungsfaktors feststeht. Immerhin ermöglichte dieses Modell die Berechnung des relativen Verzweigungsfaktors und es konnte gezeigt werden, daß alle vorgestellten Baum-Suchverfahren gleichermaßen asymptotisch optimal sind.

In praktischen Anwendungen ist die Baumstruktur durch die verschiedenen Handlungsalternativen, die in den inneren Knoten zur Auswahl stehen, festgelegt. Die Blattwerte repräsentieren den Wert des eingeschlagenen Pfades. Sie sind also nicht voneinander unabhängig, sondern ergeben sich durch die Aufsplittung der von der Wurzel ausgehenden Baumzweige. Diese Überlegung legt ein Modell nahe, das die Baumstruktur anhand der Sortierung der inneren Knoten-Nachfolger definiert. Einen solchen Ansatz stellen wir im dritten Abschnitt dieses Kapitels vor. Zuvor entwickeln wir im nächsten Abschnitt allgemeingültige Knoten-Expansionsbedingungen, die angeben, unter welchen Bedingungen ein Suchalgorithmus einen beliebigen Knoten in einem beliebigen Baum expandieren muß.

3.2 Notwendige und hinreichende Knoten-Expansions-kriterien

Aussagen der Form "Ein Algorithmus A expandiert einen beliebigen Knoten J des Baumes T genau dann, wenn die Bedingung B erfüllt ist" beschreiben den Einfluß statischer Baumcharakteristika (z.B. Knotenwerte, Baumformen etc.) auf den dynamischen Suchprozeß. Wenn die Knoten-Expansionsbedingungen B_i verschiedener Algorithmen A_j vergleichbar sind, können daraus vielfach sogar Dominanzrelationen abgeleitet werden.

Im folgenden stellen wir für jedes der behandelten Baum-Suchverfahren eine notwendige und hinreichende Knoten-Expansionsbedingung auf. Der Vergleich dieser Bedingungen suggeriert die Einteilung der Algorithmen in zwei Gruppen: den direktionalen B&B- und $\alpha\beta$-Verfahren einerseits, sowie den nicht-direktionalen Zustandsraum-Suchverfahren und den Nullfenster-Suchverfahren andererseits.

3.2.1 Expansionskriterium für B&B

Bevor wir eine notwendige und hinreichende Knoten-Expansionsbedingung für den B&B-Algorithmus herleiten können, führen wir die in diesem Kapitel verwendete Notation ein.

Grundlage unserer Notation ist die Minimax-Rückbewertung, das heißt sämtliche Knoten- und Schrankenwerte werden als Minimaxwerte dargestellt. Gegenüber der Negamax-Notation hat das zwar den Nachteil, daß wir mit Gleichungspaaren operieren müssen, wo bei Benutzung von Negamaxwerten nur eine einzige Gleichung notwendig wäre, bietet aber den Vorteil, daß die Resultate einfacher zu interpretieren sind [Pearl84b,Fu-Ga-Gi73]. Zudem ist die Verwendung von Negamaxwerten ohnehin nur bei der Analyse der rekursiven Suchalgorithmen (B&B, $\alpha\beta$ und NegaScout) sinnvoll [Baud78b], weil die nicht-rekursiven Zustandsraum-Suchverfahren auf der Minimax-Rückbewertung basieren.

Es sei $v(J)$ der Minimaxwert eines beliebigen Knotens J in einem gleichförmigen Baum der Breite w und Tiefe d. Für jeden MIN-Knoten $J.j$ definieren wir:

$$a(J.j) = \begin{cases} \max\{v(J.i)\,|\, 1 \leq i < j\} & \text{für } j > 1, \\ -\infty & \text{für } j = 1, \end{cases} \tag{3.12}$$

und für jeden MAX-Knoten $J.j$:

$$b(J.j) = \begin{cases} \min\{v(J.i)\,|\, 1 \leq i < j\} & \text{für } j > 1, \\ +\infty & \text{für } j = 1. \end{cases} \tag{3.13}$$

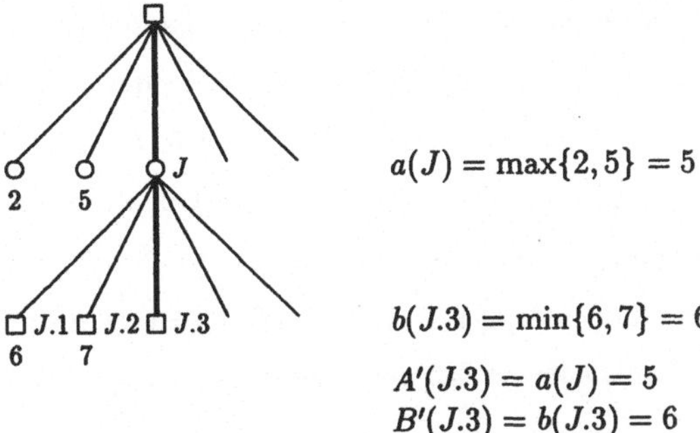

Abbildung 3.1 — Illustration der Ausdrücke $A'(J.j)$ und $B'(J.j)$

Wir setzen voraus, daß jeder Knoten J nur einen endlichen Minimaxwert $v(J)$ annehmen kann, d.h. daß $v(J) \neq \pm\infty$ ist. Daher gilt auch $a(J.j) < +\infty$ und $b(J.j) > -\infty$. Weiterhin legen wir fest, daß die Wurzel ε stets ein MAX-Knoten ist und weisen ihr den Wert $b(\varepsilon) = +\infty$ zu.

Die folgenden beiden Werte $A'(J.j)$ und $B'(J.j)$, die für Knoten $J.j$ beliebigen Typs in Tiefe $d \geq 1$ gelten, dienen der Modellierung der beiden Schrankenwerte des B&B-Algorithmus:

$$A'(J.j) = \begin{cases} a(J.j) & \text{falls } J.j \text{ ein MIN-Knoten ist,} \\ a(J) & \text{falls } J.j \text{ ein MAX-Knoten ist,} \end{cases} \tag{3.14}$$

$$B'(J.j) = \begin{cases} b(J.j) & \text{falls } J.j \text{ ein MAX-Knoten ist,} \\ b(J) & \text{falls } J.j \text{ ein MIN-Knoten ist.} \end{cases} \tag{3.15}$$

Abbildung 3.1 illustriert die beiden Schrankenwerte A' und B' anhand eines kleinen Beispielbaumes. Mit Hilfe dieser Schrankenwerte können wir nun eine notwendige und hinreichende Bedingung formulieren, unter der das B&B-Verfahren einen beliebigen Knoten J in einem beliebigen Baum expandiert.

Satz 3.4 (Knoten-Expansionsbedingung für B&B) *Ein Baum werde vom B&B-Verfahren mit der anfänglichen oberen Schranke $+\infty$ durchsucht. Dann wird ein Knoten J genau dann expandiert, wenn gilt:*

$$A'(J) < B'(J). \tag{3.16}$$

Beweis. (Teil 1.) Zunächst beweisen wir, daß jeder Knoten, den B&B expandiert, die Gleichung 3.16 erfüllt. Angenommen, das Gegenteil ist der Fall, das heißt, B&B expandiert einen Knoten $J.j$ mit

$A'(J.j) \geq B'(J.j)$. Sei $J.j$ ein MAX-Knoten mit $a(J) \geq b(J.j)$. Falls J (bzw. $J.j$) linker Nachfolger seines Vorgängers ist, gilt $-\infty \geq b(J)$ (bzw. $a(J.j) \geq +\infty$), was beides zum Widerspruch führt, weil der Minimaxwert $v(\varepsilon) \neq \pm\infty$ ist. Also müssen sowohl J als auch $J.j$ linke Brüder besitzen. Sei L ein linker Bruder von J, für den gilt: $v(L) = a(J)$. Dann enthält der Parameter α der B&B$_{\text{MIN}}$-Funktion (Seite 28) bei der Expansion von J den Wert $\alpha = v(L)$. Ein Nachfolger $J.i$, $i < j$, von J liefert $v(J.i) = b(J.j)$. Wegen $v(J.i) = b(J.j) \leq a(J) = v(L) = \alpha$ tritt nach der Expansion von $J.i$ ein α-Schnitt im B&B-Algorithmus auf[3], so daß der Knoten $J.j$ entgegen unserer Annahme niemals expandiert wird.

Da sich die Behauptung $A'(J) \geq B'(J)$ auch für MIN-Knoten J zum Widerspruch führen läßt, erfüllt jeder Knoten J, den B&B expandiert, die Ungleichung $A'(J) < B'(J)$.

(Teil 2.) Mit einem Widerspruchsbeweis zeigen wir nun, daß alle Knoten J, die $A'(J) < B'(J)$ erfüllen, von B&B expandiert werden müssen. Angenommen, $J.j$ sei ein MAX-Knoten, der diese Bedingung erfüllt, aber nicht expandiert wird. Dann muß ein zuvor expandierter Bruder $J.i$ mit $i < j$ seinem MIN-Vorgänger einen Minimaxwert $v(J.i) \leq \alpha = a(J)$ zurückgeliefert haben, damit die Schnittbedingung für einen α-Schnitt erfüllt ist. Da $J.i$ ein linker Bruder von $J.j$ ist, gilt zugleich $v(J.i) \geq b(J.j) = B'(J.j)$. Nach Gleichung 3.14 ist $A'(J.j) = a(J)$, und es folgt insgesamt $A'(J.j) \geq B'(J.j)$, was im Widerspruch zur obigen Voraussetzung steht. Der Beweis für MIN-Knoten $J.j$ verläuft symmetrisch. $\square$

3.2.2 Expansionskriterium für Alpha-Beta

Anstatt die Variable *value* stets mit den Werten $-\infty$ bzw. $+\infty$ zu initialisieren, benutzt der $\alpha\beta$-Algorithmus (Seite 23) dazu die in höheren Baumebenen ermittelten Schrankenwerte. Unsere statischen Expansionsgleichungen müssen also für den $\alpha\beta$-Algorithmus so modifiziert werden, daß die Schrankenwerte $A(J)$ und $B(J)$ nunmehr auch den Einfluß aller J-Vorgänger zum Ausdruck bringen. Wir definieren für einen beliebigen Knoten $J = j_1 \cdots . j_d$ der Tiefe $d \geq 1$ mit den Vorgängerknoten $J_i = j_1 \cdots . j_i$, $i \leq d$, die beiden Schranken

$$A(J) = \max\{a(J_i) \mid i \text{ ist ungerade}, 0 \leq i \leq d\}, \tag{3.17}$$

$$B(J) = \min\{b(J_i) \mid i \text{ ist gerade}, 0 \leq i \leq d\}. \tag{3.18}$$

---

[3]Beachte, daß der B&B-Algorithmus die Entscheidung über die Expansion von Knoten $J.j$ bereits eine Ebene höher, das heißt im MIN-Knoten J trifft, während Gleichung 3.16 für den betreffenden Knoten selbst gilt.

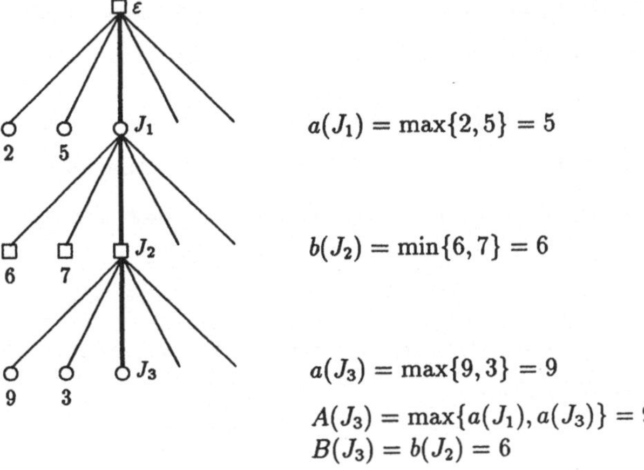

Abbildung 3.2 — Illustration der Ausdrücke $A(J)$ und $B(J)$

$A(J)$ ist der größte Minimaxwert aller linken Brüder der MIN-Vorgänger von J, inklusive der linken J-Brüder, falls J vom Typ MIN ist. Analog entspricht $B(J)$ dem kleinsten Minimaxwert aller linken Brüder der MAX-Vorgänger von J, inklusive der linken J-Brüder, falls J vom Typ MAX ist. Abbildung 3.2 zeigt ein Beispiel. Im $\alpha\beta$-Algorithmus entsprechen die $A(J)$- und $B(J)$-Werte dem Inhalt der Variable *value* der $\alpha\beta_{\text{MAX}}$- und $\alpha\beta_{\text{MIN}}$-Funktion während des Programmlaufs. Diese Werte werden nur von den im Baum links von J befindlichen Knotenwerten beeinflußt, da nur diese der direktionalen $\alpha\beta$-Suche bekannt sind.

Satz 3.5 (Knoten-Expansionsbedingung für Alpha-Beta) *Ein Baum werde vom $\alpha\beta$-Verfahren mit dem anfänglichen Fenster $(-\infty, +\infty)$ durchsucht. Dann wird ein Knoten J genau dann expandiert, wenn gilt:*

$$A(J) < B(J). \tag{3.19}$$

Dieser Satz wurde erstmalig von dem russischen Schach-Programmierer Brudno [Bru63] im Jahr 1963 bewiesen, zu einer Zeit, als die genaue Wirkungsweise der $\alpha\beta$-Technik—insbesondere die der tiefen Schnitte—im englischsprachigen Raum offensichtlich noch nicht richtig erkannt wurde [Knuth-Moore75, S. 302ff]. Erst 10 Jahre später sind die ersten englischsprachigen Beweise [Fu-Ga-Gi73,Baud78b] veröffentlicht worden. Besonders anschaulich ist eine Herleitung dieses Knoten-Expansionskriteriums von Pearl [Pearl84b, S. 235ff], die darauf basiert, daß ein Knoten nur dann

Einfluß auf den Minimaxwert haben kann, wenn er die gesamte Kette seiner Vorgänger beeinflußt. Da die Einflußfunktionen kommutativ sind, lassen sie sich in Form der Gleichung 3.19 umgruppieren.

Im Vergeich zum Knoten-Expansionskriterium von B&B (Satz 3.4) stellt Satz 3.5 eine stärkere Einschränkung dar, da $\alpha\beta$ gemäß Gleichung 3.17 und 3.18 die in höheren Baumebenen gewonnenen Schrankenwerte zur Realisierung tiefer Schnitte verwendet. Diese Überlegung gibt Anlaß zu dem folgenden Korollar:

Korollar 3.6 (Dominanz von Alpha-Beta über B&B) *Jeder Knoten, den $\alpha\beta$ expandiert, muß auch von B&B expandiert werden.*

In der Praxis wird häufig anstelle des Suchintervalls $(-\infty, +\infty)$ ein endliches (α, β)-Intervall gewählt. Ändert man die Gleichungen 3.12 und 3.13 in

$$a(J.j) = \begin{cases} \max\{\alpha, \ \{v(J.i)|\, 1 \leq i < j\}\} & \text{für } j > 1, \\ \alpha & \text{für } j = 1, \end{cases} \tag{3.20}$$

$$b(J.j) = \begin{cases} \min\{\beta, \ \{v(J.i)|\, 1 \leq i < j\}\} & \text{für } j > 1, \\ \beta & \text{für } j = 1, \end{cases} \tag{3.21}$$

so gilt Satz 3.5 sogar für die $\alpha\beta$-Suche mit einem beliebigen anfänglichen (α, β)-Fenster mit $\alpha < \beta$. Im Extremfall kann man sogar $\beta = \alpha + 1$ setzen, wodurch das Knoten-Expansionskriterium von $\alpha\beta$ auch auf die Nullfenster-Suche anwendbar ist. Allerdings hilft dies bei der Abschätzung der Sucheffizienz nicht viel weiter, da die Initialisierung des Nullfensters, die für die Leistung der Nullfenster-Suchverfahren von entscheidender Bedeutung ist, im Satz nicht direkt zum Ausdruck kommt. Daher entwickeln wir weiter unten ein anderes, aussagekräftigeres Knoten-Expansionskriterium für die Nullfenster-Suche, das sogar den Vergleich mit den Zustandsraum-Suchverfahren ermöglicht.

3.2.3 Expansionskriterium für SSS*

Die nicht-direktionalen Zustandsraum-Suchverfahren durchsuchen den Baum in einer statisch nicht festgelegten Reihenfolge. Das ermöglicht zusätzlich zu den normalen $\alpha\beta$-Schnitten noch eine zweite Art von Schnitten, die aufgrund weiter rechts im Baum gefundener Knotenwerte realisiert werden. Um diese Werte zu berücksichtigen, müssen wir das bisher eingeführte Modell dahingehend erweitern, daß auch der Einfluß von Knoteninformationen aus rechten Baumteilen in den Gleichungen zum Ausdruck kommt. Jede der bisherigen Schranken-Definitionen wird durch zwei neue ersetzt, eine, die die akkumulierten Knotenwerte der weiter links befindlichen Baumteile beschreibt (a_L bzw. b_L)

und eine, die die Knotenwerte der weiter rechts befindliche Baumteile beschreibt (a_R bzw. b_R). Für MIN-Knoten $J.j$ definieren wir:

$$a_L(J.j) = \begin{cases} \max\{v(J.i)\mid 1 \le i < j\} & \text{für } j > 1, \\ -\infty & \text{für } j = 1, \end{cases} \tag{3.22}$$

$$a_R(J.j) = \begin{cases} \max\{v(J.i)\mid j < i \le w\} & \text{für } j < w, \\ -\infty & \text{für } j = w, \end{cases} \tag{3.23}$$

und für MAX-Knoten $J.j$ definieren wir:

$$b_L(J.j) = \begin{cases} \min\{v(J.i)\mid 1 \le i < j\} & \text{für } j > 1, \\ +\infty & \text{für } j = 1, \end{cases} \tag{3.24}$$

$$b_R(J.j) = \begin{cases} \min\{v(J.i)\mid j < i \le w\} & \text{für } j < w, \\ +\infty & \text{für } j = w. \end{cases} \tag{3.25}$$

Auch $A(J)$ spaltet sich in die zwei Ausdrücke $A_L^k(J)$ und $A_R^k(J)$ auf. Wie zuvor sei $J = j_1. \cdots .j_d$ ein Knoten der Tiefe $d \ge 1$ mit den Vorgängern $J_i = j_1. \cdots .j_i$, $i \le d$. Wir definieren:

$$A_L^k(J) = \max\{a_L(J_i)\mid i \text{ ist ungerade}, 1 \le i \le k\}, \tag{3.26}$$

$$A_R^k(J) = \max\{a_R(J_i)\mid i \text{ ist ungerade}, 1 \le i \le k\}, \tag{3.27}$$

$$B_L^k(J) = \min\{b_L(J_i)\mid i \text{ ist gerade}, 0 \le i \le k\}, \tag{3.28}$$

$$B_R^k(J) = \min\{b_R(J_i)\mid i \text{ ist gerade}, 0 \le i \le k\}. \tag{3.29}$$

$A_L^k(J)$ bezeichnet den größten Minimaxwert aller linken Brüder derjenigen MIN-Vorgänger von J, die zwischen der Wurzel und der k-ten Baumebene liegen. Analog bezeichnet $A_R^k(J)$ den kleinsten Minimaxwert aller linken Brüder derjenigen MAX-Vorgänger von J, die zwischen der Wurzel und der k-ten Baumebene liegen. Zur Vereinfachung verzichten wir auf den Index k, wenn $k = d$ ist.

Bevor wir für SSS* ein Knoten-Expansionskriterium aufstellen können, müssen wir den Begriff "Knotenexpansion" präzisieren. Das ist notwendig, weil SSS* im Gegensatz zu $\alpha\beta$ sämtliche w Nachfolger der MAX-Knoten "voreilig" erzeugt und in die OPEN-Liste einfügt, ohne daß diese notwendigerweise in der weiteren Baumsuche jemals benutzt werden.

Definition 3.7 (Knotenexpansion) *Wir sagen, ein Knoten J wird* expandiert,

- *wenn J ein Endknoten ist und J bewertet wird, oder*
- *wenn J ein innerer Knoten ist und wenigstens einer seiner Nachfolger expandiert wird.*

Satz 3.8 (Knoten-Expansionsbedingung für SSS*) *Ein Baum werde vom SSS*-Verfahren mit der anfänglichen oberen Schranke $h = +\infty$ durchsucht. Dann wird ein Knoten J genau dann expandiert, wenn gilt:*

$$A_L(J) < B_L(J) \tag{3.30}$$

$$\text{und } A_R^{k'}(J) \leq B_L(J), \tag{3.31}$$

wobei k' diejenige Baumebene ist, in der $b_L(J_i)$ minimal ist (im Fall mehrerer Minima bezeichnet k' die höchste dieser Ebenen). In anderen Worten, k' ist der kleinste Wert k, für den gilt:

$$b_L(J_k) = \min_{1 \leq i \leq d} b_L(J_i). \tag{3.32}$$

Dieser Satz wurde erstmals von Roizen und Pearl [Roiz-Pearl83] bewiesen, der Leser sei jedoch auf die spätere Veröffentlichung in [Pearl84b, S. 329ff] verwiesen, in der die meisten typographischen Fehler korrigiert wurden. Unser Knoten-Expansionskriterium ist insofern umfassender, als es nicht nur wie in [Roiz-Pearl83] für MAX-Endknoten gilt, sondern für beliebige Knoten im Baum. Das wurde durch die etwas ungewöhnliche Definition des Expansionsbegriffes sowie die geänderte Notation der Knotenvorgänger möglich. Diese Änderungen rechtfertigen jedoch nicht, an dieser Stelle einen formalen Beweis zu erbringen, zumal dieser in ähnlicher, das heißt in dualer Form zum weiter unten folgenden Knoten-Expansionskriterium des Dual*-Verfahrens vorliegt.

Der erste Teil von Satz 3.8, nämlich Gleichung 3.30, ist schon aus der Knoten-Expansionsbedingung des $\alpha\beta$-Verfahrens bekannt. Da die von SSS* durchsuchten Knoten noch zusätzlich der Bedingung 3.31 genügen, können wir das folgende Korollar aufstellen:

Korollar 3.9 (Dominanz von SSS* über Alpha-Beta) *Jeder Knoten, den SSS* expandiert, muß auch von $\alpha\beta$ expandiert werden.*

Streng genommen erfüllt der originale, von Stockman veröffentlichte SSS*-Algorithmus [Stock79, S. 185] das Korollar nicht, weil die Nachfolger der MAX-Knoten nicht in lexikographischer Reihenfolge in die OPEN-Liste eingetragen werden, sondern gerade umgekehrt herum, wodurch SSS* natürlich andere Knoten als $\alpha\beta$ expandiert. Auf dieses Versehen wurde in [Camp-Mars83] hingewiesen.

Interessanterweise birgt aber auch eine streng lexikographische Knotensortierung der OPEN-Liste Nachteile in sich, die wir erst bei der Verifikation von Satz 3.8 entdeckt haben (vgl. auch Abb. 2.21 auf Seite 64). Sie sind in Abbildung 3.3 dargestellt. Angenommen, SSS* hat alle Endknoten mit Ausnahme des Knotens J bewertet und steht nun vor der Entscheidung, ob J auch noch bewertet

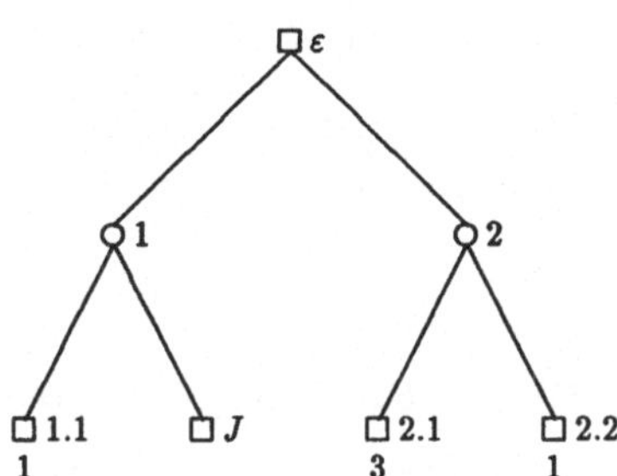

OPEN-Liste

$(\varepsilon, LIVE, \infty)\#$
$(1, LIVE, \infty),\ (2, LIVE, \infty)\#$
$(1.1, LIVE, \infty),\ (2, LIVE, \infty)\#$
$(2, LIVE, \infty),\ (1.1, SOLVED, 1)\#$
$(2.1, LIVE, \infty),\ (1.1, SOLVED, 1)\#$
$(2.1, SOLVED, 3),\ (1.1, SOLVED, 1)\#$
$(2.2, LIVE, 3),\ (1.1, SOLVED, 1)\#$
$(1.1, \mathbf{SOLVED}, 1),\ (2.2, \mathbf{SOLVED}, 1)\#$
$(1.2, LIVE, 1),\ (2.2, SOLVED, 1)\#$
$(1.2, SOLVED, 1),\ (2.2, SOLVED, 1)\#$
$(1, SOLVED, 1),\ (2.2, SOLVED, 1)\#$
$(\varepsilon, SOLVED, 1)\#$

Abbildung 3.3 — Negative Auswirkung der lexikographischen Knotensortierung: SSS* bewertet den Knoten J, obwohl das zur Berechnung des Minimaxwertes nicht notwendig ist.

---

werden muß. Man kann sich leicht überlegen, daß das im Grunde nicht erforderlich ist, weil der Minimaxwert der Wurzel nach der Expansion der beiden rechts befindlichen Endknoten bereits eindeutig bestimmt ist ($v(\varepsilon) = 1$). Überraschenderweise sagt Satz 3.8 aber das Gegenteil aus:

$$A_L(J) = a_L(1) = -\infty,$$
$$B_L(J) = b_L(J) = 1,$$
$$A_R(J) = a_R(1) = 1,$$
$$k' = 2.$$

Da beide Expansionsbedingungen in Satz 3.8 erfüllt sind, muß Knoten J expandiert werden. Das stimmt auch mit dem tatsächlichen Verhalten von SSS* überein, denn durch die lexikographische Sortierung wertgleicher Knotendeskriptoren erscheint Knoten 1.1 vor 2.2 in der OPEN-Liste und so muß schließlich sein Bruder J bewertet werden.

Die Ursache für diese überflüssige Knotenexpansion liegt in der streng lexikographischen Ordnung der OPEN-Einträge. Nun darf man aber nicht in das andere Extrem verfallen und die lexikographische Ordnung gänzlich aufheben, denn dann wäre Satz 3.8 nicht mehr gültig und SSS* würde andere—und unter Umständen sogar mehr—Knoten als $\alpha\beta$ expandieren. Eine konsistenzerhaltende Änderung des Γ-Operators 3, der für die obige Ineffizienz verantwortlich ist, haben wir im zweiten Kapitel (Seite 66, Tabelle 2.3) für Dual* vorgestellt. Diese ist natürlich auch auf SSS* übertragbar.

3.2.4 Expansionskriterium für Dual*

Die Expansionsstrategie von Dual* ist der von SSS* genau entgegengesetzt, das heißt dual. Es steht also zu erwarten, daß auch die Knoten-Expansionsbedingung dual zu Satz 3.8 ist. Wegen seiner sequentiellen Expansion der Wurzelnachfolger kann Dual* die Gleichung $A_R^{k'}(J) \le B_L(J)$ für $k' > 0$ nicht erfüllen, weil ihm schon der $A_R^1(J)$-Wert der rechten Wurzelnachfolger fehlt. Statt dessen ermöglichen die $B_R^{k'}(J)$-Werte Schnitte aufgrund weiter rechts im Baum gesammelter Knoteninformationen.

Satz 3.10 (Knoten-Expansionsbedingung für Dual*) *Ein Baum werde vom Dual*-Suchverfahren mit der anfänglichen unteren Schranke $h = -\infty$ durchsucht. Dann wird ein Knoten J genau dann expandiert, wenn gilt:*

$$A_L(J) < B_L(J) \tag{3.33}$$

$$\text{und } A_L(J) \le B_R^{k'}(J), \tag{3.34}$$

wobei k' diejenige Baumebene ist, in der $a_L(J_i)$ maximal ist (im Fall mehrerer Maxima bezeichnet k' die höchste dieser Ebenen). In anderen Worten, k' ist der kleinste Wert k, für den gilt:

$$a_L(J_k) = \max_{1 \le i \le d} a_L(J_i). \tag{3.35}$$

Bevor wir den Satz beweisen, wollen wir die in Gleichung 3.34 beschriebene Auswirkung von Knotenwerten aus rechten Baumteilen anhand eines Beispiels verdeutlichen. Angenommen, Dual* steht vor der Entscheidung, ob der Knoten J in Abbildung 3.4 expandiert werden muß. Für J gilt:

$$
\begin{aligned}
A_L(J) &= \max\{5, 15, 12\} &&= 15, \\
B_L(J) &= \min\{\ge 20, \ge 23\} &&\ge 20, \\
B_R^3(J) &= \min\{\ge 17\} &&\ge 17.
\end{aligned}
$$

$k' = 3$ ist der kleinste Wert k, der Gleichung 3.35 erfüllt. Wegen

$$
\begin{aligned}
A_L(J) &= 15 < 20 &&\le B_L(J) \text{ und} \\
A_L(J) &= 15 \le 17 &&\le B_R^3(J)
\end{aligned}
$$

sind Gleichungen 3.33 und 3.34 von Satz 3.10 erfüllt und Knoten J muß expandiert werden. Die folgenden kleinen Experimente veranschaulichen den Suchprozeß von Dual* anhand des Satzes 3.10:

- Ändere den Wert des rechten J_2-Bruders von 17 auf einen beliebigen Wert < 15. Dann ist $A_L(J) \le B_R^3(J)$ nicht mehr erfüllt und J wird nicht expandiert. Für Dual* bedeutet das, daß sich der rechte J_2-Bruder nun aufgrund seines geringeren Wertes am Anfang der OPEN-Liste befindet und auch vor den J_2-Nachfolgern, deren Wert ≥ 15 ist, expandiert wird.

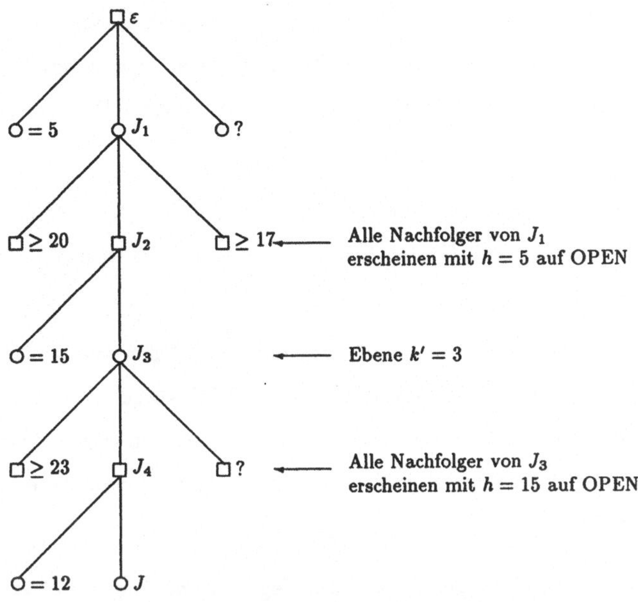

Abbildung 3.4 — Schnittmöglichkeiten des Dual*-Verfahrens

- Beachte, daß Satz 3.10 nicht für beliebige k' gilt. Beispielsweise kann nicht $k' = 5$ sein, da der rechte Bruder von J_4 noch nicht expandiert wurde, und daher $B_R^5(J)$ auch einen beliebigen Wert ≤ 17 annehmen könnte.

- Ändere den Wert des linken Bruders von J von 12 auf 15. Dann existieren zwei Ebenen, in denen $a_L(J_i) = 15$ ist. Nach Gleichung 3.35 behält k' weiterhin den Wert 3, was auch notwendig ist, weil $b_R(J_4)$ noch nicht berechnet wurde.

- Erhöht man den Wert des linken Bruders von J weiter auf einen beliebigen Wert > 15, so ist klar, daß Dual* zunächst den rechten Bruder von J_4 expandiert, der ja mit $h = 15$ in der OPEN-Liste erschien, bevor eventuell auch J inspiziert wird.

Es wird deutlich, daß die Gleichungen 3.33 und 3.34 des Satzes 3.10 allein wenig über die Effizienz von Dual* aussagen. Erst die Größe des Wertes k', den man als ein Maß für die aus rechten Baumteilen zur Verfügung stehende Informationsmenge bezeichnen kann, hat entscheidenden Einfluß auf die Anzahl der durchsuchten Blätter. Bevor wir weitere Schlüsse aus Satz 3.10 ziehen, wollen wir ihn beweisen.

Beweis von Satz 3.10[4]: (Teil 1.) Zunächst zeigen wir, daß jeder Knoten, den Dual* expandiert, die beiden Gleichungen 3.33 und 3.34 erfüllt. Angenommen, Dual* expandiert einen beliebigen Knoten $J = j_1. \cdots .j_d$ dessen Vorgänger wir mit $J_i = j_1. \cdots .j_i$ bezeichnen. Dann befindet sich der Zustand $(J, LIVE, h(J))$ am Anfang der OPEN-Liste und es ist:

$$
\begin{aligned}
A_L(J) \ &= \max\{a_L(J_i)| \ i \text{ ist ungerade}, 1 \le i \le d\} \\
&= \max\{\max\{v(L)| \ L \text{ ist linker Bruder von } J_i\}| \ i \text{ ist ungerade}, 1 \le i \le d\} \\
&= h(J).
\end{aligned}
$$

Die letzte Umformung läßt sich damit begründen, daß der Γ-Operator 5a (Tabelle 2.1 auf Seite 52) alle MIN-Knoten L, das heißt alle linken Brüder der MIN-Vorgänger von J in lexikographischer Reihenfolge expandiert, bevor J in der OPEN-Liste erscheint. Da wegen Γ-Operator 3 die h-Werte im Verlauf der Suche niemals kleiner werden können, bildet $h(J)$ eine obere Schranke für alle $v(L)$, das heißt $h(J) = A_L(J)$.

Außerdem gilt $h(J) < B_L(J)$. Angenommen, das Gegenteil, $h(J) \ge B_L(J)$, träfe zu. Dann existiert nach Gleichung 3.28 ein MAX-Vorgänger J_p von J mit $h(J) \ge b_L(J_p)$, und nach Gleichung 3.24 existiert ein linker Bruder J_{p_l} von J_p in OPEN mit $h(J) \ge v(J_{p_l})$. Da der Γ-Operator 2 die MAX-Knoten in lexikographischer Reihenfolge expandiert, erscheint J_{p_l} vor J_p in OPEN und wird wegen $v(J_{p_l}) \le h(J_p) \le h(J)$ vor J_p gelöst, das heißt der Zustand $(J_{p_l}, SOLVED, v(J_{p_l}))$ befindet sich vor J_p in der OPEN-Liste. Damit ist zugleich der den Knoten J_{p_l} und J_p gemeinsame Vorgängerknoten gelöst (siehe Γ-Operator 4), ohne daß J jemals expandiert worden ist. Aufgrund des Widerspruches gilt also $A_L(J) = h(J) < B_L(J)$.

Jeder Knoten J, den Dual* expandiert, erfüllt auch $A_L(J) \le B_R^{k'}(J)$, wobei k' in Gleichung 3.35 definiert ist[5]. Angenommen, das Gegenteil $a_L(J_{k'}) = A_L(J) > B_R^{k'}(J)$ träfe zu. Der triviale Fall $k' = 1$ führt zu dem Widerspruch $a_L(j_1) > b_R(\varepsilon) = +\infty$. Für alle $k' \ge 3$ existiert nach Gleichung 3.29 ein MAX-Vorgänger J_i von J auf Ebene $i \le k'$ für den gilt $a_L(J_{k'}) > b_R(J_i)$. Insbesondere ist für einen der rechten Brüder von J_i, beispielsweise für J_{i_r}, $b_R(J_i) = v(J_{i_r})$ und für einen linken Bruder von $J_{k'}$ gilt $v(J_{k'_l}) = a_L(J_{k'})$. Für eine Baumebene $i \le k'$ gilt also $v(J_{k'_l}) > v(J_{i_r})$. Aufgrund seines geringeren Wertes wird J_{i_r} vor Knoten $J_{k'_l}$ und somit auch vor Knoten J gelöst ($SOLVED$). Sobald J_{i_r} gelöst ist, bringt Γ-Operator 4 den sowohl Knoten J_{i_r} als auch J_i gemeinsamen MIN-Vorgänger mit dem Status $SOLVED$ nach OPEN ohne jemals J zu expandieren. Damit ist die Annahme zum Widerspruch geführt und es erfüllt jeder Knoten J, den Dual* expandiert, Gleichung 3.34.

---

[4]Die Beweisführung orientiert sich teilweise am Beweis des dualen Satzes 3.8 in [Roiz-Pearl83].

[5]Der oben erwähnte symmetrische Beweis in [Roiz-Pearl83, S. 209] führt an dieser Stelle aufgrund der fehlerhaften Aussage $\forall J : \ h(J) \ge v(J)$ zu falschen Folgerungen. Es wird dort versucht, Gleichung 3.31 für beliebige k' zu beweisen, was, wie wir bereits am Beispiel von Abb. 3.4 gesehen haben, unmöglich ist.

(Teil 2.) Angenommen, Knoten $J = j_1. \cdots .j_d$ erfüllt $A_L(J) < B_L(J)$ und $A_L(J) \leq B_R^{k'}(J)$. Wir beweisen durch Induktion über alle linken Brüder der MIN-Vorgänger von J, daß diese, sowie Knoten J selbst, expandiert werden.

I.A.: Der linke Bruder von j_1 wurde von Γ-Operator 1 in die OPEN-Liste eingetragen.

I.S.: Sämtliche Knoten links eines beliebigen Knotens I seien bereits nach OPEN gebracht worden, dann muß auch I in der OPEN-Liste erscheinen. Angenommen, I wird niemals nach OPEN gebracht. Dann muß ein Zustand, der vor I expandiert wurde, die untere Schranke von I auf einen Wert $h(I)$ geändert haben, so daß während der Suche $h(I) \geq h(I_l)$ oder $h(I) > h(I_r)$ gilt, wobei I_l und I_r die konkurrierenden Knoten links bzw. rechts von I darstellen. Zusätzlich muß sowohl $h(I_l) \geq B_L(J)$ als auch $h(I_r) \geq B_R^{k'}(J)$ gelten, weil $h(I_l)$ (bzw. $h(I_r)$) untere Schranken des Lösungsbaumes sind, der I_l (bzw. I_r) enthält, während $B_L(J)$ (bzw. $B_R^{k'}(J)$) untere Schranken des übergeordneten Unterbaumes mit der Wurzel j_1 sind. Durch Kombination der aufgestellten Gleichungen erhalten wir $A_L(J) \geq h(I)$, $h(I) \geq h(I_l) \geq B_L(J)$ und $h(I) > h(I_r) \geq B_R^{k'}(J)$, was sowohl Gleichung 3.33 als auch Gleichung 3.34 verletzt. Entgegen der obigen Annahme muß also Knoten I expandiert worden sein. $\square$

Da der Satz 3.10 zusätzlich zur Knoten-Expansionsbedingung von $\alpha\beta$ noch eine weitere Einschränkung enthält, können wir, wie bereits zuvor für SSS*, die Dominanz von Dual* über $\alpha\beta$ ableiten:

Korollar 3.11 (Dominanz von Dual* über Alpha-Beta) *Jeder Knoten, den Dual* expandiert, muß auch von $\alpha\beta$ expandiert werden.*

Allerdings expandiert Dual* erst in Suchtiefen $d \geq 3$ weniger Knoten als $\alpha\beta$, denn der kleinste k'-Wert, für den die Bedingung $A_L(J) \leq B_R^{k'}(J)$ in Satz 3.10 wirksam werden kann, ist $k' \geq 3$. Der vergleichbare Ausdruck $A_R^{k'}(J) \leq B_L(J)$ des SSS*-Verfahrens schneidet hingegen schon bei $k' \geq 2$ Knoten ab. In Bäumen der Tiefe 2 dominiert also SSS* über Dual*:

Korollar 3.12 *In Bäumen der Tiefe 2 expandieren Dual* und $\alpha\beta$ dieselben Knoten. SSS* expandiert höchstens diese Knoten.*

Dieser Sachverhalt ist in Abbildung 3.5 veranschaulicht. Der MAX-Knoten J des links abgebildeten Baumes wird von SSS* nur dann expandiert, wenn *beide* Bedingungen $a_L(j_1) < b_L(J)$ und $a_R(j_1) \leq b_L(J)$ erfüllt sind. Ganz gleich, wie der Wert $b_L(J)$ lautet, es ist immer $k' = 2$, so daß auf jeden

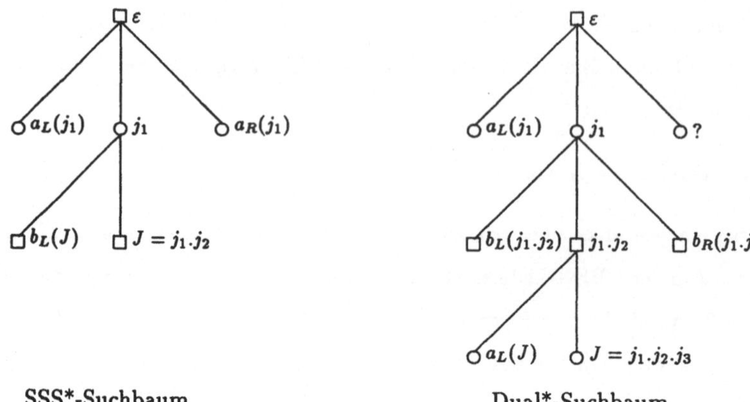

<table>
<tr><td align="center">SSS*-Suchbaum</td><td align="center">Dual*-Suchbaum</td></tr>
</table>

Abbildung 3.5 — Schnittmöglichkeiten durch rechte Knotenwerte in SSS* und Dual*

Fall der rechte Knotenwert $a_R(j_1)$ für Schnitte genutzt werden kann. Der Grund hierfür liegt in der Definition des k'-Wertes. Zur Erinnerung: k' ist die höchste Baumebene, die $b_L(J_k) = \min_{1 \leq i \leq d} b_L(J_i)$ erfüllt. Da für den obersten b_L-Wert, nämlich dem des Wurzelknotens, stets $b_L(\varepsilon) = +\infty$ gilt, liegt die Ebene des minimalen b_L-Wertes immer bei $k' \geq 2$. (Lediglich die Knoten J_i des linken Pfades im Baum, bei deren Expansion $b_L(J_i) = +\infty$ ist, bilden eine Ausnahme. Hier kann aber ohnehin kein Schnitt erfolgen.)

Die vergleichbare Situation für Dual* ist im rechten Teil der Abbildung 3.5 dargestellt. Hier treten weniger Schnittmöglichkeiten auf: Lediglich wenn $a_L(J) > a_L(j_1)$ ist, wächst k' auf $k' = 3$ wodurch Dual* eventuell einen Rechts-Schnitt im Knoten J durchführen kann. Die Wahrscheinlichkeit, daß $a_L(J)$ tatsächlich $> a_L(j_1)$ wird, ist leider sehr gering, denn der $a_L(j_1)$-Wert bildet gerade den besten bisher bekannten Minimaxwert aller linken Wurzel-Unterbäume.

Man könnte nun schließen, daß SSS* durch seine völlig globale Expansionsstrategie gegenüber Dual* einen Informationsvorsprung besitzt. In der Tat verwaltet SSS* mehr Informationen, das heißt mehr Zustände in der OPEN-Liste als Dual*, weil die Bestensuche von Dual* nur lokal in den Wurzel-Unterbäumen stattfindet.

Andererseits bietet die von Dual* durchgeführte sequentielle Expansion der Wurzelnachfolger den Vorteil genauerer Schrankenwerte aus linken Wurzel-Unterbäume. Das ergibt einen Leistungsgewinn, der besonders ausgeprägt ist, wenn der Minimaxwert der rechten Wurzel-Unterbäume unterhalb des Schrankenwertes liegt. Wir bezeichnen solche Unterbäume als *unterlegen*:

Definition 3.13 (Unterlegener Unterbaum) *Sei $J_i = j_1. \cdots .j_i$ die Wurzel eines Unterbaumes mit $1 < j_i \leq w$. Wir nennen den Unterbaum J_i unterlegen, wenn die Expansion von J_i den bisher gültigen Minimaxwert nicht beeinflußt, das heißt wenn gilt:*

$$v(J_i) \leq a_L(J_i) \quad \text{falls } J_i \text{ ein MIN-Knoten ist, oder}$$
$$v(J_i) \geq b_L(J_i) \quad \text{falls } J_i \text{ ein MAX-Knoten ist.}$$

Die unterlegenen *Wurzel*-Unterbäume, also die Teilbäume J_1 mit den Wurzeln $2, \ldots, w$, deren Minimaxwerte den bereits bekannten Minimaxwert nicht beeinflussen, sind von besonderem Interesse, weil Dual* in ihnen genau dieselben Knoten expandiert wie NegaScout. Um diese Aussage beweisen zu können, stellen wir zunächst den folgenden Satz auf. (Bei genauer Betrachtung erkennt man schon in der folgenden Ungleichung 3.36 das Nullfenster $(a_L(j_1), a_L(j_1) + 1)$.)

Satz 3.14 *Dual* expandiert in unterlegenen Wurzel-Unterbäumen j_1 mit $1 < j_1 \leq w$ genau die Knoten J, für die gilt:*

$$\max\{A_L(J), a_L(j_1)\} < \min\{B_L(J), a_L(j_1) + 1\}. \tag{3.36}$$

Beweis. (Teil 1.) Wir zeigen zunächst, daß alle Knoten, die Dual* expandiert, die Ungleichung 3.36 erfüllen. Dazu vereinfachen wir zunächst die Ungleichung zu

$$A_L(J) < \min\{B_L(J), a_L(j_1) + 1\}, \tag{3.37}$$

weil der Ausdruck $A_L(J)$ als Maximum über alle $a_L(J_i)$ definiert ist, also insbesondere den Wert $a_L(j_1)$ bereits einschließt. Angenommen, die Ungleichung 3.37 ist nicht erfüllt, das heißt, Dual* expandiert einen Knoten, für den mindestens eine der folgenden beiden Bedingungen zutrifft:

$$A_L(J) \geq B_L(J), \tag{3.38}$$

oder

$$A_L(J) \geq a_L(j_1) + 1. \tag{3.39}$$

Gleichung 3.38 kann nicht erfüllt sein, weil sie im Widerspruch zum Knoten-Expansionskriterium von Dual* steht. Angenommen, Gleichung 3.39 ist erfüllt. Dann existiert ein Vorgänger $J_i = j_1 \cdots j_i$ mit $3 \leq i \leq d$ von J für den $a_L(J_i) > a_L(j_1)$ ist. Nach Satz 3.10 gibt es ein $k' \geq 3$ für das $A_L(J) \leq B_R^{k'}(J)$ erfüllt sein muß. Da zudem $B_R^{k'}(J) \leq a_L(j_1)$ sein muß, weil der Unterbaum j_1 unterlegen ist, folgt der Widerspruch

$$a_L(j_1) < A_L(J) \leq B_R^{k'}(J) \leq a_L(j_1).$$

Damit sind alle vier Gleichungen zum Widerspruch geführt und folglich expandiert Dual* in unterlegenen Wurzel-Unterbäumen nur die Knoten, die Bedingung 3.36 erfüllen.

(Teil 2.) Sei $J = j_1. \cdots .j_d$ ein beliebiger Knoten, der die Bedingung 3.36 erfüllt. Weil der Wurzel-Unterbaum unterlegen ist, werden alle Knoten in lexikographischer Reihenfolge expandiert, und wir können durch Induktion über alle linken Brüder der J-Vorgänger zeigen, daß diese von Dual* expandiert werden müssen, inklusive J selbst.

I.A.: Der lexikographisch erste Knoten des Wurzel-Unterbaumes wurde von Γ-Operator 5a expandiert.

I.S.: Es seien bereits die in lexikographischer Ordnung links eines beliebigen Knotens I liegenden Knoten expandiert. Dann muß auch I expandiert werden. Angenommen, I wird nicht expandiert. Dies kann nur dann eintreten, wenn ein lexikographisch links von I liegender MAX-Vorgänger I_l den Status *SOLVED* angenommen hat und dadurch I von Γ-Operator 4 abgeschnitten wurde. Damit I_l den Status *SOLVED* bekommt, muß $v(I_l) \leq v(j_1)$ sein, denn sonst würde sich I_l niemals am Anfang der OPEN-Liste befinden. Da I_l ein lexikographisch links von J liegender MAX-Knoten ist, wird $B_L(J) \leq v(I_l) \leq v(j_1)$ und wegen $v(I_l) \leq v(j_1) = a_L(J)$ ist Gleichung 3.36 nicht mehr erfüllt, was im Widerspruch zur Induktionsannahme steht. $\qquad\Box$

3.2.5 Expansionskriterium für NegaScout

Die Nullfenster-Suchverfahren expandieren den größten Teil des Baumes mit einem leeren Suchintervall. Da das Intervall selbst während einer Wiederholungssuche niemals größer werden kann als ein normales $\alpha\beta$-Suchintervall, ist auch die Bedingung $\forall J : A_L(J) < B_L(J)$ erfüllt, wobei $a_L(J)$ und $b_L(J)$ den strengeren Gleichungen 3.20 und 3.21 genügen. NegaScout dominiert also über $\alpha\beta$:

Korollar 3.15 (Dominanz von NegaScout über Alpha-Beta) *Jeder Knoten, den NegaScout expandiert, muß auch von $\alpha\beta$ expandiert werden.*

Man beachte, daß dieses Korollar nur für NegaScout gilt—nicht jedoch für den Scout-Algorithmus. Ein Beispiel, in dem Scout andere Knoten als $\alpha\beta$ expandiert, ist in [Pearl80a, S. 136] abgebildet. Der Grund für Scouts Mehraufwand liegt in der Verwendung der booleschen Test-Funktionen, die dem Scout-Algorithmus nur mitteilen, ob eine Wiederholungssuche notwendig ist. Im Gegensatz dazu erhält NegaScout aus der anfänglichen Nullfenster-Suche auch gleich ein neues Suchfenster, das in der folgenden Wiederholungssuche Knotenexpansionen einspart.

Die Aussage des Korollars ist jedoch viel zu pauschal, als daß es die besonderen Eigenschaften der Nullfenster-Suchverfahren erkennen läßt. Daher wollen wir zunächst das Kernstück aller NegaScout-Varianten analysieren: die Suche mit einem Nullfenster. Jeder von einer Nullfenster-Suche expandierte Knoten erfüllt die folgende notwendige und hinreichende Bedingung:

Satz 3.16 (Knoten-Expansionsbedingung für die Nullfenster-Suche) *Ein Baum werde vom NegaScout-Verfahren mit dem Nullfenster $(\delta, \delta+1)$ durchsucht. Dann wird ein Knoten J genau dann expandiert, wenn gilt:*

$$\max\{A_L(J), \delta\} < \min\{B_L(J), \delta+1\}. \tag{3.40}$$

Beweis. (Teil 1.) Im ersten Teil des Beweises zeigen wir, daß der NegaSout-Algorithmus mit dem Nullfenster $(\delta, \delta+1)$ nur diejenigen Knoten expandiert, die die Bedingung 3.40 erfüllen. Die Variable lo_value der in Abbildung 2.10 gezeigten NegaScout$_\text{MAX}$-Funktion nimmt in beliebigen Knoten $J = j_1.\cdots.j_d$ aufgrund der Programmzeilen 6 und 12 den Wert

$$lo\_value = \max\{\max\{v(L)\mid L \text{ ist linker Bruder von } J\}, \delta\}$$

an. Da dies für beliebige Baumebenen d gilt, entspricht $lo\_value = \max\{A_L(J), \delta\}$. Analog nimmt die Variable hi_value in der NegaScout$_\text{MIN}$-Funktion aufgrund der Programmzeilen 6 und 12 den Wert

$$hi\_value = \min\{\min\{v(L)\mid L \text{ ist linker Bruder von } J\}, \delta+1\}$$

an. Auch dies gilt für beliebige Baumebenen d, und daher ist $hi\_value = \min\{B_L(J), \delta+1\}$. Aufgrund des rekursiven Aufrufs, der die Variablen lo_value und hi_value in tiefere Baumebenen überträgt, und wegen der Schnittbedingung in Zeile 13 nehmen die Variablen in jedem Knoten nur Werte $lo\_value < hi\_value$ an. Das ist äquivalent zu $\forall J : \max\{A_L(J), \delta\} < \min\{B_L(J), \delta+1\}$.

(Teil 2.) Sei $J = j_1.\cdots.j_d$ ein beliebiger Knoten, der Bedingung 3.40 erfüllt. Durch Induktion über alle linken Brüder der J-Vorgänger zeigen wir, daß diese expandiert werden müssen, inklusive J selbst.

I.A.: Der linke Wurzelnachfolger $\varepsilon.1$ wurde von der Anweisung 9 der NegaScout$_\text{MAX}$-Funktion expandiert.

I.S.: Es seien bereits die in lexikographischer Reihenfolge links eines beliebigen Knotens I liegenden Knoten expandiert. Dann muß auch I expandiert werden. Angenommen, I wird nicht expandiert. Dies kann nur dann eintreten, wenn ein Vorgänger I_l von I eine der beiden Schnittbedingungen erfüllt hat. Ist I_l ein MAX-Knoten, so muß einer seiner direkten Nachfolger den Wert $v \geq \beta = \delta+1$ geliefert haben, wodurch auch $A_L(J)$ auf einen Wert $A_L(J) \geq \delta+1$ angehoben würde. Wegen $A_L(J) \not< \delta+1$

würde Knoten J dann nicht mehr expandiert, was im Widerspruch zur Induktionsvoraussetzung steht.

Falls I_l ein MIN-Knoten ist, muß einer seiner direkten Nachfolger einen Wert $v \leq \alpha = \delta$ geliefert haben, wodurch $B_L(J)$ auf einen Wert $B_L(J) \leq \delta$ sinken würde und daher Knoten J niemals expandiert werden würde. Aus den beiden Widersprüchen folgt, daß der Knoten I entgegen unserer Annahme expandiert worden sein muß. $\qquad\square$

Es bietet sich nun ein Vergleich des soeben bewiesenen Knoten-Expansionskriteriums der Nullfenster-Suche mit dem Expansionskriterium von Dual* an, das für unterlegene Wurzel-Unterbäume gilt (siehe Satz 3.14). Setzt man in Gleichung 3.40 des Satzes 3.16 für die Schranke δ den Minimaxwert des besten, bisher gefundenen Wurzel-Unterbaumes ein (also $\delta = a_L(j_1)$), so ist klar, daß NegaScout und Dual* in unterlegenen Wurzel-Unterbäumen genau dieselben Knoten expandieren. Diese bemerkenswerte Aussage soll in einem Korollar festgehalten werden:

Korollar 3.17 *In unterlegenen Wurzel-Unterbäumen expandieren NegaScout und Dual* dieselben Knoten.*

Das Korollar besagt, daß NegaScout auf irgend eine Weise auch über Knoteninformationen aus rechts liegenden Baumteilen verfügen muß, da in unterlegenen Wurzel-Unterbäumen die Knoten-Expansionsbedingung von Dual* (Satz 3.10) auch auf NegaScout anwendbar ist. Folglich expandiert NegaScout insbesondere nur diejenigen Knoten J, die $A_L(J) \leq B_R^{k'}(J)$ erfüllen, wobei k' in Gleichung 3.35 definiert ist. Anders als die Knoteninformation des Dual*-Algorithmus ist NegaScouts Information aus den rechten Baumteilen aber nicht validiert, sie stellt gewissermaßen nur eine Annahme über deren voraussichtlichen Minimaxwert dar. Sollte sich später herausstellen, daß die Annahme nicht zutrifft, muß NegaScout den Unterbaum nochmals durchsuchen, während Dual* einfach seine Bestensuche fortführt.

Die beiden im zweiten Kapitel vorgestellten NegaScout-Varianten ($\mathrm{NS}_{\alpha\beta}$ und $\mathrm{NS_r}$) unterscheiden sich nur in den Wiederholungssuchen. $\mathrm{NS}_{\alpha\beta}$ expandiert in der Wiederholungssuche alle Knoten J, die $A_L(J) < B_L(J)$ erfüllen, während für den rekursiven Selbstaufruf von $\mathrm{NS_r}$ wiederum Satz 3.16 anwendbar ist. Aus der Tatsache, daß NegaScout gegenüber $\alpha\beta$ überlegen ist (siehe Korollar 3.15), können wir folgern, daß die NegaScout-Funktion auch in der Wiederholungssuche vorteilhaft sein muß:

Korollar 3.18 (Dominanz von $\mathrm{NS_r}$ über $\mathrm{NS}_{\alpha\beta}$) *Jeder Knoten, den $\mathrm{NS_r}$ expandiert, muß auch von $\mathrm{NS}_{\alpha\beta}$ expandiert werden.*

NS_r benötigt also zur Minimaxwert-Berechnung weniger Informationen als $NS_{\alpha\beta}$. Das Korollar sagt allerdings nichts über die Gesamtzahl der Blattbewertungen aus. NS_r expandiert zwar weniger *verschiedene* Blätter als $NS_{\alpha\beta}$, es kann aber durchaus vorkommen, daß NS_r durch häufige rekursive Wiederholungssuchen insgesamt mehr Blattbewertungen vornimmt. In praktischen Anwendungen mit komplexen Blattbewertungsfunktionen empfiehlt sich für beide NegaScout-Varianten die Implementation einer Hashtabelle, aus der alle bereits berechneten Endknotenwerte im Fall einer Wiederholungssuche abgerufen werden können.

3.2.6 Expansionskriterium für Solve

Der Solve-Algorithmus ist zwar nicht direkt mit den zuvor analysierten Algorithmen vergleichbar, weil er nur auf binär bewertete Bäume anwendbar ist, eine nähere Untersuchung ist aber dennoch interessant. Wir beweisen zunächst das folgende Knoten-Expansionskriterium.

Satz 3.19 (Knoten-Expansionsbedingung für Solve) *Ein Baum mit binären Blattwerten* $\in \{0,1\}$ *werde vom Solve-Verfahren durchsucht. Dann wird ein Knoten J genau dann expandiert, wenn gilt:*

$$\max\{A_L(J), 0\} < \min\{B_L(J), 1\}. \tag{3.41}$$

Beweis. Wir zeigen durch Widerspruch, daß alle Knoten J, die Solve expandiert, sowohl $A_L(J) < 1$ als auch $B_L(J) > 0$ erfüllen. Sei J ein beliebiger Knoten mit $A_L(J) \geq 1$. Dann existiert ein linker MIN-Vorgänger I von J mit $v(I) \geq 1$. Aufgrund der Schnittbedingung in Zeile 9 des Solve-Algorithmus (Abbildung 1.7, Seite 19) würde dann die weitere Expansion im MAX-Vorgänger von I sofort eingestellt, so daß J niemals expandiert werden würde, was im Widerspruch zur obigen Annahme steht. Gleichermaßen zeigt man, daß alle Knoten J die Bedingung $B_L(J) > 0$ erfüllen.

Die andere Richtung des Beweises läßt sich nach dem im Beweis zu Satz 3.16 benutzten Induktionsschema zeigen. $\qquad\qquad\square$

Die Knoten-Expansionsbedingung des Solve-Algorithmus ist der weiter oben aufgestellten Expansionsgleichung der Nullfenster-Suche sehr ähnlich (vgl. Satz 3.16, Seite 99). In der Tat ist der Solve-Algorithmus im Grunde nur ein Spezialfall der Nullfenster-Suche mit dem Suchintervall $(0,1)$. Folglich sind auch die beiden Expansionsgleichungen 3.40 und 3.41 für den Fall $\delta = 0$ identisch.

Dies wäre nicht weiter bemerkenswert, wenn nicht für den Solve-Algorithmus ein Optimalitätsbeweis existieren würde, der nunmehr auch auf die Nullfenster-Suche übertragbar ist: Tarsi hat nämlich

	$\alpha\beta$	$NS_{\alpha\beta}$	NS_r	Dual*	SSS*
$\alpha\beta$	–	nein (K3.15)	nein (K3.15)	nein (K3.11)	nein (K3.9)
$NS_{\alpha\beta}$	ja (K3.15)	–	nein (K3.18)	nein (A3.7)	nein (A3.6)
NS_r	ja (K3.15)	ja (K3.18)	–	nein (A3.7)	nein (A3.6)
Dual*	ja (K3.11)	nein (A3.7)	nein (A3.7)	–	nein (A3.5)
SSS*	ja (K3.9)	nein (A3.6)	nein (A3.6)	nein (A3.5)	–

Tabelle 3.1 — Dominanztabelle ("K"=Korollar, "A"=Abbildung)

gezeigt [Tarsi83], daß jedes beliebige Baum-Suchverfahren im statistischen Mittel über alle Blatt-wertverteilungen mindestens die gleiche Anzahl Blattbewertungen vornehmen muß, wie der Solve-Algorithmus. Aufgrund der obigen Überlegung gilt diese Aussage auch für die NegaScouts Nullfenster-Suche und aufgrund von Korollar 3.17 gilt sie für die Dual*-Suche in unterlegenen Wurzel-Unterbäumen.

3.2.7 Dominanzrelationen

In diesem Abschnitt fassen wir die Ergebnisse der vorangegangenen Untersuchungen in einem abschließenden Leistungsvergleich zusammen. Durch den paarweisen Vergleich der aufgestellten Knoten-Expansionsbedingungen erhalten wir eine Algorithmen-Hierarchie, die in einer Dominanztabelle zusammengestellt wird.

Definition 3.20 (Dominanzrelation) *Wir sagen, ein Suchverfahren A dominiert über ein Such-verfahren B, wenn jeder Knoten, den A expandiert, auch von B expandiert werden muß.*

Die Dominanzrelation ist *reflexiv* (d.h. für alle Algorithmen A gilt: A dominiert über A), *antisym-metrisch* (d.h. aus A dominiert über B und B dominiert über A folgt $A = B$) und *transitiv* (d.h. aus A dominiert über B und B dominiert über C folgt A dominiert über C).

Vorsicht ist geboten bei Rückschlüssen von der Nichtdominanz eines Algorithmenpaares auf deren umgekehrte Dominanz. Man kann zwar aus der Dominanz eines Algorithmus A über einen Algorith-mus B die Nichtdominanz von B über A ableiten, der Umkehrschluß ist aber im allgemeinen nicht zulässig. So sind in der untenstehenden Dominanztabelle einige Algorithmenpaare mit wechselweisen "Nein"-Einträgen verzeichnet. (Zum Beispiel dominiert weder SSS* über Dual* noch umgekehrt.)

Die Einträge der Dominanztabelle 3.1 sind von links nach rechts zu lesen. Beispielsweise domi-niert Dual* (4. Zeile) über $\alpha\beta$ (1. Spalte), was in Korollar 3.11 ("K3.11") bewiesen wurde. Das

Abbildung 3.6 — Gegenseitige Nichtdominanz von SSS* und NegaScout

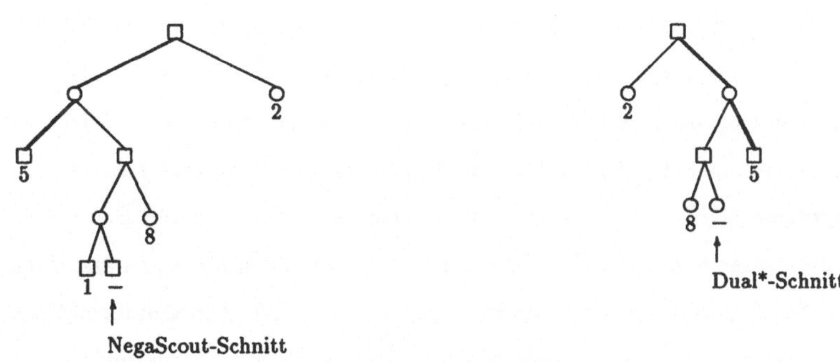

Abbildung 3.7 — Gegenseitige Nichtdominanz von Dual* und NegaScout

B&B-Verfahren ist in der Dominanztabelle nicht gesondert aufgeführt, weil aufgrund der Transitivitätseigenschaft gefolgert werden kann, daß B&B, welches ja schon gegenüber $\alpha\beta$ unterlegen ist (siehe Korollar 3.6), erst recht gegenüber allen anderen Suchalgorithmen unterlegen sein muß.

Besonders interessant—und vielleicht unerwartet—ist die wechselweise Nichtdominanz zwischen NegaScout und den beiden Zustandsraum-Suchverfahren, die in den Abbildungen 3.6 und 3.7 durch je zwei Beispielbäume bewiesen ist: Im links gezeigten Baumfragment expandiert NegaScout jeweils einen Knoten weniger als SSS* bzw. Dual*, während rechts der umgekehrte Fall dargestellt ist.

Abbildung 3.6 zeigt im linken Teil einen typischen Nullfensterschnitt des NegaScout-Verfahrens, den SSS* nicht durchführen kann, weil es den betreffenden Knoten 2.1.2 gleich zu Anfang der Baumsuche mit dem oberen Schrankenwert $h = +\infty$ in die OPEN-Liste einträgt. Aufgrund seines großen h-Wertes gelangt dieser Knoten im Verlauf des Suchprozesses mit Sicherheit an den Anfang der OPEN-Liste und muß dementsprechend bewertet werden. Bei dem rechts abgebildeten Baum ist NegaScout durch seine direktionale Knotenexpansion, die strikt von links nach rechts fortschreitet, gegenüber

SSS* gehandikapt.

Analog zur oben beschriebenen Situation zeigt auch das links in Abbildung 3.7 gezeigte Beispiel einen Nullfensterschnitt des NegaScout-Verfahrens. Dual* muß den betreffenden Knoten (1.2.1.2) expandieren, weil dieser in der Aufbauphase mit dem minimalen Schrankenwert $h = -\infty$ in die OPEN-Liste gelangt. Das rechts abgebildete Beispiel zeigt ein Baumfragment, in dem die Hauptvariante im rechten Wurzel-Unterbaum liegt (siehe fett gedruckter Pfad). NegaScout muß hier zur Berechnung des Minimaxwertes eine Wiederholungssuche durchführen, in deren Verlauf auch der Knoten 2.1.2 bewertet wird, den Dual* mit Hilfe seiner Knoteninformationen der OPEN-Liste abschneiden kann.

Die Überlegenheit des NegaScout-Verfahrens gegenüber den Zustandsraum-Suchverfahren ist in beiden Fällen auf die Knotenexpansionen zurückzuführen, die SSS* und Dual* gleich zu Anfang der Baumsuche vornehmen, um ihre OPEN-Listen mit Knotendeskriptoren zu füllen, auf deren Basis die anschließende Bestensuche stattfindet. Direktionale Expansionsstrategien können einige dieser Knoten überspringen. Neben den gezeigten Beispielen gibt es (in tieferen Bäumen) auch Situationen, in denen die Zustandsraum-Suchverfahren nicht nur durch den Mehraufwand ihrer Aufbauphase gegenüber NegaScout unterlegen sind, sondern in denen sie durch Knoteninformationen der OPEN-Liste fehlgeleitet werden, den Expansionsprozeß zunächst in rechten Baumteilen fortzusetzen, bevor der endgültige Minimaxwert weiter links gefunden wird. Auch in diesen Fällen verhilft eine strikt direktionale Expansionsstrategie zu Einsparungen.

Derartige Fehlleitungen der Bestensuche treten recht häufig auf, insbesondere in gut geordneten Bäumen. Wenn in Bäumen der Breite 2 und Tiefe 3 die Hauptvariante im linken Pfad verläuft, bewertet NegaScout im Durchschnitt nur 5.85 Blätter, wohingegen SSS* 6.06 Blätter bewerten muß. Generell ist NegaScout ist in Bäumen dieser Größe im Vorteil, wenn der Minimaxwert im linken Wurzel-Unterbaum enthalten ist (vgl. Tabelle 4.3 mit 4.4 im vierten Kapitel). Im statistischen Mittel über alle möglichen Blattwert-Permutationen sind die Zustandsraum-Suchverfahren aber insgesamt überlegen.

Auf die Frage, welches der beiden Zustandsraum-Suchverfahren, SSS* oder Dual*, in der Praxis eingesetzt werden sollte, geben die Knoten-Expansionsbedingung leider keine direkte Auskunft, weil auch zwischen Dual* und SSS* eine gegenseitige Nichtdominanz besteht. Die Eigenschaften dieser beiden zueinander dualen Expansionsstrategien ist bereits weiter oben (Seite 96ff.) ausführlich diskutiert worden, so daß wir hier auf den Beweis der Nichtdominanz mittels zweier Beispielbäume verzichtet haben.

3.3 Effizienzanalyse auf der Basis rekursiver Expansionsgleichungen

Zwei Ansätze zur theoretischen Effizienzanalyse haben wir bisher vorgestellt: Der erste dient zur Berechnung der Blattbewertungsanzahl in Bäumen mit festgelegten Blattwertverteilungen und der zweite vergleicht die Suchverfahren auf der Basis jeder einzelnen Knotenexpansion, woraus wir schließlich Dominanzrelationen abgeleitet haben. Leider sind die Dominanzrelationen für den Anwender nicht recht befriedigend, denn statt der binären Aussage, ob ein Suchalgorithmus über einen anderen dominiert, möchte er lieber gleich deren quantitativen Leistungsunterschied erfahren. Noch unbefriedigender ist die Situation bei Suchalgorithmen, die in keinem eindeutigen Dominanzverhältnis stehen, wie zum Beispiel Dual*, SSS* und NegaScout, denn für diese geben die im vorangegangenen Abschnitt aufgestellten Knoten-Expansionsbedingungen nicht einmal darüber Auskunft, welcher Suchalgorithmus weniger Knoten expandiert. Das trifft übrigens auch auf die beiden direktionalen Suchverfahren NegaScout und $\alpha\beta$ zu, weil NegaScouts Mehrfachexpansionen gleicher Knoten in dem Dominanzbeweis nicht zum Ausdruck kommen.

Zur Ergänzung der beiden vorangegangenen theoretischen Untersuchungen stellen wir nun einen dritten Ansatz vor, der die Berechnung der Suchleistung in durchschnittlich sortierten Bäumen ermöglicht [Rei-Mar87]. Dabei wird die Struktur eines "durchschnittlich sortierten Baumes" durch die Reihenfolge der inneren Knotennachfolger definiert. Wir klassifizieren alle Knotennachfolger in Typklassen und formulieren deren Beziehungen in rekursiven Gleichungen. Für jedes Baum-Suchverfahren muß ein separates Gleichungssystem aufgestellt werden, weil die Schnittmöglichkeiten je nach Suchstrategie an ganz verschiedenen Stellen im Baum auftreten können. Wir stellen hier nur die Gleichungssysteme für NegaScout und $\alpha\beta$ vor—Gleichungssysteme für SSS* und Dual* können analog entwickelt werden.

Ausgangspunkt unseres Ansatzes ist ein Knoten-Klassifikationsschema, das Knuth und Moore ursprünglich zur Modellierung optimal sortierter Bäume entwickelt haben. Wir diskutieren dieses Schema im folgenden Teilabschnitt und erweitern es um die Knotentypen, die in nicht optimal sortierten Bäumen vorkommen. Anschließend leiten wir die rekursiven Gleichungssysteme für die durchschnittlichen Blattbewertungsanzahlen des NegaScout- und des $\alpha\beta$-Algorithmus her. Im letzten Teilabschnitt werten wir die Gleichungen numerisch aus und stellen ein Entscheidungsdiagramm vor, das zeigt, welches der beiden Suchverfahren NegaScout oder $\alpha\beta$ sich bei gegebener Knotensortierung am besten zur Baumsuche eignet.

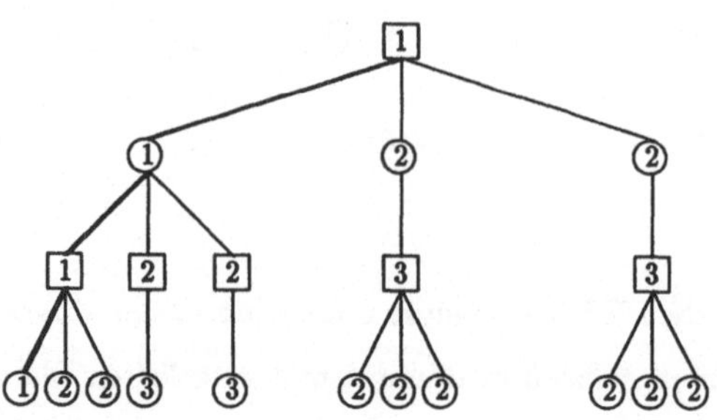

Abbildung 3.8 — Knotentypen in einem optimal sortierten Baum

3.3.1 Knotentypen in optimal sortierten Bäumen

Knuth und Moore bezeichnen die Knoten, die der $\alpha\beta$-Algorithmus in einem optimal sortierten Baum expandieren muß, als *kritische Knoten* [Knuth-Moore75, S. 305]. Das sind sämtliche Knoten $J = j_1.j_2.\cdots.j_d$, bei denen j_i für alle geraden oder alle ungeraden i nur Einsen enthält. So gehören zum Beispiel die Knoten 2.1.3.1 und 1.3.1.2 der Menge der kritischen Knoten an, und natürlich auch der Knoten 1.1.1.1.

Für die weiteren Untersuchungen wird die Menge der kritischen Knoten noch feiner in drei Typklassen unterteilt: Ein Knoten $J = j_1.j_2.\cdots.j_d$ ist vom Typ 1, wenn alle j_i-Werte Einsen enthalten; er ist vom Typ 2, wenn für den ersten j_i-Wert, der keine Eins enthält, $d - i$ geradzahlig ist; und er ist vom Typ 3, wenn für den ersten j_i-Wert, der keine Eins enthält, $d - i$ ungeradzahlig ist. Abbildung 3.8 zeigt die drei Knotentypen in einem optimal sortierten Baum der Tiefe 3 und Breite 3.

Nicht nur $\alpha\beta$, sondern auch alle anderen behandelten Suchverfahren expandieren in jedem Baum mindestens alle kritischen Knoten. Wenn der Baum, wie in Abbildung 3.8 optimal sortiert ist, expandieren alle Suchverfahren, mit Ausnahme von B&B, nur die kritischen Knoten[6]. Die Hauptvariante verläuft in optimal sortierten Bäumen durch die Typ 1-Knoten des linken Pfades, so daß der Minimaxwert bereits im ersten (linken) Blatt gefunden wird. Die Typ 2-Knoten bilden die Wurzeln *unterlegener Teilbäume*, die anschließend mit minimalem Aufwand widerlegt werden. In Typ 3-Knoten müssen sämtliche Nachfolger expandiert werden, damit diese einen Wert zurückliefern können, der in den jeweiligen Typ 2-Vorgängern einen Schnitt verursacht. Zusammenfassend gilt für

---

[6]Für $\alpha\beta$ ist diese Aussage in [Knuth-Moore75, S. 305] bewiesen; für NegaScout, Dual* und SSS* folgt die Aussage aus der Dominanz dieser drei Algorithmen über $\alpha\beta$ (siehe Tabelle 3.1). B&B expandiert neben den kritischen noch weitere Knoten, weil es keine tiefen Schnitte durchführen kann.

Typ	Fenster	Nachfolger-Typ		Nachfolger-Fenster	Rückgabe-Wert
1	$(-\infty, +\infty)$	$J.1$:	1	$(-\infty, +\infty)$	$-v(J.1) \neq \pm\infty$
		$J.2, \ldots, J.w$:	2	$(-\infty, -v(J.1))$	$-v(J.i) \leq -v(J.1)$
2	$(-\infty, \beta)$	$J.1$:	3	$(-\beta, +\infty)$	$-v(J.1) \geq \beta$, Schnitt!
3	$(\alpha, +\infty)$	$J.1, \ldots, J.w$:	2	$(-\infty, -\alpha)$	$-v(J.i) \leq \alpha$

Tabelle 3.2 — Knotentypen in optimal sortierten Bäumen

die Knotentypen optimal sortierter Bäume:

- Typ 1-Knoten werden von $\alpha\beta$ mit dem Suchfenster $(-\infty, +\infty)$ expandiert. Ihr linker Nachfolger ist wieder vom Typ 1 und die restlichen $w - 1$ Nachfolger sind vom Typ 2.

- Typ 2-Knoten werden von $\alpha\beta$ mit dem Suchfenster $(-\infty, \beta)$ expandiert. Sie besitzen nur einen einzigen Nachfolger vom Typ 3.

- Typ 3-Knoten werden von $\alpha\beta$ mit dem Suchfenster $(\alpha, +\infty)$ expandiert. Aufgrund des großen β-Wertes müssen alle w Nachfolger expandiert werden. Sie sind vom Typ 2.

Tabelle 3.2 zeigt die Knotentypen optimal sortierter Bäume noch einmal im Überblick zusammen mit den entsprechenden Suchfenstern. Dabei ist zu beachten, daß wir hier, wie auch in den folgenden Teilabschnitten, stets Negamaxwerte zur Formulierung von Suchfenstern verwenden, um die Schnittmöglichkeiten besser zum Ausdruck bringen zu können. Schnitte treten immer dann auf, wenn die obere Schranke des Suchfensters einen endlichen Wert besitzt ($\beta \neq \infty$).

Das Klassifikationsschema für optimal sortierte Bäume dient nun als Ausgangsbasis zur Berechnung der Suchleistung in durchschnittlich sortierten Bäumen. Anstatt eines einzigen Nachfolgers besitzen durchschnittlich sortierte Bäume in den Typ 2-Knoten eine feste, aber beliebig wählbare Anzahl Knoten-Nachfolger. Im folgenden sprechen wir allgemeiner von *Schnittknoten* (cut nodes), denn wir werden die Typ 2-Knoten noch feiner unterteilen.

Da die verschiedenen Suchverfahren an unterschiedlichen Stellen im Baum Schnittmöglichkeiten bieten, müssen die Knotentypen für jedes Suchverfahren getrennt definiert werden. Die Beziehungen der Knotentypen formulieren wir in separaten, rekursiven Gleichungssystemen. Im folgenden Teilabschnitt widmen wir uns zunächst dem Gleichungssystem des NegaScout-Verfahrens.

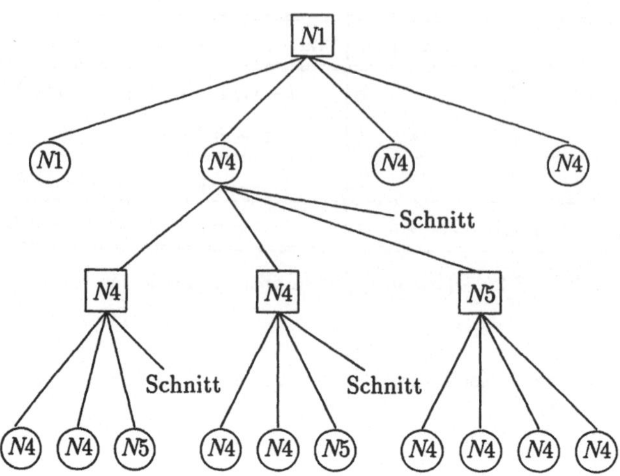

Abbildung 3.9 — Durchschnittlich sortierter NegaScout-Baum ($w = 4, g = 2$)

3.3.2 Gleichungssystem für NegaScout

Der NegaScout-Algorithmus eignet sich besonders gut zur Herleitung rekursiver Expansionsgleichungen, weil seine Schnittmöglichkeiten durch die Verwendung des Nullfensters symmetrisch in allen Baumteilen auftreten.

Im folgenden kennzeichnen wir die von NegaScout expandierten Knotentypen mit dem Präfix "N". So ist der Wurzelknoten, den NegaScout mit dem geöffneten Suchfenster $(-\infty, +\infty)$ expandiert, vom Typ $N1$. Der linke Wurzel-Nachfolger wird mit demselben Fenster expandiert und gehört folglich derselben Typklasse $N1$ an. Die restlichen Wurzel-Nachfolger sind Schnittknoten, denn sie werden mit dem Nullfenster $(\alpha, \alpha + 1)$ expandiert, dessen obere Schranke $\alpha + 1$ Schnitte ermöglicht. Wir weisen ihnen die neue Typbezeichnung $N4$ zu.

Da die Bäume durchschnittlich sortiert sein sollen, definieren wir, daß jeder Schnittknoten vom Typ $N4$ genau $g + 1$ Nachfolger besitzt, wobei der Wert g in den Grenzen $1 \leq g < w$ frei wählbar ist. $N4$-Knoten besitzen also g linke Nachfolger, die wiederum vom Typ $N4$ sind und mit demselben Nullfenster expandiert werden. Erst der $g + 1$-te Nachfolger verursacht einen Schnitt. Er ist vom Typ $N5$. Damit er einen Wert $\geq \alpha + 1$ zurückliefern kann, der später einen Schnitt im Vorgänger herbeiführt, müssen sämtliche w Nachfolger des $N5$-Knotens expandiert werden. Abbildung 3.9 veranschaulicht die eingeführten Knotentypen an einem Baum der Breite $w = 4$, in dem NegaScout in jedem Schnittknoten drei Nachfolger expandiert, bevor der Schnitt erfolgt (d.h. $g = 2$). Um den Vergleich zu den Knotentypen optimal sortierter Bäume zu erleichtern, zeigt Tabelle 3.3 NegaScouts

Typ	Fenster	Nachfolger-Typ		Nachfolger-Fenster	Rückgabe-Wert
$N1$	$(-\infty, +\infty)$	$J.1$:	$N1$	$(-\infty, +\infty)$	$-v(J.1) \neq \pm\infty$
		$J.2, \ldots, J.w$:	$N4$	$(-v(J.1) - 1, -v(J.1))$	$-v(J.i) \leq -v(J.1)$
$N4$	$(\alpha, \alpha + 1)$	$J.1, \ldots, J.g$:	$N4$	$(-\alpha - 1, -\alpha)$	$-v(J.i) \leq \alpha$
		$J.g + 1$:	$N5$	$(-\alpha - 1, -\alpha)$	$-v(J.g + 1) \geq \alpha + 1$, Schnitt!
$N5$	$(\alpha, \alpha + 1)$	$J.1, \ldots, J.w$:	$N4$	$(-\alpha - 1, -\alpha)$	$-v(J.i) \leq \alpha$

Tabelle 3.3 — Knotentypen des NegaScout-Verfahrens in durchschnittlich sortierten Bäumen

Knotentypen und Suchfenster noch einmal im Überblick.

Nach der qualitativen Diskussion wollen wir nun die Beziehungen der Knotentypen mathematisch formulieren. Die resultierenden rekursiven Gleichungen beinhalten sowohl die Erzeugungs- und Verarbeitungskosten innerer Knoten (k), als auch die Blattbewertungskosten (e). Wir verwenden die folgende, von [Mars-Pop85] übernommene Notation:

w Verzweigungsfaktor,

d Suchtiefe,

$g + 1$ durchschnittliche Anzahl Schnittknoten-Nachfolger $(0 \leq g < w)$,

k Verarbeitungskosten eines inneren Knotens,

e Blattbewertungskosten.

Die Gesamtkosten $N1_d$ der Expansion eines gleichförmigen Baumes der Breite w und Tiefe d mit $g + 1$ Schnittknoten-Nachfolgern betragen:

$$N1_d = k + N1_{d-1} + (w - 1)N4_{d-1} \quad \text{für } d > 0,$$
$$N1_0 = e,$$

$$N4_d = 2k + gN4_{d-1} + wN4_{d-2} \quad \text{für } d > 1 \text{ und } 0 \leq g < w,$$
$$N4_1 = k + (g + 1)e,$$
$$N4_0 = e.$$

Die Herleitung dieser Gleichungen kann leicht anhand des Beispielbaumes in Abbildung 3.9 und der Knotenübersicht in Tabelle 3.3 nachvollzogen werden. Zur Verifikation wollen wir nun die Gültigkeit der Gleichungen in optimal sortierten Bäumen überprüfen, in denen NegaScout bekanntermaßen $w^{\lceil d/2 \rceil} + w^{\lfloor d/2 \rfloor} - 1$ Blattbewertungen vornimmt. Um die optimale Sortierung zu modellieren, wählen wir $g = 0$ und setzen, da wir ja lediglich an der Blattanzahl interessiert sind, die Verarbeitungskosten der inneren Knoten $k = 0$ und die Blattbewertungskosten $e = 1$. So erhalten wir

$$
\begin{aligned}
N1_d &= N1_{d-1} + (w-1)N4_{d-1}, \\
N1_0 &= 1,
\end{aligned}
$$

$$
\begin{aligned}
N4_d &= wN4_{d-2}, \\
N4_1 &= N4_0 = 1.
\end{aligned}
$$

Nach der Elimination der Rekursion ergibt sich für $N4_d$

$$
N4_d = w^{\lfloor \frac{d}{2} \rfloor} \qquad \text{für } d > 0,
$$

und eingesetzt in die Gleichung $N1_d$

$$
\begin{aligned}
N1_d &= N1_{d-1} + (w-1)w^{\lfloor \frac{d-1}{2} \rfloor} \\
&= (w-1)\sum_{i=0}^{d-1} w^{\lfloor \frac{i}{2} \rfloor} + 1 \\
&= (w-1)(w^0 + w^0 + w^1 + w^1 + \cdots + w^{\lfloor \frac{d-1}{2} \rfloor}) + 1.
\end{aligned}
$$

In ungeraden Suchtiefen $d = 2m + 1$ erhalten wir

$$
\begin{aligned}
N1_{2m+1} &= (w-1)(w^0 + w^0 + w^1 + w^1 + \cdots + w^{m-1} + w^{m-1} + w^m) + 1 \\
&= 2(w-1) + 2(w^2 - w) + \cdots + 2(w^m - w^{m-1}) + (w^{m+1} - w^m) + 1 \\
&= w^m + w^{m+1} - 1.
\end{aligned}
$$

Erwartungsgemäß stimmt das Resultat mit der weiter oben angegeben Gleichung für die minimale Blattanzahl (Gleichung 3.1, Seite 78) überein. Analog läßt sich die Konsistenz der Gleichungen für optimal sortierte Bäume gerader Tiefe beweisen.

3.3.3 Gleichungssystem für Alpha-Beta

Mit der Entwicklung eines Gleichungssystems für den $\alpha\beta$-Algorithmus stehen wir vor einer ungleich komplexeren Aufgabe, weil die Größe des $\alpha\beta$-Suchfensters von Knoten zu Knoten schwankt. Diese Problematik fand in der Literatur seinen Ausdruck in der künstlichen Unterscheidung zwischen normalen und tiefen Schnitten. Die tiefen Schnitte, die nicht symmetrisch in allen Teilen des $\alpha\beta$-Suchbaums auftreten, verursachten schon anderen Autoren [Knuth-Moore75] derartige Schwierigkeiten, daß diese sie in ihrer mathematischen Analyse kurzerhand außer acht ließen.

Zur Vereinfachung betrachten wir in Abbildung 3.10 zunächst nur ein Fragment eines $\alpha\beta$-Suchbaumes, das die Umgebung eines Schnittknotens vom Typ $A2$ zeigt. Angenommen, der $A2$-Knoten

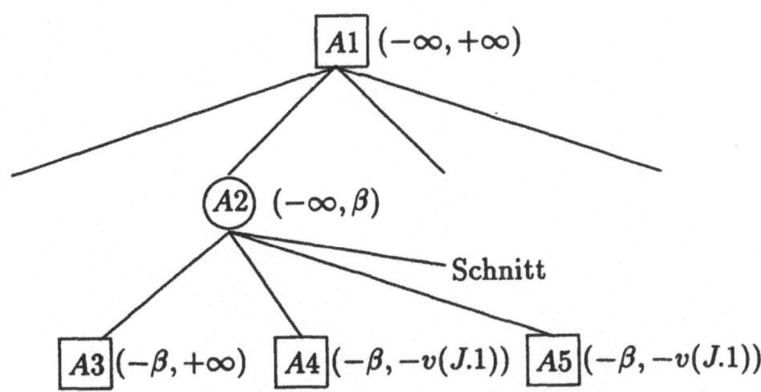

Abbildung 3.10 — Lokale Umgebung eines $A2$-Schnittknotens ($w = 4, g = 2$)

---

ist ein direkter Wurzel-Nachfolger. Dann wird er mit dem Fenster $(-\infty, \beta)$ expandiert und besitzt $g + 1$ Nachfolgerknoten. Der erste ist vom Typ $A3$ und wird mit dem einseitig geöffneten Suchfenster $(-\beta, +\infty)$ expandiert. Wegen der hohen β-Schranke $(+\infty)$ müssen auf jeden Fall sämtliche Nachfolger des $A3$-Knotens expandiert werden.

Die nächsten $g-1$ Nachfolger—Abbildung 3.10 zeigt nur einen davon—bezeichnen wir als $A4$-Knoten. Sie werden mit dem eingeschränkten Suchfenster $(-\beta, -v(J.1))$ expandiert, wobei $-v(J.1)$ der Minimaxwert des am weitesten links befindlichen Bruders ist. Aufgrund des endlichen β-Wertes von $\beta = -v(J.1)$ treten in den $A4$-Knoten Schnitte auf.

Die Expansion des $(g+1)$-ten $A2$-Nachfolgers liefert schließlich einen Wert zurück, der die Schnittbedingung erfüllt. Analog zu den $N5$-Knoten, die in der NegaScout-Suche einen Schnitt verursachen, nennen wir ihn $A5$-Knoten. Alle $A5$-Nachfolger müssen komplett expandiert werden, damit dieser einen Wert $\leq -\beta$ erhält, der dann nach der Rückbewertung (und Negation in einen Wert $\geq \beta$) einen Schnitt in seinem $A2$-Vorgänger herbeiführt.

Abbildung 3.11 zeigt das vollständige Modell eines durchschnittlich sortierten $\alpha\beta$-Suchbaumes mit jeweils drei Schnittknoten-Nachfolgern ($g = 2$). Die Wurzel, sowie ihr linker Nachfolger, wird mit dem offenen Fenster $(-\infty, +\infty)$ expandiert und ist vom Typ $A1$. Die restlichen $w - 1$ Wurzel-Nachfolger vom Typ $A2$ haben wir bereits oben erläutert. Interessanterweise besitzen sie dieselbe Anzahl Nachfolger wie die $A4$-Knoten, gehören aber trotzdem einer anderen Typklasse an. Der Grund liegt im unterschiedlichen Suchfenster: $A2$-Knoten werden mit dem Fenster $(-\infty, \beta)$ expandiert und $A4$-Knoten mit dem kleineren Fenster (α, β). Folglich muß der linke Nachfolger jedes $A2$-Knotens vollständig durchsucht werden (weil bei seiner Expansion $\beta = +\infty$ gilt), was in den $A4$-Knoten nicht nötig ist.

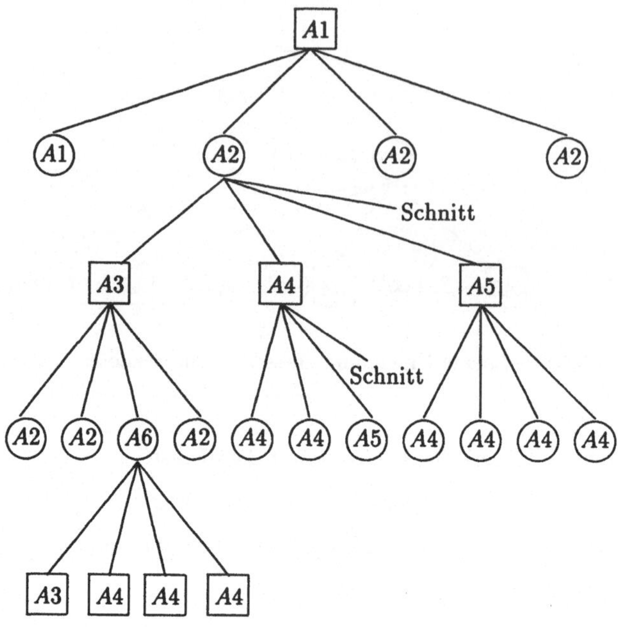

Abbildung 3.11 — Durchschnittlich sortierter $\alpha\beta$-Baum ($w = 4, g = 2$)

Die $A4$-Knoten entsprechen den $N4$-Knoten von NegaScout—allerdings mit einer Einschränkung: $N4$-Knoten werden mit einem völlig leeren Suchintervall expandiert, während das (α, β)-Intervall der $A4$-Knoten normalerweise nicht leer ist. Zur Vereinfachung nehmen wir aber trotzdem an, daß in beiden Knotentypen durchschnittlich nur $g + 1$ Nachfolger expandiert werden müssen, bevor die Schnittbedingung erfüllt ist. Das Modell begünstigt also die Suchleistung von $\alpha\beta$.

Schließlich fällt in Abbildung 3.11 noch eine neue Typklasse ins Auge: Die $A6$-Knoten. Obwohl die $A6$-Knoten mit dem Fenster $(-\infty, \beta)$ expandiert werden, das eigentlich Schnitte ermöglichen würde, haben wir die Expansion sämtlicher w Nachfolgerknoten unterstellt. Das ist erforderlich, damit der $A3$-Vorgänger am Ende der Expansion einen Wert $< \alpha$ besitzt, und in dessen $A2$-Vorgänger nicht sofort ein Schnitt auftritt. (Der Schnitt soll dort ja erst nach $g + 1$ Expansionen erfolgen.) Die Position der $A6$-Knoten ist prinzipiell beliebig, es muß nur sichergestellt werden, daß jeder $A3$-Knoten mindestens einen $A6$-Nachfolger besitzt, damit die Schnittbedingung in dem $A3$-Vorgänger nicht vorzeitig erfüllt ist.

Nun können wir die Expansionskosten $A1_d$ eines gleichförmigen Baumes der Breite w und Tiefe d mit $g + 1$ Schnittknoten-Nachfolgern berechnen. Dabei bezeichnet k wieder die Verarbeitungskosten

Typ	Fenster	Nachfolger-Typ		Nachfolger-Fenster	Rückgabe-Wert
$A1$	$(-\infty, +\infty)$	$J.1:$	$A1$	$(-\infty, +\infty)$	$-v(J.1) \neq \pm\infty$
		$J.2, \ldots, J.w:$	$A2$	$(-\infty, -v(J.1))$	$-v(J.i) \leq -v(J.1)$
$A2$	$(-\infty, \beta)$	$J.1:$	$A3$	$(-\beta, +\infty)$	$-v(J.1) < \beta$
		$J.2, \ldots, J.g:$	$A4$	$(-\beta, -v(J.1))$	$-v(J.i) \leq -v(J.1)$
		$J.g+1:$	$A5$	$(-\beta, -v(J.1))$	$-v(J.g+1) \geq \beta$, Schnitt!
$A3$	$(\alpha, +\infty)$	$J.1, \ldots, J.m-1:$	$A2$	$(-\infty, -\alpha)$	$-v(J.i) \leq \alpha$
		$J.m:$	$A6$	$(-\infty, -\alpha)$	$-v(J.m) > \alpha$
		$J.m+1, \ldots, J.w:$	$A2$	$(-\infty, -v(J.m))$	$-v(J.i) \leq -v(J.m)$
$A4$	(α, β)	$J.1, \ldots, J.g:$	$A4$	$(-\beta, -\alpha)$	$-v(J.i) \leq \alpha$
		$J.g+1:$	$A5$	$(-\beta, -\alpha)$	$-v(J.g+1) \geq \beta$, Schnitt!
$A5$	(α, β)	$J.1, \ldots, J.w:$	$A4$	$(-\beta, -\alpha)$	$-v(J.i) \leq \alpha$
$A6$	$(-\infty, \beta)$	$J.1:$	$A3$	$(-\beta, +\infty)$	$-v(J.1) < \beta$
		$J.2, \ldots, J.w:$	$A4$	$(-\beta, -v(J.1))$	$-v(J.i) \leq -v(J.1)$

Tabelle 3.4 — Knotentypen des $\alpha\beta$-Verfahrens in durchschnittlich sortierten Bäumen

eines inneren Knotens und e die Blattbewertungskosten.

$$A1_d \;=\; k + A1_{d-1} + (w-1)A2_{d-1} \qquad \text{für } d > 0,$$

$$A1_0 \;=\; e,$$

$$A2_d \;=\; 2k + A3_{d-1} + (g-1)A4_{d-1} + wA4_{d-2} \qquad \text{für } d > 1 \text{ und } 0 < g < w,$$

$$A2_1 \;=\; k + (g+1)e,$$

$$A2_0 \;=\; e,$$

$$A3_d \;=\; 2k + A3_{d-2} + (w-1)A4_{d-2} + (w-1)A2_{d-1} \qquad \text{für } d > 1,$$

$$A3_1 \;=\; k + we,$$

$$A3_0 \;=\; e,$$

$$A4_d \;=\; 2k + gA4_{d-1} + wA4_{d-2} \qquad \text{für } d > 1 \text{ und } 0 < g < w,$$

$$A4_1 \;=\; k + (g+1)e,$$

$$A4_0 \;=\; e.$$

Wie bereits oben angedeutet, ist $A4_d = N4_d$. Da die $A2_d$-Gleichung nur für $g \geq 1$ gilt, ist das Gleichungssystem in optimal sortierten Bäumen nicht anwendbar. Dazu muß zunächst die $A2_d$-Gleichung wie folgt geändert werden:

$$\begin{aligned}
A2_d &= 2k + wA2_{d-2} \qquad \text{für } d > 1 \text{ und } g = 0, \\
A2_1 &= k + e, \\
A2_0 &= e.
\end{aligned}$$

Da die $\alpha\beta$-Gleichungen im Fall $g = 0$ mit denen NegaScouts übereinstimmen, können wir uns hier eine Konsistenzprüfung bei optimal sortierten Knotenwerten ersparen.

3.3.4 Modellerweiterung für Wiederholungssuchen

Das bislang vorgestellte theoretische Modell ist noch unvollständig. Es finden zwar in jedem Schnittknoten $g + 1$ Expansionen statt, bevor die Schnittbedingung erfüllt ist, aber von einem durchschnittlich sortierten Baum kann nicht die Rede sein, weil die Hauptvariante immer im linken Pfad liegt. Das linke, zuerst expandierte Blatt bestimmt stets den Minimaxwert, unabhängig von der Anzahl der Schnittknoten-Nachfolger.

Die folgende Modellerweiterung berücksichtigt einen r-fachen Wechsel der Hauptvariante in jedem Typ 1-Knoten. Wo sich die Hauptvariante genau befindet, ist unerheblich für die Effizienzanalyse; allein die Tatsache, wie oft sich ihre Lage ändert, beeinflußt die Suchleistung der Algorithmen. Die Lageänderungen treten natürlich wieder rekursiv in allen Typ 1-Knoten des Baumes auf.

Bei r-fachem Wechsel der Hauptvariante besitzt jeder $A1$-Knoten des durchschnittlich sortierten $\alpha\beta$-Suchbaumes $r + 1$ Nachfolger, die wiederum vom Typ $A1$ sind. Einer davon liegt wie zuvor ganz links und zusätzlich existieren noch r weitere $A1$-Nachfolger für jede Lageänderung der Hauptvariante. Wir erhalten die folgende neue $A1$-Gleichung:

$$\begin{aligned}
A1_d &= k + (r + 1)A1_{d-1} + (w - r - 1)A2_{d-1} \qquad \text{für } d > 0,\ 0 \leq r < w, \\
A1_0 &= e.
\end{aligned} \tag{3.42}$$

Der NegaScout-Algorithmus ist naturgemäß besonders hart vom Wechsel der Hauptvariante betroffen, weil er jedesmal eine Wiederholungssuche durchführen muß. Zunächst existieren, ähnlich wie bei $\alpha\beta$, $r + 1$ $N1$-Nachfolger, die wieder vom Typ $N1$ sind: Einer liegt wie bisher ganz links und die r zusätzlichen $N1$-Nachfolger bezeichnen je eine Wiederholungssuche. Aber bevor die Notwendigkeit einer Wiederholungssuche überhaupt entdeckt wird, expandiert NegaScout den Unterbaum mit einem Nullfenster. Dazu müssen zusätzlich r $N1$-Knotennachfolger des Typs $N5$ expandiert werden.

Berücksichtigt man schließlich noch, daß NS_r die Wiederholungssuche mit einem rekursiven Selbstaufruf erledigt, während $\mathrm{NS}_{\alpha\beta}$ zum gleichen Zweck die $\alpha\beta$-Funktion benutzt, so erhält man zwei neue Gleichungen:

$$
\begin{aligned}
N1_d^r &= k + (r+1)N1_{d-1}^r + (w-r-1)N4_{d-1} + rN5_{d-1} \qquad \text{für } d > 0,\ 0 \le r < w, \\
N1_0^r &= e,
\end{aligned}
\tag{3.43}
$$

$$
\begin{aligned}
N1_d^{\alpha\beta} &= k + N1_{d-1}^{\alpha\beta} + rA1_{d-1} + (w-r-1)N4_{d-1} + rN5_{d-1} \qquad \text{für } d > 0,\ 0 \le r < w, \\
N1_0^{\alpha\beta} &= e.
\end{aligned}
\tag{3.44}
$$

Die Kosten der anfänglichen Nullfenster-Suche vom Typ $N5$, die die spätere Wiederholungssuche auslöst, können direkt aus Abbildung 3.9 abgeleitet werden:

$$
\begin{aligned}
N5_d &= k + wN4_{d-1} \\
N5_0 &= e.
\end{aligned}
$$

3.3.5 Auswertung der Gleichungssysteme

Mit den oben aufgestellten rekursiven Gleichungssystemen ist die Grundlage für einen direkten Leistungsvergleich zwischen $\alpha\beta$ und NegaScout in durchschnittlich sortierten Bäumen geschaffen. Da die Elimination der mehrfachen Rekursion mit mathematischen Mitteln zu sehr komplexen Gleichungen führt[7], haben wir die rekursiven Gleichungen 3.42, 3.43 und 3.44 für verschiedene g- und w-Werte numerisch ausgewertet und die Ergebnisse in Abbildung 3.12 dargestellt. Dabei handelt es sich um Bäume der Tiefe 7, in denen die Hauptvariante durchschnittlich zweimal in den Typ 1-Knoten ihre Lage ändert, das heißt, es wurde $r = 2$ gesetzt. Wie bisher, haben wir auch hier wieder für die Verarbeitungskosten innerer Knoten $k = 0$ und für die Blattbewertungskosten $e = 1$ gewählt, so daß die gezeigten Datenpunkte die Blattbewertungsanzahl (normiert zu $\alpha\beta$) wiedergeben.

Aufgrund der zweifachen Änderung der Hauptvariante ($r = 2$) muß NegaScout in jedem $N1$-Knoten zwei Wiederholungssuchen durchführen, bevor der beste Knotennachfolger aufgefunden wird. Trotz dieses zusätzlichen Aufwands bewertet NegaScout in Bäumen der Breite 50 bei allen gezeigten g-Werten weniger Blätter als $\alpha\beta$. Das ändert sich erst in schmaleren Bäumen, in denen sich der negative Effekt der beiden Wiederholungssuchen prozentual stärker auswirkt. So ist NegaScout zum Beispiel in Bäumen der Breite 15 nur noch bei einigermaßen gut sortierten Knotenwerten ($g \le 3$) gegenüber $\alpha\beta$ überlegen.

---

[7]Es sind immerhin vier Variablen (w, d, g, r) zu berücksichtigen. Schon die Lösung der simplen $N1_d$-Gleichung ergibt recht komplexe Summen von Binomialkoeffizienten.

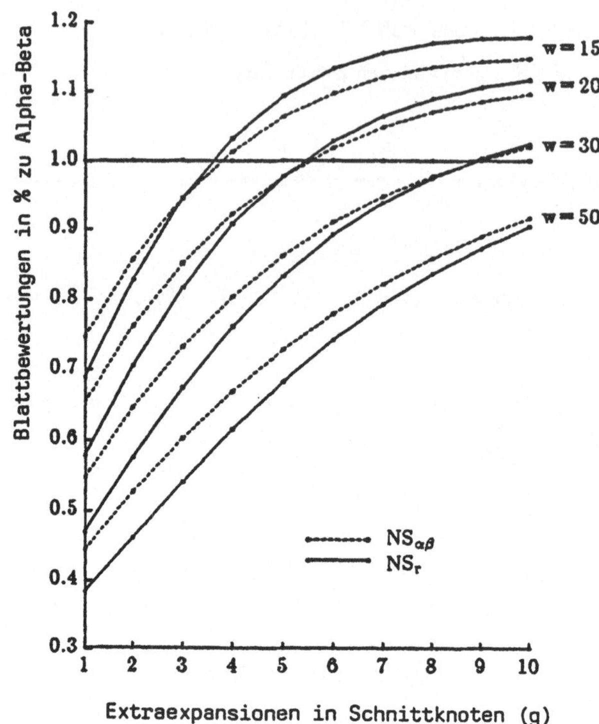

Abbildung 3.12 — Leistungsvergleich zwischen $\alpha\beta$ und den beiden NegaScout-Varianten NS_r und $NS_{\alpha\beta}$ in Bäumen der Tiefe 7 (Numerische Auswertung der Gleichungen für $r = 2$, $k = 0$, $e = 1$)

Besonders interessant ist der Leistungsunterschied zwischen $NS_{\alpha\beta}$ (gestrichelte Linie) und NS_r (durchgezogene Linie). Wenn NegaScouts Expansionsstrategie ohnehin schon gegenüber $\alpha\beta$ im Vorteil ist (siehe Datenpunkte unterhalb der horizontalen 1.0-Linie), bietet die NS_r-Variante nochmals einen kleinen Effizienzgewinn gegenüber $NS_{\alpha\beta}$, weil sie auch alle Wiederholungssuchen mit einem rekursiven Selbstaufruf durchführt. Wenn aber NegaScout in schlecht sortierten Bäumen ineffizienter als $\alpha\beta$ ist (oberhalb der 1.0-Linie), schneidet die NS_r-Variante natürlich besonders schlecht ab.

So lautet zumindest die generelle Regel. Bei eingehender Betrachtung von Abbildung 3.12 fällt allerdings auf, daß sich die Graphen von NS_r und $NS_{\alpha\beta}$ nicht genau auf der 1.0-Linie schneiden, sondern etwas tiefer, nämlich erst auf dem nächstgeringeren g-Wert. Dieses Phänomen hängt mit NegaScouts Wiederholungssuche zusammen. Selbst wenn der Baum so gut geordnet ist, daß die Nullfenster-Suche gegenüber $\alpha\beta$ überlegen ist, steht damit noch keinesfalls fest, daß dann automatisch NegaScout (anstatt $\alpha\beta$) zur Wiederholungssuche eingesetzt werden sollte. Diese Entscheidung hängt nämlich noch zusätzlich von der Tiefe des Wiederholungssuchbaumes ab. Je geringer die Tiefe, desto eher zahlt sich die Verwendung von $\alpha\beta$ zur Wiederholungssuche aus.

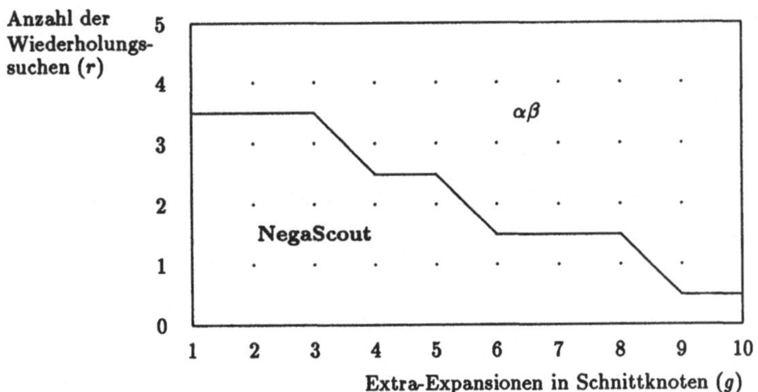

Abbildung 3.13 — Entscheidungsdiagramm: $\alpha\beta$ vs. NegaScout in $(20, 7)$-Bäumen

---

Unter Berücksichtigung der beiden Wiederholungssuchen, die in jedem $N1$-Knoten anfallen, erscheint NegaScouts Suchleistung insgesamt überraschend hoch. Daß der Gewinn bei $g = 1$ am größten ist, wird beim Vergleich der beiden Knoten-Expansionsmodelle (Abbildungen 3.9 und 3.11) plausibel. NegaScouts Schnittknoten des Typs $N4$ besitzen bei $g = 1$ genau zwei Nachfolger, von denen der linke wiederum ein Schnittknoten ist. Das ist bei den korrespondierenden $A2$-Schnittknoten des $\alpha\beta$-Verfahrens nicht der Fall. $\alpha\beta$ muß den linken $A2$-Knotennachfolger komplett durchsuchen, weil in diesem noch keine wirksame β-Schranke zum Abschneiden überflüssiger Nachfolger verfügbar ist. Der Extra-Aufwand pflanzt sich natürlich rekursiv in tieferen Baumebenen fort. Erst bei einer Zunahme der Schnittknoten-Nachfolger verfügt $\alpha\beta$ in den betreffenden Unterbäumen über Schrankenwerte, was sich in einer wachsenden Anzahl von $A4$-Knoten äußert. Da diese $A4$-Knoten NegaScouts $N4$-Knoten entsprechen, nähert sich die Suchleistung beider Suchverfahren bei wachsenden g-Werten aneinander an.

Mit Hilfe der rekursiven Gleichungssysteme kann man natürlich auch die genauen Grenzwerte für die g- und r-Werte berechnen, ab denen die Knotensortierung so schlecht ist, daß sich der Einsatz von NegaScout aufgrund der häufigen Wiederholungssuchen nicht mehr lohnt und stattdessen $\alpha\beta$ zur Baumsuche eingesetzt werden sollte. Eine derartige Grenzlinie ist in Abbildung 3.13 für Bäume der Breite 20 und Tiefe 7 gezeigt. In allen Bäumen, dessen Knotensortierung einer unterhalb der Grenzlinie liegenden r/g-Kombination entspricht, expandiert NegaScout—das heißt genauer gesagt die NS_r-Variante—weniger Blätter als $\alpha\beta$. Wenn die Baumsortierung hingegen einem in der oberen Fläche befindlichen Datenpunkt entspricht, sollte zweckmäßigerweise der $\alpha\beta$-Algorithmus verwendet werden, weil NegaScout dann zu stark durch die Wiederholungssuchen gehandikapt ist.

3.3.6 Zusammenfassung

In vielen Anwendungen ist die durchschnittliche Sortierung der Knotennachfolger im statistischen Sinn bekannt, oder sie kann zumindest anhand einiger exemplarischer Bäume ermittelt werden. Für diese Fälle eignet sich das obige analytische Modell zur Berechnung der Suchleistung in durchschnittlich sortierten Bäumen. Die Struktur derartiger Bäume werden in dem Modell durch vier Faktoren festgelegt:

- den Verzweigungsfaktor w,

- die Suchtiefe d,

- die durchschnittliche Anzahl Extra-Expansionen in Schnittknoten g,

- die durchschnittliche Häufigkeit von Positionsänderungen der Hauptvariante r.

In der Praxis kann man meistens mit sehr kleinen r- und g-Werten rechnen. So werden die Knotennachfolger häufig mittels anwendungsspezifischen Wissens bereits vor der Expansion sortiert, wodurch sich Positionsänderungen der Hauptvariante (r) reduzieren. Auch die Anzahl der Extra-Expansionen in Schnittknoten g, die in reinen Zufallsbäumen $w/2$ beträgt, ist normalerweise wesentlich geringer, weil schon suboptimale Schrankenwerte zum Schnitt ausreichen. In Schach-Programmen wurden mit Hilfe leistungsfähiger Heuristiken bereits Werte zwischen $g = 0.5$ und $g = 1.0$ [Mars-Pop85, S. 449] erzielt. Dort brauchen also im Mittel nur etwa 1.5 bis 2 Schnittknoten-Nachfolger expandiert zu werden.

Ein besonderer Vorteil des vorgestellten Modells besteht in den einfachen, durchschaubaren rekursiven Expansionsgleichungen. Die hergeleiteten mathematischen Ausdrücke sind so einfach gehalten, daß algorithmische Verbesserungen, die bei anderen theoretischen Modellen zu sehr komplexen Ausdrücken führen würden bzw. gar nicht berücksichtigt werden könnten, leicht in die Analyse einbezogen werden können. Als Beispiel sei hier die F-Verbesserung (Seite 42) des F-NegaScout-Algorithmus genannt, durch die jegliche Wiederholungssuche in den beiden untersten Baumebenen vermieden wird. Um den Wert dieser Verbesserung abschätzen zu können, braucht nur die $N1_d^r$-Gleichung wie folgt geändert zu werden:

$$
\begin{aligned}
N1_d^r &= k + (r+1)N1_{d-1}^r + (w-r-1)N4_{d-1} + rN5_{d-1} && \text{für } d > 2, \\
N1_d^r &= k + N1_{d-1}^r + (w-r-1)N4_{d-1} + rN5_{d-1} && \text{für } 2 \geq d > 0, \\
N1_0^r &= e && \text{für } d = 0.
\end{aligned}
$$

Auch die L-Verbesserung und sogar die verbesserte Informationsakquisition von PNS und INS lassen sich recht einfach mit diesem Ansatz analysieren.

Das vorgestellte Modell unterstützt eine realistischen Abschätzung der Suchleistung indem die Verarbeitungskosten innerer Knoten und Blattknoten entsprechend ihren tatsächlichen Kosten gewichtet werden. Mit Hilfe der Variable k (Verarbeitungskosten innerer Knoten) und e (Blattbewertungskosten) läßt sich die Suchkomplexität der Algorithmen für beliebige k/e-Relationen berechnen. So könnte man z.B. den größeren Verwaltungsaufwand der Zustandsraum-Suchverfahren modellieren, indem man deren Verarbeitungskosten innerer Knoten stärker gewichtet, als die der einfacheren direktionalen Suchverfahren.

Selbst zur Analyse der Sucheffizienz in ungleichförmigen Bäumen kann das theoretische Modell angepaßt werden. Dazu braucht lediglich ein weiterer Parameter in die Gleichungen eingebracht zu werden, der abhängig von einer Zufallsvariable die Anzahl der Knotennachfolger festlegt.

Neben den genannten Vorteilen des theoretischen Modells besteht ein wesentlicher Nachteil darin, daß für jeden Suchalgorithmus ein separates Gleichungssystem aufgestellt werden muß. Wenn die Algorithmen ähnliche Expansionsstrategien aufweisen (wie $\alpha\beta$ und NegaScout), ist die Herleitung konsistenter Gleichungen recht einfach. Das gilt auch für den Vergleich der Zustandsraum-Suchverfahren untereinander. Weitaus schwieriger ist jedoch der Leistungsvergleich konträrer Expansionsstrategien wie z.B. der Besten-Suchverfahren mit einem der direktionalen Verfahren.

3.4 Kritik der drei theoretischen Modelle

Das Hauptproblem theoretischer Effizienzanalysen, die ja die Auswirkung statischer Baumcharakteristika auf den dynamischen Suchprozeß mathematisch beschreiben sollen, scheint nicht in der Analyse selbst zu liegen, sondern vielmehr in der zweckmäßigen Definition eines durchschnittlich sortierten Baumes. Dazu haben wir drei sehr verschiedenartige Ansätze vorgestellt.

Der erste Ansatz (Abschnitt 3.1) definiert die Baumcharakteristika anhand festgelegter Blattwert-Verteilungsfunktionen. Aus mathematischer Sicht mag eine derartige Definition zwar naheliegend sein, aus praktischer Sicht erscheint sie jedoch kaum geeignet, die komplexen Abhängigkeiten der Knotenwerte zu modellieren. Normalerweise ist die Wahrscheinlichkeit, daß ein Blatt einen bestimmten Wert annimmt, nämlich nicht in allen Blättern gleich, sondern der Wert hängt von der Lage des jeweiligen Blattes im Baum ab. Aus diesem Grund sind positionsabhängige Blattwert-Verteilungsmodelle, wie zum Beispiel das von Newborn [Newb77], der vielfach untersuchten stetigen, unabhängigen Gleichverteilung vorzuziehen. Leider hat sich gezeigt [Darw83], daß derartige Modelle für eine umfassende mathematische Analyse zu komplex sind. Immerhin konnte aber mit Hilfe der einfachen Gleichverteilung bewiesen werden, daß sämtliche vorgestellten Suchalgorithmen in sehr tiefen Bäumen ($d \to \infty$) den gleichen relativen Verzweigungsfaktor besitzen.

Betrachtet man die im zweiten Ansatz (Abschnitt 3.2) aufgestellten Knoten-Expansionsbedingungen, so erscheint der Beweis, daß die vorgestellten Algorithmen das gleiche asymptotische Wachstum der Suchkomplexität aufweisen, in einem ganz anderen Licht. Für einige Suchalgorithmen konnten nämlich strikte Dominanzrelationen aufgestellt werden, die angeben, daß der überlegene Algorithmus niemals einen Knoten expandiert, den der unterlegene abschneiden kann. Als Beispiel seien die beiden Zustandsraum-Suchverfahren SSS* und Dual* genannt, die in allen gleichförmigen Bäumen über $\alpha\beta$ dominieren, welches seinerseits wiederum über B&B dominiert.

Aber nicht nur SSS* und Dual* dominieren über $\alpha\beta$, sondern auch beide NegaScout-Varianten NS_r und $NS_{\alpha\beta}$. Allerdings sei an dieser Stelle nochmals auf den genauen Wortlaut der Dominanzrelation hingewiesen, der besagt, daß jeder Knoten, den NegaScout expandiert, auch von $\alpha\beta$ expandiert werden muß. Wie häufig ein und derselbe Knoten expandiert wird, ist nicht spezifiziert. So kann es durchaus vorkommen, daß NegaScout aufgrund häufiger Wiederholungssuchen insgesamt mehr Blattbewertungen als $\alpha\beta$ vornimmt.

Dieser Aspekt wurde im dritten Ansatz (Abschnitt 3.3) berücksichtigt. Wir haben—gewissermaßen dem ersten Ansatz entgegengesetzt—alle Knoten, angefangen bei der Wurzel bis hinunter zu den Blättern, in Typklassen eingeteilt und ihre Beziehungen in rekursiven Gleichungen formuliert.

Auf diese Weise erhielten wir mit geringem mathematischem Aufwand ein Gleichungssystem zur Abschätzung der Suchkomplexität in beliebig sortierten Bäumen. Eine allgemeine mathematische Lösung der rekursiven Gleichungen ist zwar möglich, erscheint aber im Grunde als überflüssig, weil die Gleichungen leicht numerisch ausgewertet werden können.

Abschließend stellt sich die Frage, welches der drei Modelle für die Praxis am hilfreichsten ist. Darauf gibt es natürlich keine direkte Antwort, sondern der Wert der Modelle liegt in ihrer gegenseitigen Ergänzung. Das erste Modell liefert eine Abschätzung der Sucheffizienz in sehr tiefen Bäumen, das zweite Modell gibt Aufschlüsse über die Abfolge der Knotenexpansionen und zeigt strikte Dominanzverhältnisse auf und das dritte Modell dient der Abschätzung der Suchleistung in durchschnittlich geordneten Bäumen.

Kapitel 4

Empirische Effizienzanalyse

Als Ergänzung zu den theoretischen Studien des vorangegangenen Kapitels stellen wir im folgenden eine Reihe empirischer Untersuchungen zur praktischen Leistungsmessung der Suchalgorithmen vor. Die Experimente haben das Ziel, dem Anwender Vergleichsdaten in die Hand zu geben, mit deren Hilfe er entscheiden kann, welcher Suchalgorithmus am besten in einer gegebenen Aufgabe zu verwenden ist. Wesentliche Grundlage der Entscheidung sind die drei Effizienzmaße Speicherplatzbedarf, Suchkomplexität und Rechenzeitbedarf.

Vor der Implementation eines Suchalgorithmus steht die Frage des verfügbaren Speicherplatzes. Naturgemäß beanspruchen die Zustandsraum-Suchverfahren, deren globale Bestensuche auf die akkumulierten Knoteninformationen angewiesen ist, mehr Speicherplatz als die direktionalen Nullfenster-Suchverfahren. Sollte sich die ansonsten vielleicht sehr erfolgversprechende Implementation eines Zustandsraum-Suchverfahrens allein aufgrund seines hohen Speicherplatzbedarfs verbieten, kann in vielen Fällen ein Kompromiß in Form eines iterativen Zustandsraum-Suchverfahrens oder des INS-Algorithmus geschlossen werden. Derartige, den Speicherplatzbedarf betreffende Überlegungen, werden im ersten Abschnitt dieses Kapitels angestellt.

Inhalt des zweiten Abschnittes ist die empirische Leistungsanalyse der Suchalgorithmen an praktischen Bäumen. Wir stellen dort eine Versuchsreihe vor, in der Spielbäume unterschiedlicher Charakteristika erzeugt und von sämtlichen Algorithmen durchsucht werden. Ähnliche Effizienzvergleiche auf der Basis synthetischer, nicht anwendungsspezifischer Bäume sind zwar schon von anderen Autoren durchgeführt worden [Camp-Mars83,Musz-Shin85], aber leider an viel zu kleinen Bäumen (meistens nur bis zur Tiefe 4). Dabei ist allgemein bekannt, daß einige Schnittmöglichkeiten, wie zum Beispiel die tiefen $\alpha\beta$-Schnitte, erst in Baumebenen ≥ 4 auftreten. Aus diesem Grund haben wir in unserer Versuchsreihe ein weites Spektrum an Baumgrößen abgedeckt, das von sehr tiefen, schmalen Bäumen ($w = 5$, $d = 10$) bis zu extrem breiten, aber flacheren Bäumen ($w = 60$, $d = 4$) reicht.

Zusätzlich bieten die beiden in unserer Versuchsreihe verwendeten Blattwert-Verteilungsfunktionen die Möglichkeit, die Suchleistung bei unterschiedlichen Knotensortierungen zu studieren.

Da das Erzeugen und Durchsuchen großer Bäume naturgemäß sehr rechenzeitintensiv ist, konnten wir in den Experimenten nur eine relativ kleine Stichprobe von jeweils fünfzig Bäumen pro Baumgröße und Blattwertverteilung berücksichtigen. Die dabei ermittelten Knotenexpansionszahlen unterliegen demgemäß statistischen Ungenauigkeiten und sollten nur zum *relativen* Leistungsvergleich der Algorithmen untereinander herangezogen werden.

Für die im dritten Abschnitt vorgestellte Versuchsreihe gilt diese Einschränkung nicht. Sie beschränkt sich zwar auf die Analyse recht kleiner Suchbäume, behandelt diese aber erschöpfend, indem alle Blattwert-Permutationen erzeugt und die Bäume von sämtlichen Algorithmen durchsucht werden. Derartige erschöpfende Effizienzanalysen sind besonders gut geeignet, charakteristische Eigenschaften der Algorithmen aufzudecken und unter allen möglichen Bedingungen, von der besten bis zur schlechtesten Blattwert-Sortierung, zu beobachten. So wurde beispielsweise erst in diesen Experimenten erkannt [Rei-Sch-Mar85], daß NegaScout in manchen Bäumen weniger Knoten als SSS* expandiert—eine Leistung, zu der $\alpha\beta$ bekanntlich nicht in der Lage ist.

Bei der vollständigen Analyse aller Blattwert-Permutationen wird man mit einer großen Datenmenge konfrontiert: Bereits in den kleinen Bäumen der Tiefe 3 und Breite 2 gibt es 40320 verschiedene Möglichkeiten, die acht Blattwerte anzuordnen. Allein in diesem einen Experiment müssen die Resultate von 40320 voneinander unabhängigen Baumsuchen aufbereitet und nach verschiedenen Kriterien ausgewertet werden. Am meisten interessiert zunächst die durchschnittliche Blattbewertungsanzahl jedes Algorithmus, aber darüber hinaus können die gesammelten Daten auch nach der Anzahl Blattbewertungen in Abhängigkeit von der Lage der Hauptvariante oder der Wahrscheinlichkeit, mit der ein bestimmtes Blatt bewertet wird, aufgeschlüsselt werden.

Im vierten Abschnitt dieses Kapitels widmen wir uns nochmals den Zustandsraum-Suchverfahren. Aus den theoretischen Überlegungen ist zwar schon bekannt, daß die Zustandsraum-Suchverfahren durch ihre globalen Knoteninformationen den direktionalen Verfahren überlegen sind, aber wie groß diese Überlegenheit ist und welche Bedeutung den einzelnen Knotenwerten der OPEN-Liste zukommt, bedarf noch einer genaueren Untersuchung. Antwort auf diese Fragen liefern die iterativen Zustandsraum-Suchverfahren, mit deren Hilfe sich der Informationsgehalt der OPEN-List steuern läßt. In einem Experiment erzeugen wir fünfzig verschiedene Bäume der Breite 20 und lassen sie von I-SSS* und I-Dual* mit sämtlichen Partitionsgrößen von $p = 1$ bis $p = 20$ durchsuchen. Die dabei gewonnenen Ergebnisse zeigen, welche Knoteninformationen der OPEN-Liste den Suchprozeß besonders positiv beeinflussen.

Im letzten Abschnitt dieses Kapitels diskutieren wir den durchschnittlichen Rechenzeitverbrauch der Suchalgorithmen. Obwohl dieser Aspekt für praktische Anwendungen letztlich bedeutsamer erscheint als etwa die Anzahl durchsuchter Knoten, wird das Thema "Rechenzeitbedarf" in der Literatur nur selten angesprochen. Das liegt zunächst einmal an den unterschiedlichen Programmierumgebungen (Programmiersprache, Effizienz des Compilers, Leistung des Zielrechners), die einen Vergleich der Resultate erschweren. Aber auch innerhalb einer Programmierumgebung ist ein Rechenzeitvergleich der Suchalgorithmen oftmals nicht direkt durchführbar. Man denke nur an den Vergleich so unterschiedlicher Algorithmen wie SSS* und $\alpha\beta$. Das Resultat eines solchen Effizienzvergleichs hängt nicht nur von der für die Implementation der OPEN-Liste gewählten Datenstruktur ab, sondern auch von der Rechenzeit, die jede einzelne Blattbewertung kostet. In Anbetracht dieser Probleme diskutieren wir den Rechenzeitbedarf nur größenordnungsmäßig und vergleichen unsere Resultate mit denen anderer Autoren.

4.1 Speicherplatzbedarf

Die recht verschiedenartigen Expansionsstrategien der vorgestellten Suchalgorithmen spiegeln sich auch in deren unterschiedlichem Speicherplatzbedarf wider. Während die einfachen direktionalen Algorithmen nur die Knotenwerte des Pfades von der Wurzel zum aktuell expandierten Knoten aufbewahren, speichern die Besten-Suchverfahren Informationen aus allen durchsuchten Baumteilen. Dementsprechend wächst der Speicherplatzbedarf der direktionalen Suchverfahren nur linear mit der Suchtiefe ($O(d)$), wohingegen er bei den Besten-Suchverfahren exponentiell anwächst ($O(w^{d/2})$). Die folgende Tabelle gibt einen Überblick über den Speicherplatzbedarf in Abhängigkeit von der Baumgröße:

NS, $\alpha\beta$	$2d$	Speicherworte
PNS	$\dfrac{d^2 + d}{2} + w$	Speicherworte (für $d \geq 2$)
INS	$2 \displaystyle\sum_{i=1}^{\lfloor \frac{d-1}{2} \rfloor} w^i$	Speicherworte (für $d \geq 2$)
Dual*	$w^{\lfloor \frac{d}{2} \rfloor}$	Knotendeskriptoren
SSS*	$w^{\lceil \frac{d}{2} \rceil}$	Knotendeskriptoren

Tabelle 4.1 — Speicherplatzbedarf

Die beiden Tiefen-Suchverfahren $\alpha\beta$ und NegaScout treffen die Entscheidung, welcher Knotennachfolger als nächstes zu expandieren ist, allein auf der Basis des aktuellen Suchfensters. Da für jede neue Suchebene, das heißt nach jedem rekursiven Funktionsaufruf, ein neues Suchfenster initialisiert wird, benötigen beide Algorithmen $2d$ Speicherworte für das Durchsuchen eines Baumes der Tiefe d.

Um zusätzlich noch die Hauptvariante zu berechnen, muß für jeden Knoten, der auf dem Pfad von der Wurzel zum aktuell expandierten Knoten liegt, die beste, bisher bekannte Zugfolge aufbewahrt werden [Akl-New77]. Wenn also im Verlauf des Suchprozesses gerade ein Knoten der tiefsten Baumebene expandiert wird, sind zuvor d Zugfolgen abgespeichert worden: Für den Wurzelknoten eine Zugfolge der Länge d, für den Knoten der ersten Ebene eine Zugfolge der Länge $d-1$, u.s.w., bis zum Knoten der vorletzten Ebene ($d-1$), für den eine Zugfolge der Länge 1 abgespeichert worden ist. Die Zugfolgen finden in einer Dreiecksmatrix der Seitenlänge d Platz, wofür ($d^2 + d$)/2 Speicherworte benötigt werden. Da jedoch die meisten höheren Programmiersprachen über kein Sprachkonstrukt zur Formulierung von Dreiecksmatrizen verfügen, wird in der Praxis der Einfachheit halber gleich der Speicherplatz für eine volle Matrix (d^2) alloziert.

Der PNS-Algorithmus führt während der Baumsuche ständig Buch über die aktuell beste Hauptvariante, um beim Auftreten einer Wiederholungssuche Links-Schnitte durchführen zu können. Zusätzlich bewahrt PNS die w Minimaxwerte der obersten Aufrufebene auf, damit in Wiederholungssuchen auch Prove-Best-Schnitte realisiert werden können. Insgesamt benötigt PNS Speicherplatz für $(d^2 + d)/2 + w$ Wörter.

Vom praktischen Standpunkt aus gesehen weisen $\alpha\beta$, NegaScout und PNS die gleiche Speicherplatzkomplexität auf. Häufig muß nämlich in Spielbaum-Suchprogrammen nicht nur der Minimaxwert der Ausgangsstellung berechnet werden, sondern auch die beste Zugfolge für beide Parteien. Bei PNS fällt diese als Nebenprodukt ab, während sie in einer $\alpha\beta$- oder NegaScout-Baumsuche—bei gleichem Speicher- und Rechenzeitaufwand—zusätzlich berechnet werden muß.

INS führt die Links-Schnitte und Prove-Best-Schnitte in allen Ebenen der Wiederholungssuche durch. Dafür müssen

$$\sum_{i=1}^{\lfloor \frac{d-1}{2} \rfloor} w^i \qquad \text{Knotenwerte für Prove-Best-Schnitte und}$$

$$\sum_{i=1}^{\lfloor \frac{d-1}{2} \rfloor} w^i \qquad \text{Knotenwerte für Links-Schnitte}$$

aufbewahrt werden. Im Gegensatz zu den anderen Suchalgorithmen, bei denen der angegebene Speicherplatz für die ordnungsgemäße Berechnung des Minimaxwertes zwingend notwendig ist, benötigt INS diesen Speicherplatz jedoch nur zur Beschleunigung der Suche. So berechnet INS sowohl mit der Mindestmenge von $(d^2 + d)/2 + w$ Speicherwörtern als auch mit der Maximalmenge von $2\sum_{i=1}^{\lfloor \frac{d-1}{2} \rfloor} w^i$ Wörtern den gleichen Minimaxwert. Der einzige Unterschied besteht in der Gesamtanzahl der Knotenexpansionen, die sich bei großem Speicherplatzangebot drastisch reduziert. Um diese Flexibilität auszunutzen, empfiehlt sich die Implementation einer Hashtabelle, mit deren Hilfe der Speicherplatzbedarf des INS-Algorithmus der verfügbaren Speichermenge angepaßt werden kann.[1]

Der Speicherplatzbedarf der beiden Besten-Suchverfahren Dual* und SSS* wächst exponentiell mit der Tiefe des zu durchsuchenden Baumes. Dual* hat am Ende der Aufbauphase $w^{\lfloor \frac{d}{2} \rfloor}$ Knotendeskriptoren in der OPEN-Liste und SSS* sogar $w^{\lceil \frac{d}{2} \rceil}$. Dies ist die maximale Anzahl Deskriptoren, die sich während des Suchprozesses in der OPEN-Liste befindet. In der Lösungsphase wird vor dem Einfügen neuer Deskriptoren mindestens die gleiche Anzahl Deskriptoren gelöscht, so daß die OPEN-Liste zu keinem Zeitpunkt mehr Deskriptoren als die angegebene Anzahl enthält [Stock79, S. 194].

---

[1]In den im folgenden beschriebenen empirischen Experimenten haben wir—um die Suchleistung des INS-Algorithmus nicht durch eventuellen Speicherplatzmangel herabzusetzen—eine baumartig verkettete Datenstruktur verwendet, die je nach den Erfordernissen dynamisch wächst.

Wurde der Speicherplatzbedarf bisher stets in *Speicherwörtern* gemessen, die der Aufnahme einzelner ganzzahliger Werte (integer) dienen, so ist die kleinste Speichereinheit der Zustandsraum-Suchverfahren ein *Knotendeskriptor*. Abhängig von der Implementation kann ein Knotendeskriptor zwei, drei oder sogar noch mehr Speicherwörter umfassen. Er besteht aus einem eindeutigen Knotenidentifikator, dem Knotenstatus und dem Knotenwert. In Anwendungen, in denen die Rückerzeugung des Vorgängerknotens nicht möglich ist, muß in jedem Deskriptor noch zusätzlich die komplette Vorgängerliste aufbewahrt werden.

Vielfach besteht die Meinung, daß Dual* und SSS* für praktische Anwendungen zu speicherintensiv seien. Daß dies meistens nur ein Vorurteil ist, wollen wir am Speicherplatzbedarf der tiefsten in dieser Arbeit untersuchten Bäumen ($w = 5$, $d = 10$) zeigen:

$$
\begin{aligned}
\text{SSS*:} \quad & 3125 \text{ Knotendeskriptoren} \simeq 6250 \text{ Speicherworte,} \\
\text{Dual*:} \quad & 3125 \text{ Knotendeskriptoren} \simeq 6250 \text{ Speicherworte,} \\
\text{INS:} \quad & 1560 \text{ Speicherworte (max.),} \\
\text{PNS:} \quad & 60 \text{ Speicherworte.}
\end{aligned}
$$

Selbst in Bäumen der Breite 30 und Tiefe 8—einer typischen Vorausrechnungstiefe von Schachprogrammen—enthält die OPEN-Liste von SSS* immerhin noch weniger als eine Million Knotendeskriptoren. Das ist eine Speichergröße, die nicht nur auf Großrechnern, sondern häufig auch schon auf kleineren Personal-Computern verfügbar ist, wie ein Schachprogramm mit SSS*-Suchverfahren, das auf einem PC implementiert wurde, zeigt [Vorn-Mon87].

Sollte dennoch der Speicherplatz knapp werden, kann schließlich noch auf eines der hybriden Zustandsraum-Suchverfahren oder die iterative Breitensuche (I-Dual* oder I-SSS*) zurückgegriffen werden. Gegenüber den reinen Zustandsraum-Suchverfahren muß man mit kleinen Leistungseinbußen rechnen, die Suchleistung ist aber auf jeden Fall besser als die des $\alpha\beta$-Verfahrens. Insbesondere die iterativen Zustandsraum-Suchverfahren ermöglichen dem Programmierer, mit der Wahl der Partitionsgröße einen beliebigen Kompromiß zwischen Sucheffizienz und Speicherplatzbedarf einzugehen.

4.2   Statistische Effizienzanalyse anhand großer Bäume

Inhalt dieses Abschnittes ist die empirische Effizienzanalyse der Suchverfahren anhand synthetisch erzeugter Bäume. Das Hauptaugenmerk gilt hier den umfangreichen Bäumen, da in ihnen die Leistungsunterschiede der Expansionsstrategien—und auch die Knoteneinsparungen kleiner algorithmischer Verbesserungen—am deutlichsten zutage treten. In unserer Effizienzanalyse werden sowohl sehr tiefe (bis $d = 10$) als auch sehr breite Bäume (bis $w = 60$) berücksichtigt.

Vor der Versuchsdurchführung steht die Auswahl der Bäume, anhand derer die Leistung der Algorithmen getestet werden soll. Um auf den Erfahrungen anderer aufzubauen, sichten wir im ersten Teilabschnitt die Literatur im Hinblick darauf, welche Baumarten, Baumformen und Blattwertverteilungen sich bereits in ähnlichen Experimenten bewährt haben.

Die Erzeugung von Bäumen der gewünschten Eigenschaften ist das Thema des zweiten Teilabschnittes. Sie muß sowohl zufallsgesteuert als auch reproduzierbar ablaufen. In der Praxis wird das Problem häufig durch Abspeicherung des kompletten Baumes im Haupt- oder Sekundärspeicher gelöst. Da diese Methode jedoch schnell an Speicher- und Laufzeitgrenzen stößt, verwenden wir für unsere Experimente ein Verfahren, das die gewünschten Bäume—bei geringem zusätzlichen Rechenzeitaufwand— während des Suchprozesses jeweils neu reproduziert.

Ein weiterer, nicht zu unterschätzender Aspekt bei der Versuchskonzeption betrifft die Auswahl eines geeigneten Leistungsmaßes zur Beurteilung der Sucheffizienz. Die üblicherweise verwendete Blattbewertungsanzahl weist je nach Baumgröße ganz unterschiedliche Größenordnungen auf, was den direkten Vergleich der Ergebnisse und deren graphische Repräsentation erschwert. In der Literatur sind verschiedene Normierungen der Blattbewertungsanzahlen vorgeschlagen worden, deren Vor- und Nachteile im dritten Teilabschnitt diskutiert werden.

Den größten Raum nimmt in diesem Abschnitt die Beschreibung und Auswertung der beiden Teilexperimente ein. Im ersten Experiment wird die Suchleistung der Algorithmen anhand zwei verschiedener Knotensortierungen, einer Gleichverteilung und einer "gut sortierten" Knotenreihenfolge, in sehr tiefen Bäumen (bis $d = 10$) analysiert. Da wir dieses Experiment aus Rechenzeitgründen nur an Bäumen mit einem relativ geringen Verzweigungsfaktor durchführen konnten, konzentriert sich das zweite Teilexperiment auf die Effizienzanalyse in sehr breiten (bis $w = 60$), aber entsprechend flacheren Bäumen.

4.2.1 Auswahl der Baumart, Baumform und Blattwertverteilung

Während in früheren Veröffentlichungen die Leistung der Baum-Suchverfahren hauptsächlich an praktischen Spielbäumen wie zum Beispiel Dame- [Sam67], Kalah- [Slag-Dix69,Slag-Dix70] oder Schachbäumen [Gill72,Mars83] gemessen wurde, werden dazu in der letzten Zeit immer häufiger synthetisch erzeugte Bäume herangezogen [Camp-Mars83,Musz-Shin85,Mar-Rei-Sch87]. Diese bieten eine einheitliche Vergleichsbasis für Suchalgorithmen, die ursprünglich für ganz verschiedene Anwendungen entwickelt worden sind. Bei der Auswahl synthetischer Bäume sind drei Faktoren zu beachten:

- die Baumform (Tiefe und Breite),

- die Baumart (gleichförmig oder ungleichförmig) und

- die Blattwertverteilung (zufällig oder von der Position abhängig).

Die *Baumform*, festgelegt durch Baumtiefe und -breite, hat einen entscheidenden Einfluß auf die Versuchsergebnisse. Letztlich ist eine ausreichende Baumtiefe dafür verantwortlich, daß kleine algorithmische Feinheiten, wie die L- oder F-Verbesserung, überhaupt beobachtet werden können. Aber auch zur Analyse der kompletten Schnittmöglichkeiten des $\alpha\beta$-Algorithmus bedarf es mindestens eines Baumes der Tiefe 4, da erst ab dieser Baumebene tiefe Schnitte auftreten können. Dieser Aspekt ist bislang in der Literatur vernachlässigt worden [Camp-Mars83,Musz-Shin85], wo aus Rechenzeit- und Speicherplatzmangel nur Bäume der Tiefe 2 bis 4 (in Ausnahmefällen bis zur Tiefe 6) untersucht worden sind. Neben der Baumtiefe ist aber auch eine ausreichende Breite für die Versuchsergebnisse von Bedeutung. Das gilt besonders für das NegaScout-Verfahren, dessen Suchleistung in breiten Bäumen aufgrund der selteneren Wiederholungssuchen wesentlich höher ist.

Die *Baumart* ist *gleichförmig*, wenn alle Knoten die gleiche Anzahl Nachfolger besitzen; andernfalls spricht man von einem *ungleichförmigen* Baum. Es ist klar, daß praktische Spielbäume stets ungleichförmiger Natur sind, weil die beiden Spieler durch wechselweises Ziehen ihre zukünftigen Handlungsmöglichkeiten—zumindest langfristig gesehen—immer stärker einschränken, bis schließlich das Spielende erreicht ist. Aber auch im Mittelspiel kann die Einschränkung der Handlungsmöglichkeiten so weit gehen, daß innerhalb der Vorausrechnungstiefe echte Endknoten auftreten (z.B. durch minderwertige Züge). Dessen ungeachtet sind, von einer Ausnahme abgesehen [Musz-Shin85], bisher nur empirische Effizienzuntersuchungen anhand gleichförmiger Bäume veröffentlicht worden. Die angesprochene Arbeit von Muszycka und Shinghal legitimiert diese Einschränkung allerdings, indem sie zeigt, daß die relative Leistung der drei wichtigsten Suchverfahren $\alpha\beta$, SSS* und NegaScout beim

Übergang von gleichförmigen zu ungleichförmigen Bäumen erhalten bleibt. In Anbetracht dieser Ergebnisse wollen auch wir uns auf gleichförmige Bäume beschränken.[2]

Die Diskussion verschiedener *Blattwertverteilungen* nimmt in der Literatur besonders viel Raum ein, weil die Anordnung der Blattwerte einen entscheidenden Einfluß auf die Sucheffizienz hat. Man unterscheidet die folgenden Verteilungen:

Abhängig diskrete Verteilung [Fu-Ga-Gi73,Newb77]: Weise jedem Knotennachfolger einen unterschiedlichen Wert $\in \{1, 2, \ldots, w\}$ zu. Die Blattwerte ergeben sich dann aus der Summe ihrer Vorgängerwerte.

Abhängig reellwertige Verteilung [Knuth-Moore75]: Weise jedem Knotennachfolger einen unterschiedlichen Wert $\in \{\frac{1}{w^i}, \frac{2}{w^i}, \ldots, \frac{w}{w^i}\}$ zu, wobei i durch die Ebene des jeweiligen Knotens bestimmt ist. Die Blattwerte ergeben sich dann aus der Summe ihrer Vorgängerwerte.

Unabhängige Verteilung [Fu-Ga-Gi73,Knuth-Moore75]: Jedem Endknoten wird ein unterschiedlicher Wert $\in \{1, 2, \ldots, w^d\}$ zugewiesen. Es gibt $w^d!$ verschiedene Blattwert-Permutationen, die alle gleich wahrscheinlich auftreten.

p-geordnete Verteilung [Mars-Camp82]: Wähle eine reelle Zahl $p \in [0, 1]$ und verteile die Blattwerte so, daß in jedem inneren Knoten der beste Nachfolger mit der Wahrscheinlichkeit p links liegt. (Bäume mit $p = 0.6$ bezeichnet man auch als "strongly ordered" [Mar-Rei-Sch87, S. 187].)

Die Ergebnisse in [Camp-Mars83] und [Musz-Shin85] bestätigen die Vermutung, daß die Dominanzreihenfolge der Algorithmen SSS*, NegaScout, $\alpha\beta$ und B&B bei allen genannten Blattwertverteilungen erhalten bleibt. Eine andere Arbeit [Mar-Rei-Sch87] zeigt, wie sich die Suchleistung bei verschiedenen p-geordneten Verteilungen in tiefen Bäumen entwickelt.

Für unsere Experimente erscheint die p-geordnete Blattwertverteilung am interessantesten, weil sie in gewisser Hinsicht die Zug-Vorsortierung realer Spielprogramme modelliert. In der Praxis werden die Züge nämlich nicht einfach wahllos nacheinander expandiert, sondern vor der Expansion ihrem

---

[2]Am Rande sei jedoch auf die Bedeutung ungleichförmiger Bäume in der Theorie hingewiesen: Unterstellt man der Blattbewertungsfunktion praktischer Spielprogramme eine gewisse Ungenauigkeit, so müßte die Qualität des Minimaxwertes mit zunehmender Vorausrechnungstiefe abnehmen [Beal80,Nau79]. Daß entgegen diesen Berechnungen in der Praxis mit einer tieferen Suche (meistens) eine Qualitätsverbesserung einhergeht, wird unter anderem der Tatsache zugeschrieben, daß Spielbäume nicht völlig gleichförmig sind, sondern immer einige Endstellungen innerhalb der Vorausrechnungstiefe enthalten [Nau79,Nau83b,Pearl83]. Diese Endknoten, die im allgemeinen eindeutig als Gewinn- oder Verlustknoten klassifizierbar sind, erhöhen die Qualität des Minimaxwertes. (Siehe dazu auch die Diskussion der "pathologischen Effekte" auf Seite 175.)

geschätzten Wert nach sortiert. Der Zweck dieser Maßnahme besteht darin, den besten Unterbaum möglichst zu Anfang zu expandieren, um in den restlichen Baumteilen mehr $\alpha\beta$-Schnitte durchführen zu können. Für Schachprogramme existieren sehr leistungsfähige Sortierheuristiken, die zum Teil sogar Trefferraten von 60 bis 70 Prozent erzielen [Mars-Camp82, S. 536].

Im Grunde genommen ist die Idee der p-geordneten Blattwertverteilung eine Vereinfachung des Koeffizienten C, den Samuel bereits zur Effizienzanalyse seines "lernenden" Dameprogramms verwendet hat [Sam63,Sam67]:

$$C = \frac{L - H}{L + H} \ .$$

In dieser Gleichung bezeichnet H die Anzahl der Knotennachfolger, deren Wert größer als der Wert des ersten Nachfolgers ist und L bezeichnet die Anzahl Knotennachfolger, deren Wert kleiner als der Wert des ersten Nachfolgers ist. Der Koeffizient C gibt also die Güte der Nachfolger-Sortierung an. Bei bester Knotensortierung besitzen sämtliche Nachfolger einen kleineren Wert als der linke Nachfolger und so ist $H = 0$ und $L = w - 1$, wodurch C den Wert 1 erhält. Bei schlechtester Sortierung gilt der umgekehrte Fall: $H = w - 1$, $L = 0$ und $C = -1$. Ist die Reihenfolge zufällig, so gilt $C = 0$, weil sowohl L als auch H den Wert $\lceil w/2 \rceil - 1$ annehmen.

Erste empirische Versuche mit verschiedenen C-Koeffizienten sind bereits im Jahr 1976 durchgeführt worden [Griff76], allerdings nur anhand des $\alpha\beta$-Algorithmus, da die anderen Suchverfahren zu der Zeit noch unbekannt waren. Die Ergebnisse machen deutlich, in welch großem Ausmaß die Sucheffizienz des $\alpha\beta$-Verfahrens von der Knotensortierung abhängt. In der genannten Arbeit sind Faktoren zwischen 2 und 5 angegeben, die $\alpha\beta$ bei geschickter statischer Vorsortierung der Knotennachfolger an Blattbewertungen einsparen könnte. Um herauszufinden, in wieweit sich die relative Suchleistung anderer Algorithmen durch die Knotensortierung verändert, beziehen auch wir unterschiedliche Sortierungen in unsere Experimente ein.

4.2.2 Erzeugung synthetischer Bäume

Nach der Abwägung, welche synthetischen Bäume zweckmäßigerweise in empirischen Experimenten berücksichtigt werden sollten, widmen wir uns nun der Aufgabe, Bäume der gewünschten Eigenschaften automatisch zu erzeugen. Dabei müssen zwei Hauptanforderungen erfüllt werden: Einerseits sollen die Blattwerte gemäß der gewählten Blattwertverteilung zufallsgesteuert erzeugt werden und andererseits muß der Erzeugungsprozeß beliebig oft reproduzierbar sein, damit derselbe Baum nacheinander von verschiedenen Algorithmen durchsucht werden kann.

Eine Grundvoraussetzung für die Reproduzierbarkeit des Baum-Erzeugungsprozesses ist die eindeutige Identifikation jedes Knotens. Dafür bietet sich das von Berliner vorgeschlagene Knoten-Identifikationsschema an [Berl79, Anhang I], das jedem Knoten des Baumes einen eindeutigen Identifikator zuordnet, unabhängig in welcher Reihenfolge die Knotenexpansion erfolgt, oder ob der Knoten überhaupt jemals expandiert wird. Der Identifikator ist eine natürliche Zahl, die die Position des zugehörigen Knotens im Baum—einfach von der Wurzel Ebene für Ebene durchgezählt—wiedergibt. Dem Wurzelknoten wird der Identifikator $id(\varepsilon) = 0$ zugewiesen und die Nachfolger $J.1, \ldots, J.w$ jedes inneren Knotens J erhalten die Identifikatoren $id(J) \times w + 1, \ldots, id(J) \times w + w$. Die folgende Tabelle 4.2 zeigt, wie aus einem gegebenen Knotenidentifikator der Identifikator des direkt angrenzenden Nachfolgers, Vorgängers oder Bruders berechnet werden kann.

i-ter Nachfolger von J	$id(J) \times w + i$
Vorgänger von J	$\lfloor (id(J) - 1)/w \rfloor$
nächster Bruder von J	$id(J) + 1,$ falls $id(J) \bmod w \neq 0$

Tabelle 4.2 — Nachfolger-, Vorgänger- und Bruderfunktion

Für die zufallsgesteuerte Zuordnung der Blattwerte gibt es im wesentlichen drei verschiedene Methoden. Die erste basiert auf einer Zufallszahlen-Tabelle, aus der die Blattwerte ermittelt werden, indem die Blattknoten-Identifikatoren modulo der Tabellengröße als Tabellenindizes verwendet werden. Diese Methode ist an Schnelligkeit kaum zu unterbieten: Nach der einmaligen Tabelleninitialisierung erfordert jede Blattbewertung nur einen einzelnen Tabellenzugriff. Der Erfolg der Methode hängt allerdings stark von der Größe der Zufallszahlen-Tabelle ab. Es muß durch die Wahl einer geeigneten, möglichst großen Primzahl dafür gesorgt werden, daß die Blattwerte keine Zyklen aufweisen. Ein weiterer Nachteil dieser Methode liegt darin, daß mit ihr keine positionsabhängigen Blattwertverteilungen erzeugt werden können.

Die zweite Methode, mit der beliebige Blattwertverteilungen erzeugt werden können, besteht in der Vorab-Berechnung und Abspeicherung aller Blattwerte. Die Berechnung geschieht mit Hilfe eines rekursiven Algorithmus, der in einer tiefenorientierten Knotenexpansion sämtliche Baumknoten durchläuft und die Werte gemäß der gewünschten Verteilungsfunktion zuweist [Camp81, Anhang 2]. Zur Aufbewahrung der Blattwerte muß Speicherplatz der Größe w^d bereitgestellt werden. Manche Autoren [Musz-Shin85] verwenden dafür den Hauptspeicher, wodurch zwar Zugriffszeit eingespart wird, die maximale Baumgröße aber sehr stark beschränkt ist. Andere [Camp-Mars83] speichern die Blattwerte in externen Dateien, was wiederum die Zugriffszeit verlängert, so daß auch hier die Größe des maximal erzeugbaren Baumes begrenzt ist (auf etwa 0.4 Millionen Blätter in [Camp81, S. 72]).

Die dritte Methode wurde speziell zur Erzeugung p-geordneter Blattwertverteilungen entwickelt [Schae86,Mar-Rei-Sch87]. Ihr Speicherplatzbedarf liegt in der Größenordnung $O(wd)$, weil die Knotenwerte parallel zum Suchprozeß neu berechnet werden. Die Berechnung geschieht rekursiv von der Wurzel zu den tiefer gelegenen inneren Knoten, indem der betreffende Knotenwert als Funktion des Vorgängerwertes, eines Gewichtungsfaktors und einer Zufallszahl ermittelt wird.

Die Güte der Knotenordnung wird durch die Spezifikation von w Gewichtungsfaktoren festgelegt, die angeben, mit welcher Wahrscheinlichkeit der korrespondierende Knotennachfolger den besten Minimaxwert enthält. Die Summe aller w Gewichtungsfaktoren muß 100% ergeben. Um beispielsweise gleichverteilte Blattwerte für einen gleichförmigen Baum der Breite 5 zu erzeugen, müssen alle fünf Gewichtungsfaktoren den Wert 20 besitzen; um p-geordnete Blattwerte mit $p = 0.6$ zu erzeugen, müssen die Gewichtungsfaktoren $60, 10, 10, 10, 10$ betragen.

Der Algorithmus zur Baumerzeugung ermittelt zu Anfang eine Zufallszahl aus dem Intervall $[-\infty, \infty]$, die den späteren Minimaxwert v der Wurzel bildet. Eine weitere Zufallszahl, die mit den oben beschriebenen Faktoren gewichtet wird, dient zur Festlegung des besten Wurzelnachfolgers, der den Minimaxwert v erhalten soll. Angenommen, die Wahl fällt auf den Nachfolger $J.j$. Dann werden die Minimaxwerte aller links von $J.j$ liegenden Nachfolger $J.1, \ldots, J.j - 1$ aus dem Intervall $[-\infty, v - 1]$ gewählt und die rechts liegenden Nachfolger $J.j + 1, \ldots, J.w$ erhalten Minimaxwerte des Intervalls $[-\infty, v]$:

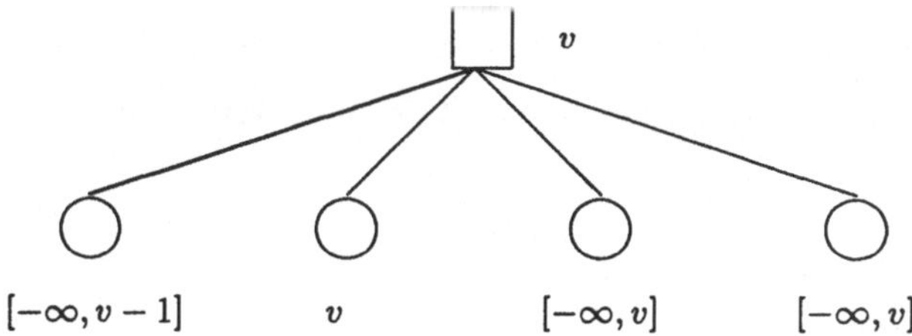

Jeder der w Minimaxwerte bildet in der nächst-tieferen Baumebene die obere Intervallgrenze, aus dem die dortigen Minimaxwerte per Zufallsprozeß gewählt werden. Auf diese Weise verringert sich das Intervall der möglichen Minimaxwerte von Baumebene zu Baumebene, so daß in tief liegenden Unterbäumen vermehrt gleiche Blattwerte auftreten. Diese (unerwünschte) Eigenschaft ist eine direkte Konsequenz aus der Tatsache, daß in der Wurzel alle Minimaxwerte gleich häufig auftreten.

Im Gegensatz dazu liefert die erste Baum-Erzeugungsmethode keine gleichverteilten Minimaxwerte. Aufgrund des Minimax-Konvergenzsatzes (siehe Seite 82), der auf die unabhängig gleichverteilten Blattwerten der ersten Methode anwendbar ist, nimmt der Minimaxwert sogar mit sehr großer Wahrscheinlichkeit einen genau definierten Wert an. Um zu überprüfen, ob der Minimax-Konvergenzsatz auch schon in geringen Suchtiefen Gültigkeit besitzt—er ist ja eigentlich nur für Suchtiefen $d \to \infty$ definiert—haben wir in einem Experiment fünfzig Bäume der Breite 5 und Tiefe 6 mit einer Gleichverteilung der Blattwerte im Intervall $[0, 1000]$ erzeugt. Dabei ergab sich ein durchschnittlicher Minimaxwert von 256 bei einer Standardabweichung von nur 7 Prozent, der in guter Übereinstimmung mit dem theoretisch errechneten Minimaxwert des Minimax-Konvergenzsatzes von 245 liegt. Selbst in geringeren Suchtiefen erzielten wir ähnlich genaue Minimaxwerte, allerdings bei höheren Standardabweichungen.

Letztendlich sind bei einer Implementation die Vor- und Nachteile der drei Baum-Erzeugungsmethoden gegeneinander abzuwägen:

- Die erste Methode ist zwar rechenzeiteffizient, aber nicht zur Erzeugung positionsabhängiger Blattwerte geeignet. Sie liefert, laut Minimax-Konvergenzsatz, stets einen genau definierten Minimaxwert.

- Die zweite Methode bietet bei erhöhtem Speicherplatzbedarf die gleiche Funktionalität wie die dritte Methode. Die Speicherung der Knotenwerte im Hauptspeicher kommt nur bei kleinen Bäumen in Frage, während die Aufbewahrung auf externen Speichermedien durch die erhöhte Zugriffszeit limitiert ist.

- Die dritte Methode ist zur Erzeugung beliebig sortierter Bäume, darunter auch p-geordneter Bäume, geeignet. Im Gegensatz zur ersten Methode sind alle Minimaxwerte gleich wahrscheinlich. In tief liegenden Unterbäumen treten jedoch häufig gleiche Knotenwerte auf, so daß die mit $p = 1/w$ erzeugten Bäume nicht direkt mit denen der ersten Methode vergleichbar sind.

4.2.3 Leistungsmaße

Leistungsfähige Suchalgorithmen berechnen den Minimaxwert eines Spielbaumes ohne sämtliche Baumteile zu expandieren. Je weniger Knoten insgesamt expandiert werden, umso vorteilhafter ist der Suchalgorithmus. Diese Aussage impliziert bereits, daß die Leistung von Suchalgorithmen anhand der *Anzahl der Knotenexpansionen* gemessen werden kann. Da in der Praxis die Blattbewertungen Rechenzeit-intensiver sind als die Verarbeitung innerer Knoten, hat sich jedoch die *Anzahl der Blattbewertungen* zur Leistungsmessung durchgesetzt. Dabei ist es allgemein üblich—und wird auch im Rahmen dieser Arbeit so gehandhabt—daß Mehrfachbewertungen von Blättern entsprechend mehrfach gezählt werden. Im Englischen unterscheidet man "leaf nodes created" und "leaf nodes visited", also das Erzeugen von Blättern (wobei ein einmal erzeugtes Blatt bestehen bleibt) und das Aufsuchen bzw. Durchsuchen von Blättern, welches mehrmals pro Blatt stattfinden kann.

Mehrfachbewertungen lassen sich vermeiden, indem die bereits berechneten Knotenwerte in Tabellen aufbewahrt werden, die dann vor jeder neuen Knotenexpansion zu Rate gezogen werden. Die *Tabellentechnik* hat sich generell in rekursiven Algorithmen zur Vermeidung redundanter Berechnungen bewährt [Bird80]. In der Spielbaumsuche bietet sie sogar zweierlei Vorteile: Neben der Beschleunigung von NegaScouts Wiederholungssuche werden mit ihrer Hilfe Expansionen eingespart, wenn Knoten auf mehreren Pfaden zugleich erreichbar sind. Der letzte Aspekt ist eine Konsequenz aus der Tatsache, daß die sogenannten Spiel*bäume* in Wirklichkeit *Graphen* sind, in denen manche Stellungen (= Baumknoten) durch verschiedene Zugfolgen (= Baumzweige) erreicht werden können. Die Tabellen zur Aufbewahrung der Stellungswerte werden daher in der Spielbaumsuche auch als *Zugumstellungstabellen* bezeichnet [Zob70,Nel85].

Ganz gleich, ob Mehrfachbewertungen mitgezählt werden, die Blattbewertungsanzahl wächst exponentiell mit der Baumtiefe. Dadurch variiert die Anzahl der Blattbewertungen um Größenordnungen, was die graphische Repräsentation der Versuchsergebnisse erheblich erschwert. Aber gerade an einer Darstellung der Suchleistung in Abhängigkeit von der Baumtiefe ist man besonders interessiert, weil diese anschaulich zeigt, um wieviel tiefer ein Baum bei festgelegter Suchzeit mit einem gegebenen Algorithmus expandiert werden kann. Im Bestreben, ein von der Baumgröße unabhängiges Leistungsmaß zu entwickeln, sind in der Literatur verschiedene Methoden zur Normierung der Blattbewertungsanzahlen vorgeschlagen worden, deren Vor- und Nachteile in der folgenden Aufstellung, neben einigen neuen Alternativen, kurz zusammengefaßt sind.

Anzahl der Blattbewertungen (I)

Die direkte graphische Abbildung der Blattbewertungsanzahl ist zwar am einfachsten zu interpretieren und verifizieren; sie ist aber aufgrund des großen Wertebereichs der darzustellenden Daten, der entsprechend der Baumgröße mehrere Größenordnungen umfassen kann, auf kleine Bäume beschränkt [Fu-Ga-Gi73,Camp-Mars83]. In unserer Versuchsreihe liegen die Werte zwischen 10^1 (bei $d = 3$) und 10^5 (bei $d = 10$), so daß sich die direkte graphische Darstellung der Blattbewertungsanzahl verbietet. Im Grunde genommen ist dieses Leistungsmaß lediglich zur tabellarischen Auflistung der Versuchsergebnisse (wie in [Musz-Shin85]) brauchbar.

Logarithmisch dargestellte Blattbewertungsanzahl ($\log I$):

Auch die logarithmische Darstellung hat sich nicht durchgesetzt. Sie ermöglicht zwar die Abbildung eines sehr großen Wertebereichs, die Effizienzgraphen der Suchalgorithmen liegen aber aufgrund des groben Rasters zu eng aneinander, als daß der prozentuale Leistungsunterschied daraus abgelesen werden könnte. Eine der wenigen Arbeiten, die sich der logarithmischen Darstellungsart bedienen, ist [Gill78].

Blattbewertungsanzahl normiert zur Gesamtzahl aller Blätter ($\frac{I}{I_{Minimax}}$):

Bei dieser Normierung liegen alle Werte im Intervall $[0, 1]$ und streben mit zunehmender Baumtiefe asymptotisch dem Nullwert zu (wegen $\lim_{d \to \infty} \frac{I}{I_{Minimax}} = \lim_{d \to \infty} \frac{I}{w^d} = 0$). Da die Abnahme exponentiell erfolgt, nähern sich die Effizienzgraphen der Suchalgorithmen bei zunehmender Tiefe auch exponentiell aneinander an, bis die einzelnen Graphen bei großen Baumtiefen kaum noch voneinander unterschieden werden können. Bei dieser Normierungsart kommen die in großen Bäumen erzielten Einsparungen, die ja gerade von besonderem Interesse sind, nicht genügend zum Ausdruck.

Logarithmische Normierungen ($\frac{\log I}{\log I_{Minimax}}$, $\frac{\ln I/2}{\ln I_{Minimax}}$, $\frac{\log I}{\log I_{\alpha\beta}}$):

Das erstgenannte logarithmische Leistungsmaß wurde von Slagle und Dixon [Slag-Dix69] unter der Bezeichnung *depth-ratio* (DR) eingeführt. Die DR-Werte liegen im Bereich $0 < DR \leq 1$, wobei der Wert 1 der Leistung des Minimax-Verfahrens entspricht, während DR bei bester Sortierung gegen den Wert 0.5 strebt. Um den gesamten Wertebereich des Intervalls $[0, 1]$ auszuschöpfen schlug Griffith [Griff76] die Verwendung der halben Blattbewertungsanzahl vor: $\frac{\ln I/2}{\ln I_{Minimax}}$. Fuller, Gashnig und Gillogly [Fu-Ga-Gi73] bevorzugten die logarithmische Normierung relativ zum $\alpha\beta$-Verfahren, $\frac{\log I}{\log I_{\alpha\beta}}$, wobei $I_{\alpha\beta}$ durch die von denselben Autoren hergeleitete Gleichung für unabhängig gleichverteilte Blattwerte definiert ist (siehe Gl. 3.8 auf Seite 81). Letztlich hat sich aber keines dieser drei Leistungsmaße durchgesetzt. Ein möglicher Grund für die geringe Akzeptanz mag darin liegen, daß die Leistungsmaße, entgegen der ursprünglichen Intention, nicht unabhängig von der Suchtiefe sind, sondern je nach Baumtiefe (geradzahlig oder ungeradzahlig) unterschiedliche Ergebnisse liefern. Das findet seinen Ausdruck in einer starken Oszillation der Leistungskurven. Zudem scheinen die logarithmischen Normierungen weniger gut zum Vergleich der neueren Suchverfahren geeignet zu sein, da sie ursprünglich nur für den direkten Effizienzvergleich mit dem vergleichsweise ineffizienten Minimax- bzw. $\alpha\beta$-Verfahren konzipiert worden sind.

Zum rel. Verzweigungsfaktor normierte Blattbewertungsanzahl ($\frac{I}{\xi_w/(1-\xi_w)^d}$ bzw. $\frac{I}{w^{(d/2)}}$):

Der relative Verzweigungsfaktor gibt die asymptotische Sucheffizienz in tiefen Bäumen ($d \to \infty$) wieder. Da er für alle Suchalgorithmen gleichermaßen gilt, könnte er gut zur Normierung der Blattbewertungsanzahlen herangezogen werden. Nachteilig ist allerdings, daß auch bei dieser Normierung je nach Suchtiefe (gerade oder ungerade) eine starke Oszillation der Werte auftritt. Sie wird umgangen, indem nur jede zweite Suchtiefe graphisch aufgetragen wird (siehe z.B. [Roiz-Pearl83, S. 217]). Ein weiterer Nachteil dieser Normierung besteht darin, daß der prozentuale Unterschied der Blattbewertungsanzahlen verschiedener Algorithmen nicht direkt ersichtlich ist.

Zur minimalen Blattanzahl normierte Blattbewertungsanzahl ($\frac{I}{w^{\lceil d/2 \rceil}+w^{\lfloor d/2 \rfloor}-1}$):

Diese Normierung erscheint auf den ersten Blick sinnvoller als die zuvor diskutierte Normierung zum relativen Verzweigungsfaktor, da im Gegensatz zu dem rein theoretischen relativen Verzweigungsfaktor die minimale Blattbewertungsanzahl $w^{\lceil d/2 \rceil} + w^{\lfloor d/2 \rfloor} - 1$ in praktischen Bäumen durch einfache Umsortierung der Knoten tatsächlich erzielt werden kann. So ist diese Normierung verschiedentlich in der Literatur verwendet worden [Mar-Rei-Sch87]. Die resulierenden Effizienzgraphen weisen allerdings von Baumtiefe zu Baumtiefe einen ausgeprägten Zick-Zack-Verlauf auf, der durch die stark wechselnden Schnittmöglichkeiten hervorgerufen wird [Rein86]. In einem optimal sortierten Baum der Tiefe d gibt es

$$CUT_d = \sum_{i=1}^{d} w^{\lceil \frac{i}{2} \rceil} - d \ \text{Schnittknoten,}$$

in denen jeweils nur ein einziger Nachfolger expandiert wird. Subtrahiert man die Schnittknoten der Blattebene d, weil dort Schnitte nicht mehr von Belang sind, so erhält man einen prozentual höheren Schnittknoten-Anteil in geraden Suchtiefen als in ungeraden Suchtiefen. Da in der Praxis der beste Schnittknotennachfolger normalerweise nicht auf Anhieb gefunden wird, sind alle Baum-Suchalgorithmen in geraden Suchtiefen gehandikapt, wodurch die absolute Sucheffizienz von Suchtiefe zu Suchtiefe stark schwankt. In gewisser Hinsicht ist die Normierung zur minimalen Blattbewertungsanzahl "unnatürlich", weil die Effizienzgraphen aller Suchalgorithmen, von einer Ausnahme (SSS*) abgesehen, einen ausgeprägten Zick-Zack-Verlauf aufweisen.

Zu Alpha-Beta normierte Blattbewertungsanzahl ($\frac{I}{I_{\alpha\beta}}$):

Die Normierung der Blattbewertungsanzahl zu der Suchleistung von $\alpha\beta$ ist eine der anschaulichsten graphischen Darstellungen, weil das $\alpha\beta$-Verfahren als "klassisches" Baumsuchverfahren eine Schlüsselrolle einnimmt und seine Suchleistung sowohl empirisch als auch theoretisch am besten erforscht ist. Allerdings muß auch hier mit einem leichten Zick-Zack-Verlauf der Effizienzgraphen gerechnet werden, da die direktionale Expansionstrategie von $\alpha\beta$ je nach Baumtiefe unterschiedlich viele Schnittmöglichkeiten bietet. Beispiele dieser Normierung finden sich in [Rein83,Camp-Mars83].

Zur optimalen Nullfenstersuche normierte Blattbewertungsanzahl ($\frac{I}{I_{Best-NS}}$):

Grundlage dieses Leistungsmaßes ist die Überlegung, daß sämtliche Suchalgorithmen—einschließlich der Besten-Suchverfahren—einem impliziten Direktionalismus unterliegen und folglich die Expansion bestimmter Knoten für alle Suchalgorithmen unumgänglich ist. Der Direktionalismus kommt darin zum Ausdruck, daß die direkten Knotennachfolger von allen Algorithmen streng sequentiell expandiert werden, das heißt ein Knotennachfolger $J.j$ wird nur dann berücksichtigt, wenn zuvor alle links liegenden Brüder $J.i$ mit $0 < i < j$ expandiert worden sind. In einem gegebenen Baum muß also, abhängig von der Sortierung seiner Knotenwerte, immer ein gewisser Anteil der Knotennachfolger durchsucht werden, bevor der beste Nachfolger (d.h. die Hauptvariante oder deren Widerlegung) gefunden wird. Der Best-NS-Algorithmus expandiert genau diese unumgänglichen Knoten, indem er (auf indeterministische Weise) zuerst den besten Wurzel-Unterbaum mit dem optimalen Suchfenster $(v-1, v+1)$ durchsucht, wobei v dem tatsächlichen Minimaxwert entspricht. Anschließend expandiert Best-NS die verbleibenden Wurzel-Unterbäume mit dem Nullfenster $(v, v + 1)$, wobei natürlich niemals Wiederholungssuchen auftreten. Im Gegensatz zu der oben erwähnten Normierung zur minimalen Blattanzahl $w^{\lceil d/2 \rceil} + w^{\lfloor d/2 \rfloor} - 1$, die nur durch Umsortierung der Knotenreihenfolge erreicht werden kann, bildet die Normierung zur Blattbewertungsanzahl von Best-NS eine realistische Untergrenze der in der Praxis mindestens von jedem Suchalgorithmus zu expandierenden Blätter, weil die Knotensortierung der betreffenden Bäume in dieser Normierung mit berücksichtigt ist.

Letztlich scheint das Problem, ein von der Baumtiefe unabhängiges Effizienzmaß zu entwickeln, noch nicht befriedigend gelöst zu sein. Alle vorgestellten Alternativen sind mit Nachteilen behaftet, von denen diejenige mit den geringsten Nachteilen auszuwählen ist. Wir verwenden zur graphischen Darstellung unserer Versuchsergebnisse die beiden zuletzt beschriebenen Normierungen. Die Normierung zur Blattbewertungsanzahl von $\alpha\beta$ bringt den Leistungsunterschied der behandelten Suchalgorithmen zum bekannten $\alpha\beta$-Algorithmus klar zum Ausdruck und die Normierung zum besten Fall der Nullfenstersuche soll der Abschätzung dienen, welche Suchleistung unter optimalen Bedingungen erreichbar ist.

4.2.4 Versuchsdurchführung und Auswertung

Dieser Abschnitt beschreibt Experimente zum empirischen Effizienzvergleich der vorgestellten Suchalgorithmen anhand synthetisch erzeugter Bäume. Das Spektrum der Baumformen reicht von sehr tiefen, schmalen Bäumen ($w = 5, d = 10$) bis zu breiten, flachen Bäumen ($w = 60, d = 4$), die alle mit zwei unterschiedlichen Blattwertsortierungen durchsucht worden sind: einer Gleichverteilung sowie einer p-geordnete Verteilung mit $p = 0.6$. Die letztere wurde gewählt, um die typischerweise in Schachbäumen auftretende Knotensortierung zu modellieren [Gill78,Mars-Camp82].

Insgesamt wurden fünfzig Bäume jeder Baumform erzeugt und von allen Algorithmen durchsucht. Jeder Datenpunkt der unten abgebildeten Graphen entspricht also dem Mittelwert über fünfzig voneinander unabhängige Baumsuchen. Aus einer derart kleinen Stichprobe kann man natürlich keine präzise Auskunft über die absolute Anzahl der Blattbewertungen erwarten, aber daran ist uns hier auch gar nicht gelegen. Vielmehr interessiert uns der *relative* Leistungsunterschied der Suchalgorithmen, der trotz der geringen Baumanzahl nur eine kleine Standardabweichung aufweist, weil jeweils genau dieselben Bäume von allen Algorithmen durchsucht worden sind. Die Suchleistung haben wir in Form der Blattbewertungsanzahl gemessen und diese zur Blattbewertungsanzahl einer optimalen Nullfenster-Suche (Best-NS) normiert. Somit entspricht die 1.0-Linie in den untenstehenden Abbildungen derjenigen Blattanzahl, die das NegaScout-Verfahren mit dem bestmöglichen Suchfenster bewerten würde.

Abbildung 4.1 zeigt die Suchleistung der Algorithmen in Zufallsbäumen mit unabhängig gleichverteilten Blattwerten. Streng genommen handelt es sich dabei um eine p-geordnete Blattwertverteilung mit $p = 1/w$, die aber einer unabhängigen Gleichverteilung nahezu gleichkommt (vgl. dazu auch die Diskussion auf Seite 132ff). Besonders markant ist der Kurvenverlauf der NegaScout-Varianten, deren Leistungskurven über das gesamte Suchtiefen-Spektrum fast linear ansteigen. Verglichen mit dem Best-NS-Algorithmus müssen alle NegaScout-Varianten, und auch $\alpha\beta$, einen umso größeren Knotenanteil durchsuchen, je tiefer der Baum ist. Das liegt an ihrer strikt direktionalen Expansionsstrategie, durch die zunächst viele links liegende Knoten expandiert werden müssen, bevor gute Schrankenwerte verfügbar sind. Im Extremfall, bei Tiefe 10, durchsucht $\alpha\beta$ etwa viermal soviele Knoten wie der NegaScout-Algorithmus mit einem optimalen Suchfenster (Best-NS).

Während die Leistungsgraphen der NegaScout-Varianten über alle Suchtiefen hinweg etwa parallel verlaufen, weist der Leistungsgraph des $\alpha\beta$-Verfahrens einen größeren Steigungsfaktor auf. Bis zur Suchtiefe 6 ist $\alpha\beta$ noch dem NegaScout-Verfahren (NS) überlegen, aber darüber hinaus durchsucht $\alpha\beta$ zunehmend mehr Knoten. Die Ursache liegt in NegaScouts Nullfenster-Suche: Während NegaScout in flachen Bäumen durch die häufigen Wiederholungssuchen gehandikapt ist, überwiegen in

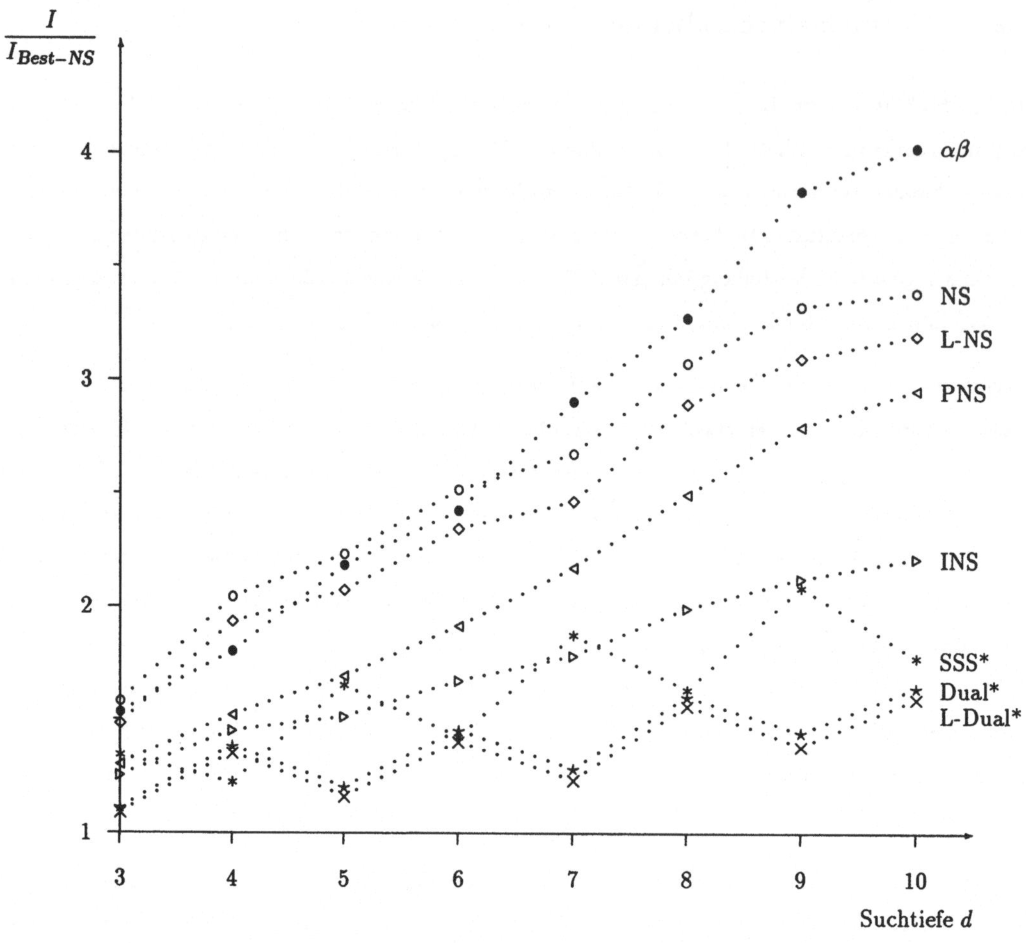

Abbildung 4.1 — Sucheffizienz in Bäumen der Breite 5 (Gleichverteilung, $p = 1/w$)

---

tiefen Bäumen die zusätzlichen Schnittmöglichkeiten des Nullfensters gegenüber den Mehrfachexpansionen gelegentlicher Wiederholungssuchen. Diese Ergebnisse decken sich mit denen Pearls [Pearl84b, S. 250], der für den vergleichbaren Scout-Algorithmus Effizienzvorteile gegenüber $\alpha\beta$ in schmalen, tiefen Bäumen festgestellt hat.

Die L-Verbesserung (L-NS) erspart NegaScout jegliche Wiederholungssuche im letzten, w-ten Wurzel-Unterbaum. Sie liefert über alle Baumgrößen hinweg einen konstanten Gewinn von etwa sechs Prozent. Bei der Beurteilung darf allerdings der geringe Verzweigungsfaktor der durchsuchten Bäume nicht außer acht gelassen werden, der die L-Verbesserung natürlich sehr stark begünstigt. In unseren Versuchen kommt die L-Verbesserung durchschnittlich in jedem fünften Baum zum Einsatz, da die Hauptvariante bei den gleichverteilten Blattwerten zu 20 Prozent im rechten Wurzel-Unterbaum liegt.

Obwohl sich diese Verbesserung in der Praxis sicherlich nicht so positiv wie in unseren synthetischen Bäumen bemerkbar machen wird, empfiehlt sich ihre Implementation, da sie keinerlei zusätzlichen Rechenzeitaufwand erfordert.

Auch der PNS-Algorithmus liefert einen konstanten Gewinn gegenüber NegaScout; hier handelt es sich sogar um eine Einsparung von knapp zwanzig Prozent. Grundlage der Einsparung ist die Aufbewahrung von Knotenwerten, die in der obersten Ebene der Wiederholungssuche Prove-Best-Schnitte und beim ersten rekursiven Abstieg Links-Schnitte ermöglicht. Da auch diese Verbesserung kaum Verwaltungsaufwand verursacht, dürfte sie sich in der Praxis ebenfalls vorteilhaft auswirken.

Der INS-Algorithmus führt selbst in der Wiederholungssuche keine Mehrfachbewertungen derselben Knoten durch. In tiefen Bäumen durchsucht INS knapp halb soviele Blätter wie $\alpha\beta$. Besonders bemerkenswert ist die Tatsache, daß die Leistungskurve des INS-Verfahrens mit zunehmender Suchtiefe langsamer anwächst als die der anderen Nullfenster-Suchverfahren, weil INS entsprechend der Baumtiefe sukzessiv mehr Informationen zur Abkürzung der Wiederholungssuchen akkumuliert. Selbst einen Vergleich zur globalen Bestensuche des SSS*-Verfahrens braucht INS nicht zu scheuen, zumindest dann nicht, wenn man nur die ungeraden Suchtiefen betrachtet.

Am oberen Ende des Leistungsspektrums, bzw. am unteren Ende der Abbildung, liegen die Datenpunkte der Zustandsraum-Suchverfahren. Ihre Leistungsgraphen verlaufen deutlich flacher als die der direktionalen Suchverfahren. Insbesondere das Dual*-Verfahren kommt dem optimalen Fall sehr nahe. Es bewertet in allen gezeigten Suchtiefen weniger als anderthalb Mal soviele Blätter wie die optimale Nullfenster-Suche. Mit der L-Verbesserung läßt sich noch ein zusätzlicher Gewinn von etwa drei Prozent erzielen. Das ist natürlich deutlich weniger als etwa im L-NegaScout-Algorithmus, weil die Suchleistung von Dual* ohnehin schon nahe am Optimum liegt und insbesondere im letzten Unterbaum kaum noch Bewertungen anfallen. Aus den gleichen Gründen liefert die L-Verbesserung im Zusammenhang mit dem INS-Verfahren auch nur einen Gewinn von drei Prozent.

Besonders auffällig ist die Leistungsdiskrepanz der beiden Zustandsraum-Suchverfahren in ungeraden Suchtiefen, die sich in einem starken Zick-Zack-Verlauf der Graphen niederschlägt. Während die beiden Zustandsraum-Suchverfahren in geraden Suchtiefen etwa gleich viele Blätter bewerten, ist SSS* in ungeraden Suchtiefen deutlich unterlegen. Dafür gibt es mehrere Erklärungen.

Eine mögliche Ursache für die unterschiedliche Suchleistung in ungeraden Baumtiefen mag in der verschiedenartigen Initialisierung der OPEN-Listen liegen. In geraden Suchtiefen tragen beide Zustandsraum-Suchverfahren zu Anfang $w^{d/2}$ Knotendeskriptoren in ihre OPEN-Listen ein. In ungeraden Suchtiefen initialisiert SSS* seine OPEN-Liste hingegen mit $w^{(d+1)/2}$ Deskriptoren und Dual* mit $w^{(d-1)/2}$ Deskriptoren. Der Grundaufwand von Dual* bleibt also beim Übergang von einer ge-

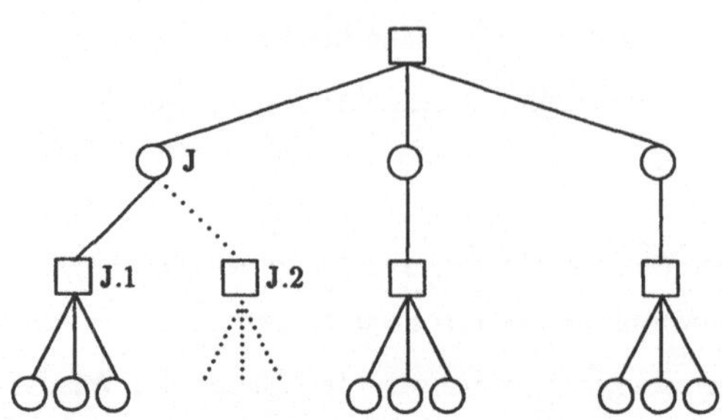

Abbildung 4.2 — Illustration der SSS*-Aufbauphase

raden auf die nächstgrößere ungerade Suchtiefe gleich, während der Aufwand des SSS*-Verfahrens beim gleichen Übergang um den Faktor w anwächst. Zwar gewinnt SSS* damit auch mehr Knoteninformationen, aber viele der zu Anfang automatisch erzeugten Knoten erweisen sich in der späteren Bestensuche als wertlos.

Allerdings kann diese Erklärung nicht der alleinige Grund für den Zick-Zack-Verlauf der Graphen sein, da in der Aufbauphase nur etwa zehn Prozent der gesamten Knotenexpansionen durchgeführt werden. Eine zweite Ursache für die Leistungsunterschiede in ungeradzahligen Suchtiefen liegt in den Kosten, die ein Wechsel der bisher besten Hauptvariante verursacht.

Abbildung 4.2 illustriert die Aufbauphase des SSS*-Verfahrens in einem Baum ungeradzahliger Tiefe. Angenommen, SSS* hat bereits alle Knoten der Aufbauphase expandiert, das heißt, es sind alle eingezeichneten Blätter ihrem Wert entsprechend in die OPEN-Liste eingetragen worden. Nehmen wir weiterhin an, daß einer der Nachfolger von $J.1$ den bisher größten Wert aufweist. Dann wird der rechte Bruder $J.2$ auf OPEN deponiert und anschließend auch seine drei Nachfolger $J.2.1$, $J.2.2$, $J.2.3$. Da diese drei Blätter denselben Wert besitzten wie $J.1$, befinden sie sich ganz am Anfang der OPEN-Liste und müssen nacheinander bewertet werden. Sollten alle drei $J.2$-Nachfolger einen kleineren Wert als einer der weiter rechts liegenden Knoten aufweisen, so müssen nachfolgend wieder drei Blätter an den Anfang der OPEN-Liste gebracht und anschließend bewertet werden.

Generell gelangen in ungeradzahligen Suchtiefen bei jedem Wechsel der Hauptvariante w neue Blätter an den Anfang der OPEN-Liste und müssen anschließend komplett bewertet werden, sofern nicht eines der linken Blätter eine neue partielle Hauptvariante bildet. Dual* leidet zwar in geraden Suchtiefen unter dem gleichen Effekt, aber in einem geringeren Ausmaß, weil die zusätzlichen Blattbewertungen nur auf den linken Wurzel-Unterbaum beschränkt sind. Durch die sequentielle Expansion eines Wurzel-Unterbaums nach dem anderen werden die folgenden Wurzel-Unterbäume mit wirksameren Schrankenwerten durchsucht, die einer völlig globalen Suchstrategie fehlen. So stellt man an den (hier nicht gezeigten) Einzeldaten eine stetige Abnahme der Blattbewertungsanzahlen von den linken zu den rechts liegenden Wurzel-Unterbäumen fest.

Im Gegensatz dazu widmet sich SSS*, bedingt durch die Gleichverteilung der Blattwerte, allen Baumteilen etwa gleich stark. Dabei werden an vielen Stellen zugleich partielle Hauptvarianten aufgebaut, die anschließend in der Bottom-Up-Expansionsphase erweitert werden. Dieser Prozeß ist in ungeraden Suchtiefen aufwendiger, weil die zweit-unterste Baumebene nur MAX-Knoten enthält, deren Nachfolger komplett an den Anfang der OPEN-Liste gebracht werden.

Manche Autoren vermeiden den Zick-Zack-Verlauf der Graphen indem sie nur jeden zweiten Datenpunkt verbinden [Roiz-Pearl83, S. 218]. Auch bei unseren in Abbildung 4.1 gezeigten Daten erhält man auf diese Weise zwei geradlinige Graphen, von denen der Dual*-Leistungsgraph überraschenderweise etwas flacher verläuft als der des SSS*-Verfahrens. Die daraus abgeleitete Vermutung, daß Dual* in tiefen Bäumen ein geringeres Wachstum der Blattbewertungsanzahl aufweist, konnte jedoch nicht bestätigt werden: In einer anderen Arbeit, in der wir die Leistung der Zustandsraum-Suchverfahren in sehr tiefen Bäumen ($d = 13$) verglichen haben, konnten wir keinen eindeutigen Leistungsgewinn des Dual*-Verfahrens feststellen [Rein87, S. 133]. Ob das an dem dort verwendeten geringen Verzweigungsfaktor von $w = 3$ liegt, läßt sich nicht eindeutig feststellen, weil in den Experimenten aus Rechenzeitgründen keine größeren Verzweigungsfaktoren berücksichtigt werden konnten. Wenn man jedoch den weiter unten gezeigten Leistungsvergleich in breiten Bäumen in Betracht zieht, liegt die Vermutung nahe, daß die Dual*-Suchleistung sowohl von großen Verzweigungsfaktoren als auch großen Suchtiefen profitiert.

Abbildung 4.3 zeigt die Suchleistung der Algorithmen in geordneten Bäumen. Genauer gesagt, handelt es sich um Bäume mit p-geordneten Blattwerten, in denen der erste Nachfolger jedes inneren Knotens mit 60-prozentiger Wahrscheinlichkeit den besten Wert enthält ($p = 0.6$). Bei dieser guten Sortierung fallen natürlich weniger Wiederholungssuchen an, was die Suchleistung von NegaScout begünstigt. Gegenüber $\alpha\beta$ spart NegaScout bis zu 25 Prozent der Blattbewertungen ein. Aufgrund der guten Sortierung kann der INS-Algorithmus seine akkumulierten Knoteninformation in den nun seltener auftretenden Wiederholungssuchen nicht mehr entsprechend nutzten: sein Effizienzgraph verläuft in einem Abstand von etwa 15 Prozent parallel zu dem des NegaScout-Verfahrens. Auch die Einsparungen der L-Verbesserung und des PNS-Algorithmus fallen geringer aus, so daß wir auf deren gesonderte Abbildung verzichtet haben.

Aber nicht nur eine gute Knotenreihenfolge begünstigt NegaScouts Suchprozeß, sondern auch große Verzweigungsfaktoren. Das geht aus Abbildung 4.4 hervor, die die Blattbewertungen in Bäumen der Breite 5 bis 60 zeigt; hier normiert zur Suchleistung des $\alpha\beta$-Verfahrens. Trotz der geringen Baumtiefe

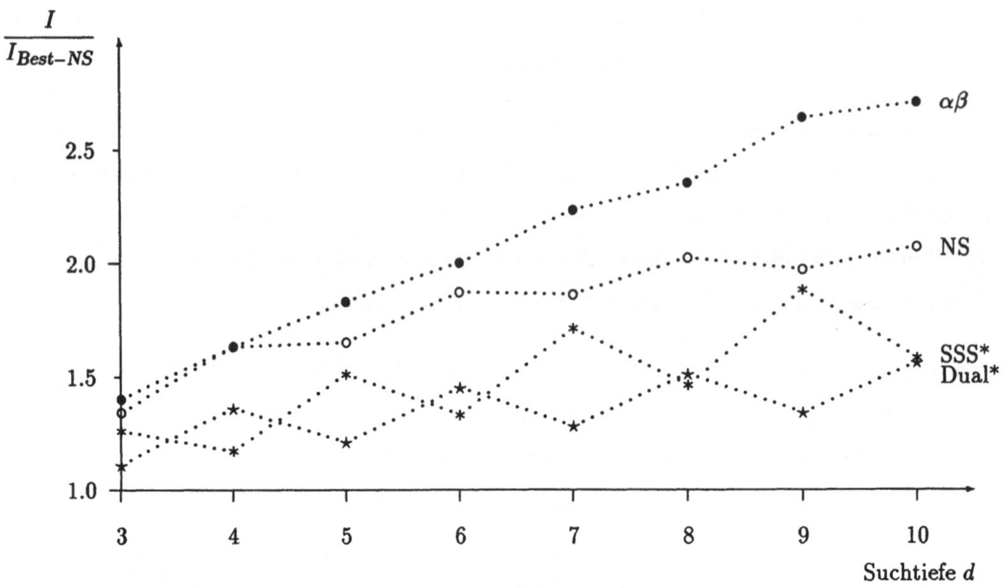

Abbildung 4.3 — Sucheffizienz in p-geordneten Bäumen der Breite 5 mit $p = 0.6$

($d = 4$) ist NegaScout dem $\alpha\beta$-Verfahren bei allen Verzweigungsfaktoren $w > 10$ überlegen. Der Leistungsgewinn nimmt sukzessiv zu, bis er in den breitesten Bäumen ($w = 60$) etwa 25 Prozent beträgt.

Der Grund für NegaScouts gute Leistung in breiten Bäumen liegt auf der Hand, denn in diesen treten prozentual weniger Wiederholungssuchen auf. Dadurch, daß sich das Suchfenster mit jeder neuen Wiederholungssuche verbessert, nimmt die Wahrscheinlichkeit einer weiteren Wiederholungssuche im Verlauf des Suchprozesses stetig ab. Diese Überlegung ist auch in einer anderen Arbeit [Rein83, S. 11] bestätigt worden, in der zusätzlich zur Gesamtzahl der Blattbewertungen auch die Bewertungen unterschiedlicher Blätter gezählt worden ist. Dort zeigte sich, daß bei zunehmender Baumbreite immer weniger Mehrfachbewertungen auftreten, was auf eine abnehmende Häufigkeit der Wiederholungssuchen hindeutet.

Die drei Algorithmen PNS, INS und Dual* heben sich durch einen Leistungsgewinn von 15 bis 20 Prozent klar vom NegaScout-Verfahren ab. Am meisten erstaunt das gute Abschneiden des PNS-Verfahrens. Das gilt insbesondere, wenn man bedenkt, durch welch einfache Modifikation der PNS-Algorithmus aus dem NegaScout-Algorithmus hervorgegangen ist. Die Leistungsdaten des INS-Verfahrens liegen genau zwischen denen von PNS und Dual*, so daß wir der Übersichtlichkeit halber auf die Abbildung des INS-Graphen verzichtet haben.

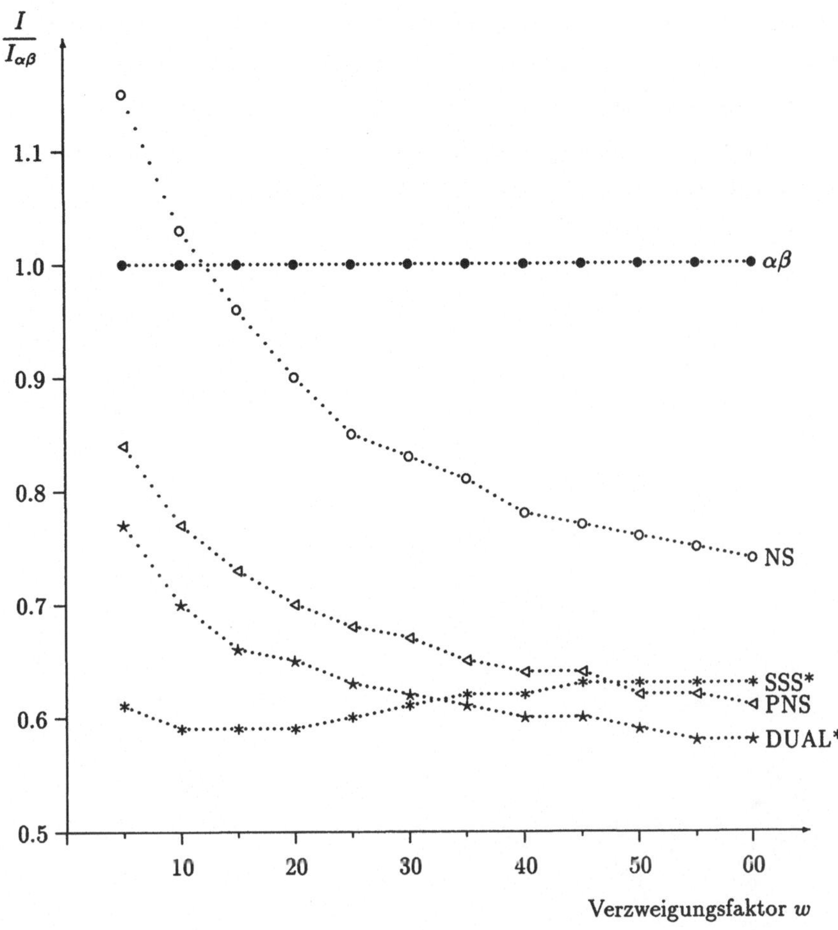

Abbildung 4.4 — Sucheffizienz in Bäumen der Tiefe 4 (Gleichverteilung, $p = 1/w$)

Verglichen mit der Suchleistung von PNS sind die zusätzlichen Einsparungen der INS- und Dual*-Verfahren von etwa drei bzw. sechs Prozent enttäuschend gering. Das mag zum einen daran liegen, daß die Blattbewertungsanzahlen ohnehin schon so nahe am Optimum liegen, daß kaum noch eine Steigerung möglich ist. Wie zuvor expandieren die Zustandsraum-Suchverfahren auch hier wieder nur etwa 50 Prozent mehr Knoten als NegaScout mit einem optimalen Suchfenster (also Best-NS) expandieren würde. Ein weiterer Grund liegt in der geringen Baumtiefe ($d = 4$), in der sich die zusätzlichen Knoteninformationen der INS- und Dual*-Verfahren kaum auswirken können.

Während alle anderen Leistungsgraphen nach dem gleichen Muster abfallend verlaufen, fällt der SSS*-Graph aus der Rahmen: Er steigt mit zunehmender Baumbreite an. Obwohl der Anstieg nicht sehr ausgeprägt ist, läßt er doch einen klaren Schnittpunkt zwischen dem SSS*-Graphen und den Dual*-

und PNS-Graphen erkennen. So sollte in Bäumen der Breite $w > 30$ besser das Dual*-Verfahren zur Baumsuche eingesetzt werden und ab $w > 45$ ist sogar schon PNS gegenüber SSS* überlegen. Der Grund liegt, wie bereits oben diskutiert, darin, daß die globale Knoten-Expansionsstrategie des SSS*-Verfahrens bei großen Verzweigungsfaktoren zu häufig im Baum hin- und herspringt und dabei viele kleine Teilvarianten aufbaut, die sich später als unterlegen erweisen.

4.3 Vollständige Effizienzanalyse anhand kleiner Bäume

Im letzten Abschnitt haben wir gesehen, wie sich die Sucheffizienz der Algorithmen in sehr breiten und tiefen Bäumen verhält. Bei der Auswertung haben wir uns auf statistische Daten einiger, per Zufallsprozeß erzeugter Bäume gestützt, wodurch statistische Ungenauigkeiten in Kauf genommen werden mußten. Zur Ergänzung stellen wir nun eine zweite Versuchsreihe vor, in der alle möglichen Blattwertverteilungen bei der Ermittlung der Sucheffizienz berücksichtigt werden.

Die Auswahl der Baumformen und -arten fällt bei dieser Versuchsreihe nicht besonders schwer, da die Experimente, aufgrund der extrem großen Anzahl verschiedener Blattwertanordnungen, von vornherein auf recht kleine Bäume beschränkt sind:

- $(2,3)$-Bäume (d.h. Bäume der Breite 2 und Tiefe 3) mit allen möglichen Anordnungen *untereinander verschiedener* Blattwerte,

- $(2,3)$-Bäume mit allen möglichen Anordnungen *binärer* Blattwerte und

- $(2,4)$-Bäume mit allen möglichen Anordnungen *binärer* Blattwerte.

Allein für das erste Teilexperiment mußten 40320 Bäume erzeugt und von allen Algorithmen durchsucht werden, weil es für die acht Blätter eines (2,3)-Baumes 8! = 40320 Anordnungen untereinander verschiedener Blattwerte gibt. Entsprechend erhält man für den zweiten Fall $2^8 = 256$ und für den dritten $2^{16} = 65536$ Bäume. Für die Analyse der nächst-umfangreicheren Blattwertverteilung, nämlich der Verteilung untereinander verschiedener Blattwerte in (2,4)-Bäumen, hätten $16! \approx 10^{13}$ Blattwert-Permutationen erzeugt und durchsucht werden müssen, was mit den derzeit gegebenen technischen Mitteln nicht möglich ist.

Trotz der geringen Baumgröße liefert jedes Teilexperiment einen umfangreichen Satz von Ergebnisdaten, den wir nach den folgenden Kriterien ausgewertet haben:

- Durchschnittliche Blattbewertungsanzahl jedes Suchalgorithmus,

- durchschnittliche Blattbewertungsanzahl in Abhängigkeit von der Lage der Hauptvariante,

- Wahrscheinlichkeit, mit der ein bestimmtes Blatt von einem Algorithmus bewertet wird.

Bevor wir auf Details eingehen, stellen wir die Ergebnisse in einem Überblick vor. Anschließend erfolgt eine tiefergehende Auswertung unter besonderer Berücksichtigung der algorithmischen Verbesserungen. Zum Abschluß diskutieren wir, wie derartige erschöpfende Effizienzanalysen auch in größeren Bäumen durchgeführt werden können.

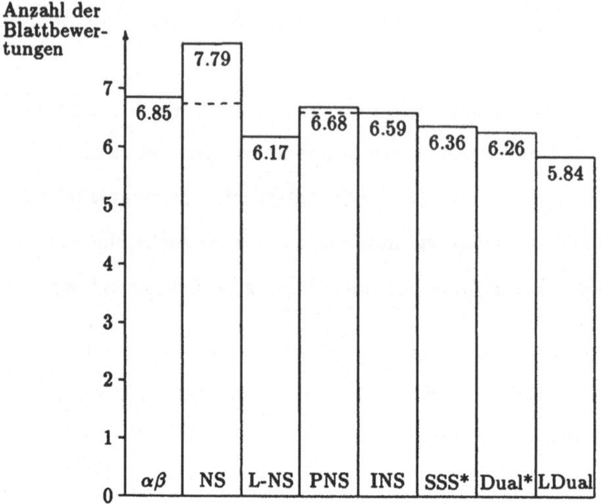

Abbildung 4.5 — Balkendiagramm der durchschnittlichen Blattbewertungen in (2,3)-Bäumen

4.3.1 Überblick

Zunächst wollen wir die durchschnittliche Anzahl der Blattbewertungen in einem Balkendiagramm, Abbildung 4.5, betrachten. Jeder Balken zeigt die mittlere Blattbewertungsanzahl des entsprechenden Suchverfahrens in (2,3)-Bäumen unter Berücksichtigung sämtlicher Blattwertanordnungen. Für die abgebildeten Daten sind also insgesamt 40320 Bäume mit allen Permutationen der Blattwerte $\{1, 2, \ldots, 8\}$ erzeugt und von allen Algorithmen durchsucht worden.

Im Balkendiagramm fällt zunächst das Gefälle von den direktionalen Suchverfahren (links) zu den Zustandsraum-Suchverfahren (rechts) ins Auge. Zwischen den beiden Extrempunkten, NegaScout (NS) und L-Dual*, liegen fast zwei Blattbewertungen, was in diesen kleinen Bäumen einer Einsparung von 25 Prozent entspricht. Selbst wenn man das NegaScout-Verfahren zunächst außer acht läßt, weil es in vielerlei Hinsicht gehandikapt ist, besteht immer noch eine Leistungsdiskrepanz von einer ganzen Blattbewertung (= 15%) zwischen $\alpha\beta$ und L-Dual*.

Der Balken, der NegaScouts Blattbewertungsanzahl darstellt, überragt die anderen bei weitem. Das ist hauptsächlich den aufwendigen Wiederholungssuchen zuzuschreiben, die sich in den kleinen (2,3)-Bäumen besonders negativ bemerkbar machen. Eine genaue Analyse der Versuchsergebnisse zeigt, daß NegaScout in jedem dritten (2,3)-Baum mehr Blattbewertungen als das simple Minimax-Verfahren vornimmt. Der schlechteste Fall liegt bei zwölf Blattbewertungen—und das in einem

Baum, der insgesamt nur acht Blätter besitzt!

Aber die ineffizienten Wiederholungssuchen sind nicht allein für NegaScouts schlechte Suchleistung verantwortlich. Eine weitere Ursache liegt in der verwendeten Blattwertverteilung, in der alle Werte voneinander verschieden sind. Offensichtlich leidet die Suchleistung der direktionalen Verfahren stärker unter der Tatsache, daß in diesen Bäumen keine Schnitte aufgrund gleicher Knotenwerte möglich sind, als die Suchleistung der Besten-Suchverfahren. Das geht jedenfalls aus den Ergebnissen der binär bewerteten Bäume hervor, in denen NegaScout und $\alpha\beta$ deutlich besser abschneiden.

Die gestrichelten Linien im NegaScout- bzw. PNS-Balken zeigen die Suchleistung der Algorithmen, wenn jedes Blatt höchstens einmal gezählt wird, unabhängig davon, ob es durch eventuelle Wiederholungssuchen mehrfach aufgesucht wird. In beiden Fällen ergibt sich etwa die Blattanzahl, die auch das INS-Verfahren mit Hilfe seiner akkumulierten Knoteninformationen bewertet. Eine noch größere Leistungssteigerung bietet die L-Verbesserung (L-NS), mit der jegliche Wiederholungssuche im rechten Wurzel-Unterbaum vermieden wird. Der Erfolg der L-Verbesserung muß allerdings größtenteils dem geringen Verzweigungsfaktor ($w = 2$) zugeschrieben werden, durch den sie in der Hälfte aller Bäume wirksam werden kann.

Bemerkenswerterweise expandiert L-NegaScout sogar weniger Blätter als Dual*. Erst wenn man die L-Verbesserung auch in den Dual*-Algorithmus einführt, ist Dual*, d.h. nunmehr L-Dual*, allen anderen Algorithmen überlegen. Gegenüber der dualen Knoten-Expansionsstrategie von SSS* schneidet schon das "normale" Dual*-Verfahren gut ab, weil es sich hier um Bäume mit ungeradzahliger Tiefe ($d = 3$) handelt.

Im folgenden Teilabschnitt gehen wir auf weitere Besonderheiten der Nullfenster-Suche ein und untersuchen anschließend die Auswirkungen der für die Zustandsraum-Suchverfahren vorgeschlagenen Verbesserungen.

4.3.2 Sucheffizienz der Nullfenster-Suchverfahren

Tabelle 4.3 zeigt die durchschnittlichen Blattbewertungsanzahlen der Nullfenster-Suchverfahren in Abhängigkeit von der Lage der Hauptvariante. Wie zuvor, handelt es sich auch hier wieder um die Ergebnisse der (2,3)-Bäume mit voneinander unterschiedlichen Blattwerten.

Wenn die Hauptvariante im linken Baumteil liegt (siehe obere vier Reihen der Tabelle), expandieren alle vier Nullfenster-Suchverfahren genau dieselbe Blattanzahl. Das sind deutlich weniger Blätter als das $\alpha\beta$-Verfahren expandieren muß. Liegt die Hauptvariante hingegen im rechten Baumteil, ist NegaScout dem $\alpha\beta$-Verfahren unterlegen. Aufgrund der dann notwendigen Wiederholungssuche muß

Hv.	$\alpha\beta$	NS	L-NS	PNS	INS
1.1.1	6.06	5.85	5.85	5.85	5.85
1.1.2	6.06	5.85	5.85	5.85	5.85
1.2.1	6.67	6.46	6.46	6.46	6.46
1.2.2	6.67	6.46	6.46	6.46	6.46
2.1.1	7.03	8.18	5.88	7.18	7.03
2.1.2	7.03	9.17	6.50	7.25	7.03
2.2.1	7.64	9.88	5.88	7.18	7.03
2.2.2	7.64	10.50	6.50	7.25	7.03
Mittel:	6.85	7.79	6.17	6.68	6.59

Tabelle 4.3 — Durchschnittliche Blattbewertungsanzahlen in Abhängigkeit von der Lage der Hauptvariante in $(2,3)$-Bäumen mit untereinander verschiedenen Blattwerten

NegaScout im Durchschnitt sogar mehr Blätter als das Minimax-Verfahren bewerten, nämlich jeweils mehr als acht. Die zusätzlichen Knotenwerte, mit denen PNS und INS die Wiederholungssuchen abkürzen, machen sich hier positiv bemerkbar. Optimal wirkt sich allerdings die L-Verbesserung (L-NS) aus, mit deren Hilfe jegliche Wiederholungssuche vermieden werden kann. Sie erzielt eine durchschnittliche Einsparung von mehr als eineinhalb Blattbewertungen gegenüber $\alpha\beta$.

Bei der Frage, in welchen Baumteilen die Einsparungen hauptsächlich erzielt werden, hilft Abbildung 4.6 weiter. Sie gibt Aufschluß über die Wahrscheinlichkeit, mit der jedes einzelne Blatt bewertet wird. Wie dort zu sehen ist, müssen alle fünf Algorithmen in jedem Baum die linken drei Blätter bewerten, ganz gleichgültig, welche Blattwertverteilung vorliegt. Schuld daran ist natürlich die direktionale Expansionsstrategie, mit der in den linken Baumteilen zunächst Schrankenwerte gesammelt werden, die erst später in rechten Baumzweigen nützlich sind. Zum Glück braucht jedoch keines der links liegenden Blätter zweimal aufgesucht zu werden. Im linken Wurzel-Unterbaum können nämlich keine Wiederholungssuchen anfallen, weil der linke Pfad mit einem offenen Suchfenster expandiert wird und in den tiefer gelegenen Knoten die sogenannte "$depth < d-2$"-Schnittbedingung erfüllt ist (siehe Seite 42).

Für den rechten Wurzel-Unterbaum gilt das leider nicht. Hier muß NegaScout in jedem zweiten Baum eine Wiederholungssuche durchführen, denn durch die Berücksichtigung sämtlicher Blattwert-Permutationen liegt die Hauptvariante in 50 Prozent aller Bäume rechts. Bei der Wiederholungssuche ist das Blatt E stets der erste Kandidat, was in der Bewertungshäufigkeit von 150 Prozent

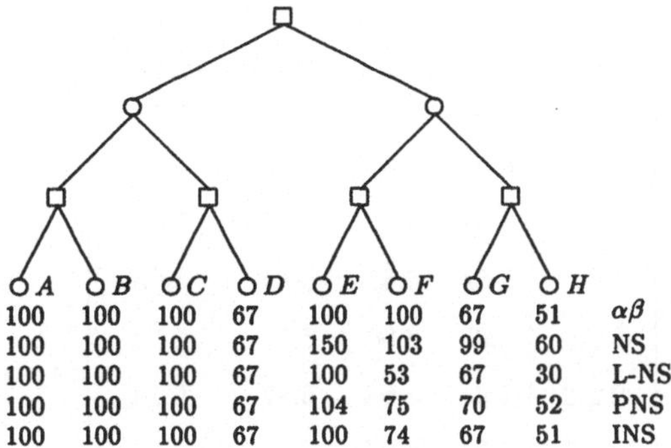

Abbildung 4.6 — Bewertungswahrscheinlichkeit bei untereinander verschiedenen Blattwerten

seinen Ausdruck findet (Abbildung 4.6). Dieser Mehraufwand entfällt bei den anderen Suchverfahren, entweder, weil sie ohnehin keine Wiederholungssuche durchführen (wie L-NS) oder, weil sie über genügend Informationen zur Abkürzung der Wiederholungssuche verfügen (wie PNS und INS).

An den Blattbewertungen des INS-Algorithmus fällt im Vergleich zu PNS auf, daß INS selbst in diesen kleinen Bäumen der Tiefe 3 noch einen kleinen Leistungsgewinn bietet. Das ist umso erstaunlicher, als beide Suchverfahren die gleichen Prove-Best-Schnitte durchführen, da sie in den (2,3)-Bäumen über die gleichen Knotenwerte verfügen. Der einzige Unterschied besteht in der Anzahl der Linksschnitte. PNS bewahrt lediglich eine einzige interne Hauptvariante für die Wiederholungssuche auf, so daß es nur einen durch den Knoten 2.1 oder 2.2 verlaufenden Pfad besitzt. INS besitzt hingegen zwei interne Hauptvarianten und steuert daher meistens das entscheidende Blatt, das den späteren Minimaxwert enthält, direkt an.

Auch ein Vergleich des INS-Verfahrens mit Dual* ist aufschlußreich. Wie wir bereits wissen, expandieren beide Algorithmen die Wurzel-Unterbäume sequentiell und profitieren dabei von zuvor erworbenen Knoteninformationen. Trotz des ähnlichen Expansionsschemas kann Dual* in den (2,3)-Bäumen noch einige Blattbewertungen einsparen, wie aus dem zu Anfang vorgestellten Balkendiagramm ersichtlich ist. Blättert man etwas weiter zur Seite 153 und vergleicht die dort in Abbildung 4.7 gezeigte Blattbewertungswahrscheinlichkeit des Dual*-Verfahrens mit den oben in Abbildung 4.6 gezeigten INS-Werten, so stellt man fest, daß beide Suchverfahren im rechten Wurzel-Unterbaum die gleiche Anzahl Blätter bewerten[3]. Nur im linken Baumteil führt das INS-Verfahren mehr Bewertungen durch, weil es, wie alle anderen Nullfenster-Suchverfahren, die ersten drei Blätter strikt von links

---

[3]Laut Korollar 3.17 (Seite 100) muß dies auch so sein, wenn der Teilbaum unterlegen ist. Ist er überlegen, so verfügt INS über ähnliche, aber nicht ganz identische Informationen wie Dual*. Unterschiede wirken sich aber erst in größeren Tiefen aus ($d \geq 4$), so daß wir hier im rechten Wurzel-Unterbaum dieselben Zahlen für INS und Dual* sehen.

Hv.	$\alpha\beta$	SSS*	Dual*	L-Dual*
1.1.1	6.06	6.06	5.85	5.85
1.1.2	6.06	6.06	5.85	5.85
1.2.1	6.67	6.67	5.85	5.85
1.2.2	6.67	6.67	5.85	5.85
2.1.1	7.03	6.06	6.67	5.52
2.1.2	7.03	6.06	6.67	6.14
2.2.1	7.64	6.67	6.67	5.52
2.2.2	7.64	6.67	6.67	6.14
Mittel:	6.85	6.36	6.26	5.84

Tabelle 4.4 — Durchschnittliche Blattbewertungsanzahlen in Abhängigkeit von der Lage der Hauptvariante in $(2,3)$-Bäumen mit untereinander verschiedenen Blattwerten

nach rechts expandiert. Dual* macht hingegen seine dritte Blattbewertung, nämlich die des Blattes B, das erst nach den Blättern A und C bewertet wird, vom Ausgang der beiden vorangegangenen Bewertungen abhängig.

4.3.3 Sucheffizienz der Zustandsraum-Suchverfahren

Gegenstand dieses Teilabschnittes ist die Sucheffizienz der Zustandsraum-Suchverfahren, die wir zunächst an den (2,3)-Bäumen mit untereinander verschiedenen Blattwerten studieren wollen. Anschließend analysieren wir den Nutzen der im zweiten Kapitel vorgeschlagenen Verbesserungen anhand der tieferen (2,4)-Bäume mit binären Blattwerten.

Der wesentliche Vorteil, den die Zustandsraum-Suchverfahren gegenüber den direktionalen Suchverfahren bieten, liegt in den umfangreichen Knoteninformationen der OPEN-Liste. Diese verschaffen ihnen zusätzliche Schnittmöglichkeiten, die den direktionalen Suchmethoden nicht gegeben sind. Im Fall von SSS* treten die Schnittmöglichkeiten, wie man es von einer völlig globalen Bestensuche erwarten kann, in allen Baumteilen gleich häufig auf. Das symmetrische Erscheinungsbild der SSS*-Spalte in Tabelle 4.4 beweist, daß die Lage der Hauptvariante—ganz gleichgültig ob im rechten oder linken Baumteil—keinen Einfluß auf die Suchleistung hat. Wenn sie sich im rechten Wurzel-Unterbaum befindet, führt SSS* mit Hilfe seiner Knoteninformationen hier genau soviele Schnitte durch, wie der $\alpha\beta$-Algorithmus bei einer links liegenden Hauptvariante realisieren kann. Im anderen

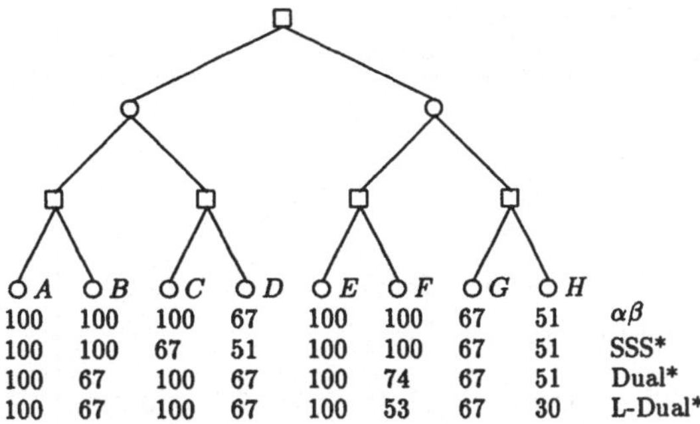

Abbildung 4.7 — Bewertungswahrscheinlichkeit bei untereinander verschiedenen Blattwerten

---

Fall ist allerdings die Information der OPEN-Liste wertlos, denn SSS* bietet dann keinerlei Vorteile gegenüber $\alpha\beta$.

Dual* spart in jedem zehnten Baum eine Blattbewertung gegenüber SSS* ein. Das ist in gut sortierten Bäumen der Fall (vgl. Tabelle 4.4), wo Dual* den Minimaxwert gleich zu Anfang der Suche findet und die restlichen Baumzweige mit minimalem Aufwand widerlegt. Diese Aussage ist theoretisch durch Satz 3.14 (Seite 97) abgesichert, der in Verbindung mit Satz 3.19 besagt, daß die Dual*-Suche in unterlegenen Wurzel-Unterbäumen optimal ist und somit dessen Blattbewertungsanzahl von keinem Algorithmus unterboten werden kann. Nur wenn die Hauptvariante im rechten Wurzel-Unterbaum liegt, schneidet SSS* meistens besser ab. In diesem Fall kann aber mit der L-Verbesserung im Dual*-Algorithmus ein zusätzlicher Gewinn von etwa einer halben Blattbewertung erzielt werden.

Abbildung 4.7 zeigt die Wahrscheinlichkeit jeder einzelnen Blattbewertung in den (2,3)-Bäumen. Sie bestätigt, daß der einzige Vorteil von SSS* gegenüber $\alpha\beta$ in der selteneren Bewertung der beiden Blätter C und D liegt, bei denen SSS* die im rechten Baumteil gewonnenen Informationen nutzt, die dem direktionalen $\alpha\beta$-Verfahren natürlich nicht zur Verfügung stehen.

Während SSS* also günstigstenfalls gleich zwei Blätter (C und D) aufgrund rechts befindlicher Knotenwerte abschneiden kann, gelingt Dual* dies nur bei einem einzigen Blatt, nämlich Blatt B. Zwar kann Dual* im linken Wurzel-Unterbaum noch ein zweites Blatt, nämlich Blatt D abschneiden, dabei handelt es sich aber nur um einen einfachen $\alpha\beta$-Schnitt, der mittels links erworbener Knotenwerte durchgeführt wird. Die Expansion des Blattes C ist für Dual* unumgänglich, weil es eine Schlüsselstellung in der Aufbauphase einnimmt. Die Liste der Blätter, die in der Aufbauphase auf jeden Fall bewertet werden müssen, umfaßt bei Dual* A, C, E und bei SSS* A, B, E, F.

Hv.	SSS*	SSS*(S)	Dual*	Dual*(S)
1.1.1.1	8.59	7.71	8.54	8.42
1.1.1.2	8.96	8.55	8.78	8.78
1.1.2.1	7.90	7.90	8.86	8.86
1.2.1.1	10.10	10.28	9.64	9.64
1.2.1.2	10.10	11.28	9.64	9.64
2.1.1.1	9.19	9.19	11.17	10.74
2.1.2.1	9.53	9.53	11.50	12.07
Mittel:	9.01	8.68	9.25	9.20

Tabelle 4.5 — Durchschnittliche Blattbewertungsanzahlen in Abhängigkeit von der Lage der Hauptvariante in $(2,4)$-Bäumen mit binären Blattwerten

---

Die im zweiten Kapitel (Seite 65) vorgeschlagene verbesserte Sortierung wertgleicher OPEN-Einträge kann an diesen Bäumen nicht demonstriert werden, weil sie nur unterschiedliche Blattwerte enthalten. Gleiche Blattwerte kommen umso häufiger in den ebenfalls untersuchten binär bewerteten (2,3)- und (2,4)-Bäumen vor. Bei der Auswertung ist allerdings zu berücksichtigen, daß diese Bäume im allgemeinen mehrere gleichwertige Hauptvarianten besitzen, von denen die Suchverfahren jeweils die am weitesten links befindliche herausfinden. In den binär bewerteten (2,3)-Bäumen wird beispielsweise in 75 Prozent aller Fälle eine Hauptvariante des linken Wurzel-Unterbaumes als Ergebnis zurückgeliefert, was in gewisser Hinsicht den oben behandelten p-geordneten Bäumen mit $p \approx 0.75$ entspricht[4].

Die folgende Tabelle zeigt die durchschnittliche Anzahl Blattbewertungen in binär bewerteten Bäumen. Ein nachgestelltes "(S)" kennzeichnet die verbesserte Knotensortierung.

	SSS*	SSS*(S)	Dual*	Dual*(S)
Suchtiefe 3	5.73	5.68	5.69	5.56
Suchtiefe 4	9.01	8.68	9.25	9.20

Diese Daten weisen wieder das uns schon bekannte Muster auf: Dual* ist gegenüber SSS* in ungeraden Suchtiefen ($d = 3$) überlegen, nicht aber in geraden ($d = 4$). Anstatt den Leistungsunterschied

---

[4]Es besteht insofern ein kleiner Unterschied, als in p-geordneten Bäumen der beste Nachfolger aller Knoten mit der Wahrscheinlichkeit p links liegt, während sich diese Wahrscheinlichkeit in den binär bewerteten Bäumen von Knoten zu Knoten ändert. Wir können also hier nur ganz allgemein von "gut geordneten" Bäumen sprechen.

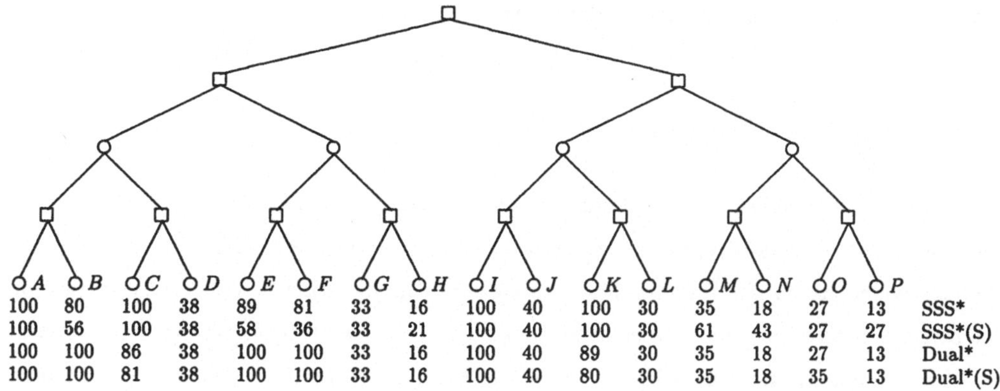

	A	B	C	D	E	F	G	H	I	J	K	L	M	N	O	P	
	100	80	100	38	89	81	33	16	100	40	100	30	35	18	27	13	SSS*
	100	56	100	38	58	36	33	21	100	40	100	30	61	43	27	27	SSS*(S)
	100	100	86	38	100	100	33	16	100	40	89	30	35	18	27	13	Dual*
	100	100	81	38	100	100	33	16	100	40	80	30	35	18	35	13	Dual*(S)

Abbildung 4.8 — Bewertungswahrscheinlichkeit bei binären Blattwerten

---

auszugleichen, verstärkt die verbesserte Knotensortierung dieses Phänomen noch zusätzlich. SSS* profitiert in Bäumen der Tiefe 4 deutlich mehr von der Verbesserung als Dual*.

Tabelle 4.5 gibt genaueren Aufschluß über die Blattbewertungen der Zustandsraum-Suchverfahren in binär bewerteten (2,4)-Bäumen. In der Mehrzahl der Fälle schneidet Dual* gar nicht so schlecht ab. Läßt man den einen Sonderfall (Hv. = 1.1.2.1)[5] außer acht, so expandiert Dual* nur dann mehr Knoten als SSS*, wenn die Hauptvariante im rechten Baumteil liegt (siehe die beiden unteren Zeilen in Tabelle 4.5). Genau wie bei NegaScout, ist auch beim Dual*-Verfahren die sequentielle Expansion der Wurzel-Unterbäume für die schlechte Leistung in diesen Bäumen verantwortlich. Im linken Teilbaum muß Dual* mindestens fünf Blätter bewerten, bevor der vorläufige Minimaxwert feststeht. Anschließend expandiert Dual* im rechten Wurzel-Unterbaum nochmals mindestens fünf Blätter. Durchschnittlich werden sogar über elf Bewertungen durchgeführt, weil die entscheidenden Knoten nicht gleich auf Anhieb gefunden werden.

Auch die verbesserte Knotensortierung der OPEN-Liste, die ja bei SSS* recht erfolgreich ist, vermag diesen grundsätzlichen Aufwand nicht wesentlich zu reduzieren. Ihre Wirkung, die auf einer partiellen Aufhebung der lexikographischen Zustandsreihenfolge der OPEN-Liste beruht, kann sehr gut in Abbildung 4.8 beobachtet werden. Die mit einem nachgestelltem"(S)" gekennzeichneten Algorithmen bewerten in linken Baumzweigen etwas weniger Knoten. An den SSS*-Daten ist dieser Effekt besonders deutlich zu erkennen (siehe beispielsweise die Blätter B, E und F). Zum Ausgleich müssen zwar beide Zustandsraum-Suchverfahren im rechten Wurzel-Unterbaum mehr Knoten expandieren,

---

[5]Das ist ein "Glückstreffer" des SSS*-Verfahrens, weil es das entscheidende Blatt 1.1.2.1 automatisch in der Aufbauphase generiert. Dual* findet das Blatt erst später.

insgesamt bleibt aber noch ein Nettogewinn bestehen.

4.3.4 Zusammenfassung und Ausblick

Trotz der unumgänglichen Beschränkung auf kleine Baumgrößen hat sich die Berücksichtigung sämtlicher Blattwertanordnungen bei der empirischen Effizienzanalyse als hilfreich erwiesen. Diese Methode bildet, neben der theoretischen Analyse und den statistischen Experimenten an großen Bäumen, ein weiteres aussagekräftiges Instrument zur Beurteilung der Sucheffizienz. Etwaige Mängel eines Suchverfahrens, wie zum Beispiel überflüssige Blattbewertungen oder eine schlechte Expansionsreihenfolge, lassen sich mit dieser Analysemethode leicht aufdecken.

Bei der Auswertung haben wir zwei Hauptrichtungen verfolgt:

- Die tabellarische Auflistung der durchschnittlichen Blattbewertungsanzahlen in Abhängigkeit von der Lage der Hauptvariante zielte darauf ab, herauszufinden, welche Baumsortierung für welchen Suchalgorithmus am günstigsten ist.

- Die Untersuchung der Blattbewertungswahrscheinlichkeiten zeigte, welche Blätter von welchen Algorithmen zu 100 Prozent bewertet werden müssen, wo Schnitte erfolgen können und mit welcher Wahrscheinlichkeit diese auftreten.

Zwar sind damit bei weitem nicht alle Möglichkeiten der Auswertung ausgeschöpft, diese beiden Punkte ermöglichten aber eine Reihe interessanter Rückschlüsse auf die Charakteristika der Suchstrategien und ihrer Verbesserungen.

Bezüglich des SSS*-Verfahrens bestätigten unsere Untersuchungen die Vermutung, daß dessen Stärken hauptsächlich im Durchsuchen echter Zufallsbäume liegen, in denen sich die Hauptvariante in allen Baumteilen mit gleicher Wahrscheinlichkeit befindet. Obwohl wir diese Beobachtung nur an kleinen Bäumen gemacht haben, ist doch klar, daß sich das symmetrische Expansionsverhalten des SSS*-Verfahrens auch in tieferen Bäumen fortsetzt.

Direktionale Suchverfahren, einschließlich der teilweise direktionalen Verfahren NegaScout und Dual*, sollten hingegen eingesetzt werden, wenn anwendungsspezifisches Wissen zur Vorsortierung der Expansionsreihenfolge genutzt werden kann. Diese Suchverfahren profitieren sehr stark von einer günstigen Knotenreihenfolge, weil sie im linken Baumteil ohnehin mehr Knotenexpansionen durchführen müssen. Wenn dabei sogleich der Minimaxwert gefunden wird, können in den restlichen Baumteilen viele Zweige mit Hilfe der zuvor gesammelten Schrankenwerte abgeschnitten werden.

Ein weiterer interessanter Aspekt der Untersuchungen ist die stark schwankende Suchleistung der Zustandsraum-Suchverfahren beim Übergang von einer geraden auf eine angrenzende ungerade Suchtiefe. An den binär bewerteten (2,4)-Bäumen konnte beobachtet werden, daß die schwächere Leistung von Dual* offenbar mit der vollständigen Berechnung des linken Wurzel-Unterbaumes zusammenhängt. Viele Knotenexpansionen geschehen hier umsonst, wenn sich später ein rechts liegender Wurzel-Unterbaum als überlegen herausstellt. Das SSS*-Verfahren führt im Gegensatz dazu seine Knotenexpansionen von Anfang an gleichmäßig verteilt im gesamten Baum durch.

Schließlich haben wir auch die kleinen algorithmischen Verbesserungen, wie zum Beispiel die verbesserte Knotensortierung der OPEN-Liste, die sich besonders im SSS*-Algorithmus als vorteilhaft herausgestellt hat, und die L-Verbesserung untersucht. Mit der letzteren werden im rechten Baumteil sämtliche Wiederholungssuchen vermieden, was sich natürlich besonders positiv auf die Suchleistung des NegaScout-Algorithmus auswirkt.

Eine wichtige Aufgabe der zukünftigen Forschung liegt zweifellos in der Weiterentwicklung der Analysemethode für breitere und tiefere Bäume. Die Ergebnisse würden erheblich an Aussagekraft gewinnen, wenn sie nicht nur auf kleine Baumgrößen beschränkt wären. Der Verwendung größerer Bäume steht allerdings das exponentielle Wachstum der Anzahl an Blattwert-Permutationen entgegen. Eine Möglichkeit das Wachstum einzudämmen, haben wir bereits vorgestellt, nämlich die Verringerung der Anzahl verschiedener Blattwerte. Je weniger verschiedene Werte existieren, desto weniger Bäume müssen durchsucht werden. Im Extremfall kann man bis zu den binären Blattwerten gehen, wo "nur" 2^{w^d} Bäume erzeugt und durchsucht werden müssen—im Vergleich zu $w^d!$ Bäumen, wenn alle Blätter einen verschiedenen Wert erhalten.

Man erkennt schon, daß selbst bei drastischer Reduktion der Blattwertanzahl die Menge der zu durchsuchenden Bäume immer noch exponentiell mit der Baumgröße wächst. Eine weitere Möglichkeit das exponentielle Wachstum einzuschränken, besteht darin, aus der Menge aller Blattwert-Permutationen einen repräsentativen Querschnitt herauszugreifen [Sedg77]. Wenn man etwa nur jede k-te Blattwert-Permutation erzeugt, kann man mit der Wahl eines geeigneten k-Wertes die Größe der analysierbaren Bäume beeinflussen.

Letztlich schieben aber beide genannten Möglichkeiten das Mengenproblem der zu untersuchenden Bäume nur hinaus, anstatt es zu eliminieren. Da beide Methoden nach wie vor auf empirischen Experimenten beruhen, sind der Größe der analysierbaren Bäume enge Grenzen gesetzt. Die Komplexität der Analyse kann nur eingeschränkt werden, wenn man das Versuchsobjekt ändert: Anstatt die Leistung der Suchstrategien—gewissermaßen indirekt—erst anhand der durchsuchten Bäume zu messen, sollte man besser gleich den Programmablauf innerhalb der Suchalgorithmen analysieren.

Dies kann mit Hilfe automatischer "Testwerkzeuge" geschehen, die in verschiedenen Informatik-Bereichen bereits zur Verifikation von Programmen eingesetzt werden. Das Grundprinzip besteht in der symbolischen Ausführung des Programmkodes, mit der alle Ablaufmöglichkeiten herausgefunden werden. Im Fall unserer Suchverfahren können aus den Ablaufmöglichkeiten schließlich Expansions-wahrscheinlichkeiten der einzelnen Blätter abgeleitet werden [Rein87, S. 146ff].

4.4   Der Wert globaler Knoteninformationen

Wie groß ist der Nutzen globaler Knoteninformationen, oder anders gefragt, wie groß ist der Informationswert der OPEN-Liste? Wir haben zwar erkannt, daß die Bestensuche prinzipiell einer direktionalen Expansionsstrategie überlegen ist, aber in welchem Umfang die Zustandsraum-Suchverfahren auf ihre große Informationsmenge zurückgreifen und welche Knotenwerte dabei überhaupt ausgewertet werden, ist noch unklar. So wäre es beispielsweise denkbar, daß die Werte rechts liegender Knoten aufgrund eines impliziten Direktionalismus (z.B. verursacht durch die lexikographische Ordnung wertgleicher Zustände) nur selten verwendet werden. Nicht zuletzt ist die Frage nach dem Nutzen der globalen Knotenwerte, der wir in diesem Abschnitt nachgehen wollen, auch unter dem Aspekt der hohen Verwaltungskosten der OPEN-Liste zu sehen, die sich ja schließlich durch eine verbesserte Suchleistung auszahlen sollen.

Antwort auf die Fragen liefern die beiden iterativen Zustandsraum-Suchverfahren I-Dual* und I-SSS*. Sie teilen die von den Γ-Operatoren 2 und 4 erzeugten Knotennachfolger in Partitionen ein und deponieren diese strikt nacheinander in der OPEN-Liste. Erst nach der vollständigen Abarbeitung der gerade vorliegende Partition wird die nächste in den Suchprozeß einbezogen. Da sich zur Zeit immer nur eine einzige aktive Partition von Knotennachfolgern auf der OPEN-Liste befindet, bestimmt deren Größe den Umfang der Knoteninformationen, die zur Beschleunigung des Suchprozesses verfügbar ist.

Bei der kleinstmöglichen Partitionsgröße $p = 1$ gelangt jeweils nur ein Knotennachfolger nach dem anderen in die OPEN-Liste, was eine völlig direktionale Knotenexpansion zur Folge hat. Beide Zustandsraum-Suchverfahren durchsuchen dann genau dieselben Knoten (in genau derselben Reihenfolge) wie das $\alpha\beta$-Verfahren. Das andere Extrem, nämlich der größtmögliche Wert $p = w$, modelliert den normalen SSS*- oder Dual*-Suchprozeß, je nachdem, auf welcher Expansionsstrategie die iterative Version basiert. Mit der Partitionsgröße kann also der Informationsgehalt der OPEN-Liste gesteuert werden, wobei neben den beiden Extremwerten natürlich auch alle Zwischenstufen möglich sind.

Abbildung 4.9 zeigt die Suchleistung der beiden iterativen Zustandsraum-Suchverfahren in Abhängigkeit von der Informationsmenge ihrer OPEN-Listen, das heißt in Abhängigkeit von der Partitionsgröße p. Als Leistungsmaß haben wir, wie bereits zuvor, die Anzahl der Blattbewertungen verwendet, die hier zu den Blattbewertungen des $\alpha\beta$-Verfahrens normiert wurden. Jeder Datenpunkt zeigt die mittlere Blattbewertungsanzahl in 50 unabhängig voneinander erzeugten Bäumen der Breite 20 und Tiefe 4 mit gleichverteilten Blattwerten (p-geordnete Verteilung mit $p = 1/20$).

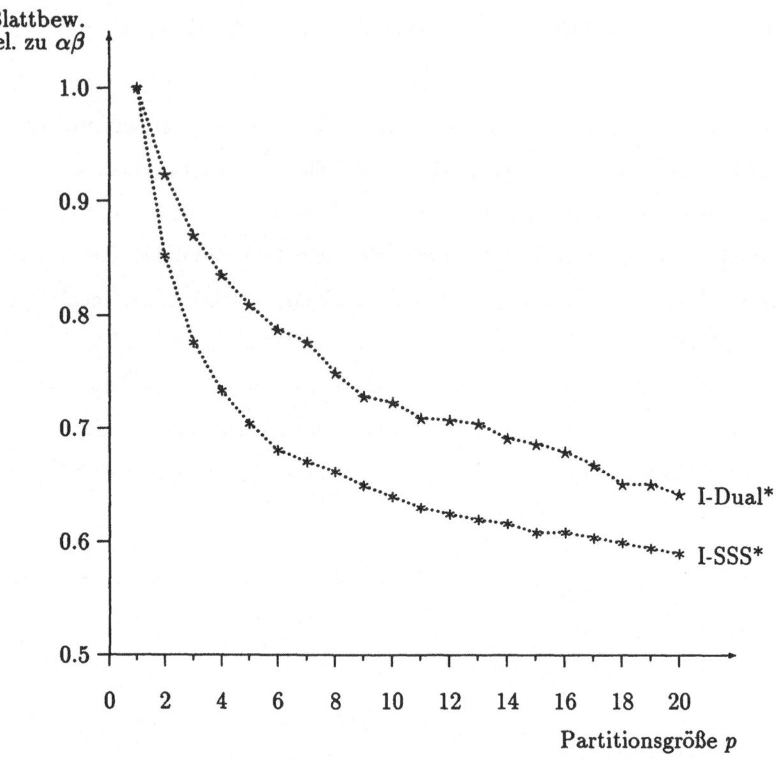

Abbildung 4.9 — Blattbewertungen in Abhängigkeit von der Partitionsgröße ($w = 20, d = 4$)

Der ganz links eingetragene Datenpunkt zeigt die Blattbewertungsanzahl, die I-SSS* und I-Dual* mit der Partitionsgröße $p = 1$, also bei einer völlig direktionalen Knotenexpansion vornehmen. Genau dieselbe Anzahl Blätter würde auch das $\alpha\beta$-Verfahren bewerten. Von diesem Punkt an nimmt die Blattanzahl bei wachsender Partitionsgröße ab, bis die maximale Partitionsgröße $p = 20$ erreicht ist. Hier nutzen die beiden iterativen Zustandsraum-Suchverfahren den vollen Informationsgehalt ihrer OPEN-Listen aus und expandieren die gleichen Knoten wie ihre Basisversionen Dual* und SSS*. Wie zu erwarten war, bewertet I-SSS* in den gezeigten geradzahlig tiefen Bäumen etwas weniger Blätter als I-Dual* (vgl. Abbildung 4.1 auf Seite 140).

Allerdings nehmen die Blattbewertungsanzahlen nicht, wie vielleicht vermutet, linear ab, sondern die zusätzlichen Einsparungen werden mit wachsender Partitionsgröße immer geringer. Am I-SSS*-Graphen erkennt man zum Beispiel, daß sich die Anzahl der Blattbewertungen beim Übergang von $p = 1$ auf 2, 3 und 4 um jeweils 15, 9 und 5 Prozent reduziert. Die Einsparung wird sukzessiv kleiner, bis schließlich mit einer Verdoppelung der Partitionsgröße von $p = 10$ auf $p = 20$ nur noch ein Gewinn von 8 Prozent erzielt werden kann. Die Erklärung dafür liegt in der abnehmenden Anzahl Partitionen bei wachsender Partitionsgröße:

Partitionsgröße	1	2	3	4	5,6	7,8,9	10 − 19	20
Anzahl Partitionen	20	10	7	5	4	3	2	1

Unabhängig von der gewählten Partitionsgröße werden alle Knotennachfolger ab $p \geq 10$ in zwei Phasen expandiert. Eine über $w/2$ hinaus wachsende Partitionsgröße vergrößert nur noch die Menge der in der ersten Partition zu berücksichtigenden Knoten, sie ändert aber nichts mehr an den zwei Suchphasen (außer beim Erreichen des Grenzwertes $p = w$ natürlich). Aus diesem Grund ist klar, daß die zusätzlichen Knoteneinsparungen bei sukzessiver Erhöhung der Partitionsgröße über $w/2$ hinaus immer geringer werden.

Trotz abnehmender Einsparungen bleibt aber bei wachsender Partitionsgröße stets ein Nettogewinn übrig, weil die Wahrscheinlichkeit, die Hauptvariante gleich zu Anfang der Suche zu finden, mit der Partitionsgröße zunimmt. Wenn der Minimaxwert einmal bekannt ist, kann ein großer Teil der restlichen Knotennachfolger in den folgenden Partitionen abgeschnitten werden. In der Tat weisen die (hier nicht abgebildeten) Einzelresultate des I-SSS*-Verfahrens bei derjenigen Partitionsgröße einen ausgeprägten Leistungssprung auf, die die Hauptvariante gerade noch in der ersten Partition enthält.

Aus dieser Überlegung könnte man folgern, daß große Partitionsgrößen stets vorteilhaft sein müßten. In der Regel trifft das auch zu, wie die Graphen in Abbildung 4.9 bestätigen, aber nicht in jedem Einzelfall. Unter Umständen müssen nämlich bei zu großen Partitionen einige rechts befindliche Knoten expandiert werden, die bei kleineren Partitionen einfach abgeschnitten werden könnten. Wenn beispielsweise die Hauptvariante im achten Wurzel-Unterbaum liegt, reduziert sich die Blattbewertungsanzahl typischerweise beim Übergang von $p = 7$ auf $p = 8$ sehr drastisch, während sie bei einer weiteren Steigerung auf $p = 9$ manchmal wieder leicht ansteigt. Dieses Phänomen tritt besonders ausgeprägt in den Daten des I-SSS*-Verfahrens zutage. Offenbar bewirkt die vergrößerte Informationsmenge ein häufiges Hin- und Herspringen von einer aussichtsreichen Variante zur nächsten, wodurch sich I-SSS allzu vielen Baumteilen gleichzeitig widmet, von denen sich später nur ein einziger als optimal herausstellt.

Für das I-Dual*-Verfahren besitzt die Partitionsgröße eine ganz andere Bedeutung. Da I-Dual* ohnehin die Wurzel-Unterbäume nacheinander expandiert, hat die Partitionsgröße keinen Einfluß auf das Auffinden der Hauptvariante, wenn diese in einem der weiter rechts befindlichen Wurzel-

Unterbäume liegt.[6] Hier geht es vielmehr darum, möglichst zu Anfang der Suche einen guten unteren Schrankenwert zu finden, der das Abschneiden der folgenden unterlegenen Baumzweige erleichtert. Dafür sind große Partitionen ganz generell hilfreich, da die OPEN-Liste dann mehr Knotenwerte aus rechten Baumteilen enthält. Im Gegensatz zum I-SSS*-Verfahren kann also bei I-Dual* kein ausgeprägter Leistungssprung bei bestimmten Partitionsgrößen beobachtet werden, sondern es treten Gewinne, wie auch gelegentliche Leistungseinbußen, gleichmäßig über alle Partitionsgrößen hinweg auf.

Zusammenfassend können wir festhalten, daß kleine Partitionsgrößen $1 \leq p \leq w/2$ bei beiden iterativen Zustandsraum-Suchverfahren den größten relativen Leistungsgewinn versprechen. Größere Partitionen verbessern die Effizienz nur noch geringfügig, erfordern aber durch die verlängerte OPEN-Liste mehr Verwaltungsaufwand für die Einfüge- und Löschoperationen. Wenn man die Partitionsgröße auf sehr kleine Werte reduziert, etwa $p = 2$ oder 3, erscheint die aufwendige Verwaltung einer OPEN-Liste nicht mehr gerechtfertigt. Stattdessen würde sich die Entwicklung eines dem $\alpha\beta$-Verfahren ähnlichen, rekursiven Algorithmus lohnen, der in jedem Knoten anstatt eines einzigen gleich zwei oder drei Nachfolger in den Suchprozeß einbezieht. Das Resultat wäre ein schneller direktionaler Suchalgorithmus mit der Suchleistung eines iterativen Zustandsraum-Suchverfahrens bei kleiner Partitionsgröße.

---

[6]Analog zu I-SSS* kann man aber bei I-Dual* einen Leistungssprung beobachten, wenn die Partitionsgröße mit dem Verlauf der Hauptvariante in der *zweiten* Ebene übereinstimmt. So würde zum Beispiel ein Leistungssprung beim Übergang von $p = 7$ auf $p = 8$ stattfinden, wenn die Hauptvariante durch den Pfad 3.8.4.2 verläuft. Allerdings ist der Leistungssprung bei weitem nicht so ausgeprägt wie der des I-SSS*-Verfahrens.

4.5 Rechenzeitbedarf

Selbst wenn ein Suchverfahren durch eine ausgesprochen geringe Anzahl Blattbewertungen beeindruckt, das primäre Interesse des Anwenders gilt letztendlich seinem Rechenzeitverbrauch. Die Konkurrenz der beiden grundlegenden Expansionsstrategien—globale Bestensuche einerseits und direktionale Suche andererseits—verleihen diesem Thema besondere Bedeutung. Ohne Zweifel sind die Zustandsraum-Suchverfahren ganz eindeutig in der Suchleistung, das heißt in der Anzahl der Blattbewertungen überlegen, wohingegen die direktionalen Suchverfahren aufgrund ihrer einfachen rekursiven Programmstruktur den Vorteil geringeren Verwaltungsaufwandes bieten. Welche der beiden Expansionsstrategien sich in einer Anwendung bewährt, hängt also vom Rechenzeitverbrauch der Blattbewertungsfunktion ab. Bei schnellen Blattbewertungsfunktionen können die zusätzlichen Knotenexpansionen der direktionalen Suchverfahren in Kauf genommen werden, während sich bei komplexen, zeitaufwendigen Blattbewertungsfunktionen der Einsatz eines der Zustandsraum-Suchverfahren lohnen dürfte.

Ein direkter empirischer Rechenzeitvergleich, der innerhalb einer Gruppe algorithmisch verwandter Suchverfahren ohne weiteres durchführbar wäre, stößt beim Vergleich der beiden grundlegend verschiedenen Expansionsstrategien auf erhebliche Schwierigkeiten: Die Qualität der Kodierung, die Effizienz des übersetzten Programmkodes, die unterschiedliche Benutzung der Laufzeitunterstützung und eventuelle Unterschiede in der Rechnerauslastung zur Laufzeit müssen berücksichtigt werden. Allgemeingültige Ergebnisse kann man von einem Rechenzeitvergleich also nicht erwarten, allenfalls lassen sich damit Größenordnungen aufzeigen.

Über den Rechenzeitverbrauch von $\alpha\beta$ oder NegaScout ist in der Literatur bisher kaum ein Wort verloren worden, weil Praktiker offensichtlich ein "Gefühl" für die Zeiteffizienz dieser einfachen rekursiven Algorithmen entwickelt haben. Umso mehr ist der Rechenzeitverbrauch des SSS*-Algorithmus diskutiert worden:

- Stockman, der Erfinder des SSS*-Verfahrens, schreibt [Stock79, S. 190], daß seine SSS*-Implementation zur Minimaxwert-Berechnung von Bäumen der Breite 5 und Tiefe 4 etwa 273 Millisekunden braucht, $\alpha\beta$ hingegen nur 180 Millisekunden. Erst wenn jede Blattbewertung mehr als 6 Millisekunden kostet zahlt sich der Einsatz von SSS* aus (a.a.O., S. 196).

- Muszycka und Shinghal [Musz-Shin85, S. 398] haben nicht so optimistische Werte parat. Ihre SSS*-Implementation verbraucht trotz der geringeren Blattbewertungsanzahl fast fünfmal soviel Rechenzeit wie $\alpha\beta$. In Bäumen der Breite 5 und Tiefe 4 konsumiert der SSS*-Algorithmus 90 Millisekunden und $\alpha\beta$ etwa 20.

- Unsere eigenen Versuchsergebnisse [Mar-Rei-Sch87, S. 198] fielen sogar noch schlechter aus: SSS* ist etwa zehnmal langsamer als $\alpha\beta$, und Dual* immerhin noch fünfmal. Der Einsatz von Dual* (anstatt $\alpha\beta$) lohnt sich erst ab einer Blattbewertungszeit von mehr als 4 Millisekunden.

Das Spektrum reicht also vom doppelten bis zum zehnfachen Rechenzeitaufwand des $\alpha\beta$-Verfahrens. Es erscheint müßig, an dieser Stelle zu spekulieren, welche Angaben wohl am realistischsten sind. Mit einer besonders ausgefeilten Implementation des SSS*- bzw. Dual*-Verfahrens lassen sich die Ergebnisse sicherlich noch etwas zu deren Gunsten verschieben, aber ganz beseitigen läßt sich der höhere Verwaltungsaufwand nicht.

Um die Frage des Rechenzeitverbrauchs näher zu studieren, haben wir den Zeitkonsum der einzelnen Γ-Funktionen separat gestoppt. Dabei ergab sich, daß 90 Prozent der Gesamtlaufzeit von nur zwei Operationen verbraucht werden: dem Einfügen und Löschen von Elementen. Insbesondere das Löschen (siehe Γ-Operator 4, Tabelle 2.1), das ja ganze Teilbäume umfaßt, ist sehr zeitaufwendig. Auf den ersten Blick scheinen diese Ergebnisse Indiz einer ungeeigneten Datenstruktur zu sein. In der Tat ist die von uns verwendete geordnete Liste beim Einfügen und Löschen einzelner Elemente besonders ineffizient, dies erfordert nämlich jeweils $O(n/2)$ Arbeitsschritte bei einer OPEN-Länge von n Elementen. Eine Prioritäts-Schlange (priority queue), bei der dieselben Funktionen nur $O(\log n)$ Schritte benötigen, könnte hier Abhilfe schaffen. Allerdings muß bei der Wahl der Datenstruktur auch berücksichtigt werden, daß das erste OPEN-Element am häufigsten eingefügt bzw. gelöscht wird, was bei unserer geordneten Liste in einer einzigen Operation vonstatten geht ($O(1)$). Aus diesem Grund wird die geordnete Liste allgemein als beste Datenstruktur für den SSS*- und Dual*-Algorithmus angesehen [Musz-Shin85,Vorn-Mon87]. Lediglich bei den iterativen Zustandsraum-Suchverfahren, bei denen kaum Einträge direkt am Anfang der OPEN-Liste anfallen—dort befinden sich ja hauptsächlich *PENDING*-Einträge—könnte die Verwendung einer anderen Datenstruktur vorteilhaft sein.

Aus dem angegebenen Rechenzeitverhältnis von Dual* zu SSS* (1 : 2) kann man sogar auf die Länge deren OPEN-Listen zurückschließen. Tatsächlich ist die OPEN-Liste von Dual* in Bäumen der Breite 5 durchschnittlich nur halb so lang wie die des SSS*-Verfahrens. Das liegt einerseits an der kürzeren Aufbauphase, andererseits schrumpft die OPEN-Liste von Dual* durch die sequentielle Expansion der Wurzelnachfolger w-mal auf nur ein einziges Element zusammen. In diesem Zusammenhang wird auch die Bedeutung der weiter vorn (auf Seite 66) vorgestellten Verbesserung zur Speicherersparnis klar: Durch die im besten Fall um den Faktor w verkürzte OPEN-Liste verbrauchen die beiden Zustandsraum-Suchverfahren in tiefen Bäumen erheblich weniger Rechenzeit. In Bäumen der Tiefe 5 und Breite 5 haben wir bei SSS* eine Rechenzeitersparnis von etwa 40 Prozent festgestellt; das gleiche gilt für Dual* in Bäumen der Tiefe 6.

In der iterativen Zustandsraum-Suche kommt die Bedeutung der OPEN-Länge am eindrucksvollsten zum Ausdruck. Hier kämpfen gewissermaßen zwei Faktoren gegeneinander: Auf der einen Seite steht eine große Partitionsgröße, die einen erhöhten Verwaltungsaufwand erfordert, aber auch mehr Schnitte ermöglicht. Auf der anderen Seite steht eine kleine Partitionsgröße mit geringem Verwaltungsaufwand, aber einer höheren Suchkomplexität. Die Vor- und Nachteile scheinen sich gerade aufzuheben. In unseren Versuchen konnten wir keinen eindeutigen Favoriten (kleine oder große Partitionsgröße) feststellen.

Der Rechenzeitverbrauch der teilweise direktionalen Suchverfahren läßt sich nicht nur problemlos ermitteln, sondern auch einfach direkt vergleichen. $\alpha\beta$ und NegaScout benötigen aufgrund ihrer algorithmischen Verwandtschaft genau dieselbe Rechenzeit pro Knotenexpansion. In unseren Experimenten konsumierte auch PNS gleich viel Gesamtlaufzeit, weil sein zusätzlicher Verwaltungsaufwand gerade durch die eingesparten Blattbewertungen ausgeglichen wird. Das ist um so bemerkenswerter, als die Blattbewertung in unserer Implementation sehr wenig Zeit kostet. Man kann also davon ausgehen, daß PNS in der Praxis bei nicht-trivialen Blattbewertungsfunktionen dem NegaScout-Verfahren weit überlegen sein wird. INS ist in unseren Versuchen zwar um 25 Prozent langsamer, könnte aber bei Verwendung einer Hashtabelle so stark beschleunigt werden, daß es nahezu die Laufzeit von PNS erreicht. Selbst bei der von uns eingesetzten aufwendigen baumartigen Verkettung der Knotenwerte ist der INS-Algorithmus überlegen, wenn die Blattbewertung mehr als eine Millisekunde dauert. Genau wie für Dual* und SSS* gilt auch für INS die generelle Regel: Je komplexer und zeitaufwendiger die Blattbewertungsfunktion, desto eher zahlt sich eine aufwendige Informationshaltung aus.

4.6   Zusammenfassung

Unter dem Gesichtspunkt der Sucheffizienz betrachtet, sind die Zustandsraum-Suchverfahren, wie die vorangegangenen empirischen Untersuchungen bewiesen haben, eindeutig gegenüber den direktionalen Suchverfahren überlegen. Aber, um es mit Pearls Worten auszudrücken:

> *"The meager improvement in the pruning power of SSS* is more than offset by the increased storage space and bookkeeping (e.g. sorting OPEN) that it requires. One can safely speculate therefore that $\alpha\beta$ will continue to monopolize the practice of computerized game playing,..."*
>
> *[Pearl84b, S. 310]*.

Nicht nur SSS* unterliegt dem angesprochenen hohen Speicherplatzbedarf und dem damit verbundenen Verwaltungsaufwand, sondern auch das Dual*-Verfahren, das ja genau wie SSS* seine Knoteninformationen in einer zentralen Datenstruktur, der OPEN-Liste, aufbewahrt. Hier sind die negativen Auswirkungen allerdings nicht so ausgeprägt, weil Dual* seine Bestensuche auf die einzelnen Wurzel-Unterbäume beschränkt. Daher brauchen nicht so viele Knotenwerte in der OPEN-Liste aufbewahrt zu werden, wodurch sich neben dem Speicherplatzbedarf auch der Verwaltungsaufwand reduziert.

Zusätzlich zu den Speicherplatz- und Rechenzeit-Einsparungen bietet die sequentielle Expansion der Wurzel-Unterbäume noch einen weiteren, völlig unerwarteten Vorteil: Sie spart in sehr großen Bäumen sogar Blattbewertungen ein! Diese Erkenntnis ist umso bemerkenswerter, als man mit Recht vermutet, daß mit der Reduktion der OPEN-Listenlänge ein Informationsverlust einhergeht, der eigentlich die Sucheffizienz mindern müßte. Unsere empirischen Untersuchungen haben aber im Gegenteil gezeigt, daß eine völlig globale Bestensuche, wie sie vom SSS*-Verfahren durchgeführt wird, zu viele Knoten in unterschiedlichen Baumteilen gleichzeitig expandiert, die sich später als überflüssig herausstellen. Dieses Verhalten spiegelt sich besonders deutlich im schlechten Abschneiden des SSS*-Verfahrens in sehr breiten Bäumen wider. Durch die Beschränkung der Bestensuche auf jeweils einen Wurzel-Unterbaum zur Zeit, vermeidet der Dual*-Algorithmus dieses globale Hin- und Herspringen sehr wirksam.

Vom Standpunkt des Rechenzeitverbrauchs aus betrachtet, zahlt sich die komplexe Zustandsraum-Suche nur aus, wenn jede einzelne Blattbewertung so zeitaufwendig ist, daß der Verwaltungsaufwand innerer Knoten nicht mehr ins Gewicht fällt. Auch die iterativen Zustandsraum-Suchverfahren bieten keine Lösung dieses Problems, weil sie ihre Knoteninformationen in derselben, aufwendigen OPEN-Liste aufbewahren wie SSS* und Dual*. Selbst wenn sich die iterativen Zustandsraum-Suchverfahren, wie zu erwarten sein dürfte, in der Praxis nicht durchsetzen werden, so haben sie sich doch als wertvolles Forschungsinstrument erwiesen. Mit ihrer Hilfe konnte gezeigt werden, daß der Nutzen zusätzlicher Knoteninformationen in der Zustandsraum-Suche sukzessiv abnimmt, während der Verwaltungsaufwand gleichzeitig überproportional stark ansteigt. Die Folgerungen für die Praxis liegen auf der Hand: Man muß einen schnellen direktionalen Suchalgorithmus entwerfen, der die iterative Zustandsraum-Suche bei geringer Informationsmenge modelliert, der also anstatt eines einzigen Knotennachfolgers jeweils gleich zwei oder drei in den Suchprozeß einbezieht. Auf diese Weise könnte die Suchleistung eines Besten-Suchverfahrens mit einem rechenzeit-effizienten direktionalen Algorithmus erzielt werden.

Im Gegensatz zu Pearl, der an der oben zitierten Textstelle fortfährt mit:

"... and Scout will occasionally prove useful in games with unique characteristics and perhaps in other applications of minimax search." (a.a.O.)

sind wir der Meinung, daß der Nullfenster-Suche die Zukunft gehört. Die Idee der Nullfenster-Suche, die in ihrer einfachsten, ursprünglichen Form im NegaScout-Algorithmus enthalten ist, braucht nur durch geeignete flankierende Maßnahmen unterstützt zu werden. Damit sind natürlich Verbesserungen der Wiederholungssuche gemeint, da, wie wir aus den theoretischen Untersuchungen wissen, die reine Nullfenster-Suche bereits optimal ist.

Die Leistung des NegaScout-Algorithmus kann schon mit sehr einfachen Verbesserungen deutlich gesteigert werden. Man denke etwa an die verbesserte Informationsakquisition des PNS-Algorithmus, dessen positive Auswirkung besonders klar in breiten Bäumen zum Ausdruck kommt. Noch eindrucksvoller ist die Leistungssteigerung, die der INS-Algorithmus mit der Aufbewahrung sämtlicher Knotenwerte zur Beschleunigung der Wiederholungssuchen erzielt: Durch diese Maßnahme wird nahezu die Suchleistung der Zustandsraum-Suchverfahren erreicht—und das bei wesentlich geringeren Verwaltungskosten.

In der Praxis ist der Wert der genannten Verbesserungen unumstritten. Viele Spielprogramme enthalten aufgrund der Tatsache, daß gleiche Stellungen oftmals durch verschiedene Zugfolgen erreichbar sind, ohnehin bereits eine Zugumstellungstabelle, die nun zugleich zur Abkürzung der Wiederholungssuche genutzt werden kann. Mit Hilfe der Zugumstellungstabellen erzielt man, selbst wenn zur Baumsuche nur der reine NegaScout-Algorithmus verwendet wird, nahezu die Suchleistung des INS-Verfahrens. Weitere Verbesserungsmöglichkeiten ergeben sich durch den Einsatz anwendungsspezifischen Wissens zur gezielten Initialisierung des anfänglichen Suchfensters und zur Vorsortierung der Knoten-Expansionsreihenfolge [Slag-Dix69, S. 195ff].

Kapitel 5

Schlußbemerkungen

5.1   Zusammenfassung

Die Entwicklung im Bereich "Spielbaum-Suchverfahren" ist in letzter Zeit so stürmisch verlaufen, daß nur wenig Zeit blieb, die Neuerungen zu werten und einzuordnen. Man denke nur an die rasche Folge grundlegender Erfindungen, wie die des SSS*-Verfahrens (1979), des NegaScout-Verfahrens (1982) und des Dual*-Verfahrens (1984/85). Hinzu kommen die vielen, in derselben kurzen Zeitspanne entwickelten algorithmischen Verbesserungen.

Als Folge der raschen Evolution blieben die charakteristischen Eigenschaften und gegenseitigen Beziehungen der Suchalgorithmen vielfach unzureichend erforscht. Die Effizienz neuer Suchalgorithmen wurde häufig nur durch statistische Experimente anhand ausgewählter, synthetisch erzeugter Bäume demonstriert—ein höchst zweifelhaftes Vorgehen, wenn man bedenkt, von welch verschiedenen Faktoren die Sucheffizienz eines Algorithmus abhängt. So fand man beispielsweise erst sehr spät (1985) heraus, daß das SSS*-Verfahren, dessen Suchleistung in weiten Kreisen als unübertroffen galt, in bestimmten Bäumen dem einfachen NegaScout-Verfahren unterlegen ist.

In der vorliegenden Arbeit haben wir versucht, ein in Theorie und Praxis möglichst vollständiges, abgerundetes Bild der vier grundlegenden Suchalgorithmen und ihrer anwendungsunabhängigen Verbesserungen zu vermitteln.

Das $\alpha\beta$-*Verfahren* bildete den Ausgangspunkt unserer Überlegungen. Wenn man nicht noch weiter zurückgehen möchte, und das Minimax-Verfahren als Urform aller direktionalen Spielbaum-Suchalgorithmen bezeichnen möchte, gebührt diese Auszeichnung zweifellos dem $\alpha\beta$-Verfahren. Es hat sich in jahrzehntelangem Einsatz bewährt und wurde erst in letzter Zeit durch die effizientere Nullfenster-Suche abgelöst, die aber genau genommen nur eine verfeinerte Variante des $\alpha\beta$-Verfahrens darstellt.

Der wesentliche Fortschritt der Erfindung des $\alpha\beta$-Verfahrens liegt in der erstmaligen Verwendung eines Suchfensters zur Einschränkung der zu durchsuchenden Knotenmenge. Alle Unterbäume, deren Minimaxwerte außerhalb des Suchfensters liegen, können ohne Informationsverlust abgeschnitten werden. Man ist also bestrebt, das Suchfenster so klein wie möglich zu halten, um die Schnittmöglichkeiten zu maximieren. Die Reduktion des Suchfensters darf aber nicht übertrieben werden, denn wenn der endgültige Minimaxwert außerhalb des Suchfensters liegt, muß der gesamte Baum nochmals mit einem größeren Fenster durchsucht werden. In diesem Fall hilft die F-Verbesserung, die im ersten Suchdurchgang einen genaueren Schrankenwert liefert, der zur Initialisierung des Suchfensters der anschließenden Wiederholungssuche benutzt werden kann. Auch die L-Verbesserung basiert auf der Suchfenster-Technik, indem sie den letzten Wurzel-Unterbaum mit einem minimalen Suchfenster, einem sogenannten Nullfenster expandiert. Die Bedeutung der Suchfenster-Technik ist bis heute ungebrochen; sie ist mit der Einführung der Nullfenster-Suchverfahren sogar aktueller denn je.

Im *NegaScout-Verfahren* ist die Suchfenster-Technik bis zum Extrem getrieben: NegaScout expandiert sämtliche Unterbäume zunächst mit einem Nullfenster und durchsucht die überlegenen Unterbäume anschließend nochmals mit einem geöffneten Fenster, um deren genauen Minimaxwert zu berechnen. Auf den ersten Blick mutet dieses Vorgehen umständlich und ineffizient an, weil manche Unterbäume gleich mehrfach expandiert werden. Es hat sich jedoch gezeigt, daß der Mehraufwand der Wiederholungssuchen durch die Einsparungen des Nullfensters mehr als aufgewogen wird. Nur in sehr schlecht sortierten Bäumen expandiert NegaScout mehr Knoten als $\alpha\beta$. Was unter der Umschreibung eines "sehr schlecht sortierten Baumes" zu verstehen ist, haben wir mathematisch mit Hilfe rekursiver Expansionsgleichungen formuliert. Siehe Abschnitt 3.3 und insbesondere das Entscheidungsdiagramm, Abbildung 3.13.

Dank des schon länger bekannten $\alpha\beta$-Verfahrens, dessen Effizienz ja auch, wenn auch in geringerem Ausmaß, von einer günstigen Expansionsreihenfolge abhängt, ist bereits eine Vielzahl nützlicher Heuristiken zur Vorsortierung der Knotenexpansionen bekannt, die auf NegaScout übertragen werden konnten. Der schnelle Durchbruch des NegaScout-Verfahrens in der Spielprogrammierung ist somit nicht zuletzt dem $\alpha\beta$-Verfahren zu verdanken, welches gewissermaßen eine Vorreiter-Rolle für NegaScout eingenommen hat. Weitere Beispiele dafür sind die F- und die L-Verbesserung, die im Prinzip schon von $\alpha\beta$ bekannt waren, jedoch erst im NegaScout-Algorithmus ihre volle Leistungsfähigkeit beweisen konnten.

Zweifellos liegen NegaScouts Stärken im Durchsuchen breiter Bäume. Dies konnte eindrucksvoll in einer empirischen Versuchsreihe mit Bäumen der Breite 60 gezeigt werden, in denen NegaScout bis zu 25 Prozent weniger Blätter als $\alpha\beta$ bewertet (siehe Abb. 4.4). Die Begründung für NegaScouts gutes Abschneiden liegt auf der Hand: Je größer der Verzweigungsfaktor, desto geringer ist die Wahrscheinlichkeit von Wiederholungssuchen. Und wenn keine Wiederholungssuchen auftreten, ist die NegaScout-Suche in dem Sinne optimal, daß jedes andere Baum-Suchverfahren durchschnittlich mindestens die gleiche Anzahl Knoten expandieren muß (siehe Abschnitt 3.2.5 und 3.2.6). Nega-Scout durchsucht dann sogar genau dieselben Knoten wie das Dual*-Verfahren, das ja bekanntlich über wesentlich mehr Knoteninformationen verfügt. Aber auch in schmalen Bäumen schneidet Nega-Scout gut ab, vorausgesetzt, sie werden tief genug expandiert. Hier haben sich besonders die beiden NegaScout-Varianten INS und PNS bewährt, die während der Nullfenstersuche Knoteninformationen aufbewahren, um in einer eventuellen Wiederholungssuche dieselben Knoten nicht noch ein zweites Mal expandieren zu müssen.

Das *SSS*-Verfahren* hat in der letzten Zeit zunehmend an Glanz verloren. Neben den schon bekannten Nachteilen seines enorm hohen Speicherplatzbedarfs und dem damit verbundenen Verwaltungsaufwand, hat sich nun noch herausgestellt, daß SSS* durchschnittlich mehr Knoten als Dual* bewertet (siehe Abb. 4.1). Das ist auf seine völlig globale Bestensuche zurückzuführen, durch die SSS* im gesamten Baum verstreut kleine Teil-Lösungsbäume aufbaut, von denen später nur wenige im endgültigen Lösungsbaum enthalten sind. Am Beispiel des Dual*-Algorithmus zeigt sich, daß ein gewisser Grad an Direktionalismus in der Baumsuche durchaus wünschenswert ist, weil dadurch bessere Suchschranken ermittelt werden, mit denen letztlich mehr Knoten abgeschnitten werden können. Es konnte sogar gezeigt werden, daß selbst das simple, teilweise direktionale NegaScout-Verfahren in gut sortierten Bäumen ab Tiefe 3 dem SSS*-Verfahren überlegen ist. Ein Beispiel ist in Abbildung 3.6 gezeigt, und die Häufigkeit, mit der solche Fälle in (2,3)-Bäumen auftreten, kann durch Vergleich der Tabellen 4.3 und 4.4 ermittelt werden.

Das *Dual*-Verfahren* stellt zweifellos eine der wichtigsten algorithmischen Neuerungen der letzten Zeit dar. Die erste Idee der dualen Knotenexpansion tauchte in einer Arbeit von Kumar und Kanal [Kum-Kan84] auf. Die beiden Autoren schlugen vor, die zu SSS* duale Knoten-Expansionsstrategie zur gleichzeitigen Expansion aller Wurzel-Unterbäume auf einem Parallelrechner zu benutzen. Da diese Unterbäume MIN-Wurzeln besitzen, entspricht deren duale Expansion einer üblichen SSS*-Suche. Außer der Tatsache, daß die parallel arbeitenden Prozesse untereinander bessere Suchschranken austauschen können, bietet dieser Ansatz keine weiteren Vorteile. Erst bei der Expansion von Bäumen mit *MAX-Wurzeln* zeigt der Dual*-Algorithmus seine wahre Stärke [Mar-Rei-Sch87].

Unter diesem neuen Gesichtspunkt betrachtet, ergibt sich ein völlig neuer Algorithmus mit ganz anderen Eigenschaften. Dual* ist etwa doppelt so schnell wie SSS*, verbraucht weniger Speicherplatz und bewertet in ungeraden Suchtiefen weniger Blätter. Das alles ist der sequentiellen Expansion der Wurzel-Unterbäume zu verdanken, durch die Dual* mehr Knoteninformationen—und folglich auch bessere Schrankenwerte—aus links liegenden Baumteilen besitzt. Innerhalb der einzelnen Wurzel-Unterbäume führt Dual*, genau wie SSS*, eine Bestensuche durch.

Wenn man einmal von der Bestensuche der einzelnen Wurzel-Unterbäume absieht, erscheint die Dual*-Suchstrategie der des NegaScout-Verfahrens bemerkenswert ähnlich. So ist es nicht weiter verwunderlich, daß wir beweisen konnten, daß Dual* und NegaScout in unterlegenen Wurzel-Unterbäumen genau dieselben Knoten expandieren. Dies ist die minimale Anzahl Knoten, die jedes beliebige Baum-Suchverfahren im statistischen Mittel über alle Bäume mindestens expandieren muß (vgl. Abschnitt 3.2.6). Nur wenn sich im Verlauf der Suche ein Wurzel-Unterbaum als überlegen herausstellt, berechnet Dual* dessen Minimaxwert mit einer Bestensuche, während NegaScout dazu eine Wiederholungssuche durchführen muß.

Abgesehen von den theoretischen und empirischen Untersuchungen dieser vier grundlegenden Baum-Suchalgorithmen galt unser Interesse auch den Analysemethoden selbst.

Bisher spaltete sich die Forschung in zwei Lager, ein theoretisches und ein praktisches, das heißt experimentell orientiertes Lager, die viel zu wenig voneinander profitierten. So ist der theoretisch berechnete relative Verzweigungsfaktor eines Algorithmus für die in der Praxis auftretenden geringen Suchtiefen völlig irrelevant. In der anderen Richtung beklagen die Theoretiker, daß die empirisch ermittelten Resultate meistens nicht "theorie-konform" sind, weil sie nicht unter idealen Bedingungen mit idealisierten Algorithmen ermittelt worden sind (vgl. [Pearl84b, S. 309]). Viele herkömmliche theoretische Modelle sind derart komplex, daß sie ohne starke Abstraktion der Algorithmen mathematisch nicht handhabbar wären. An die Berücksichtigung kleiner Verbesserungen, wie NegaScouts F-, L- oder TL-Verbesserung, ist meistens gar nicht zu denken.

Zur Überwindung der Kluft zwischen Theorie und Praxis müssen mathematisch handhabbare Modelle für die Effizienzanalyse geschaffen werden, mit denen der Suchvorgang realer Suchalgorithmen modelliert werden kann. Das in Abschnitt 3.3 vorgestellte Modell zur Berechnung der Blattbewertungsanzahl in durchschnittlich sortierten Bäumen stellt einen ersten Ansatz in diese Richtung dar. Es beruht auf einfachen, rekursiven Knotengleichungen, die angeben, wie viele Nachfolger der inneren Knoten expandiert werden müssen. Der mathematische Aufwand des Modells konnte gering gehalten werden, indem die Rekursion nicht vollständig eliminiert wurde und stattdessen die Gleichungssysteme numerisch ausgewertet wurden. Zusammenfassend bietet der Ansatz die folgenden Vorteile:

- Algorithmische Details und Verbesserungen können ohne großen Aufwand in das Modell eingebracht werden.

- Durch die Festlegung der durchschnittlichen Anzahl der Schnittknoten-Nachfolger sowie der Häufigkeit der Hauptvariantenänderungen kann die Suchkomplexität der Algorithmen bei beliebigen Baumsortierungen berechnet werden.

- Die Restriktion des Modells auf gleichförmige Bäume kann leicht durch eine einfache Modelländerung beseitigt werden.

- Das Modell berücksichtigt sowohl die Verarbeitungskosten innerer Knoten als auch die Blattbewertungskosten, was eine realistische Abschätzung der durchschnittlichen Gesamtlaufzeit ermöglicht.

Diesen Vorteilen steht ein großer Nachteil gegenüber:

- Für jeden Suchalgorithmus muß ein gesondertes rekursives Gleichungssystem aufgestellt werden.

Daß dies mit sehr viel Sorgfalt geschehen muß, damit die Ergebnisse verschiedener Suchalgorithmen vergleichbar sind, versteht sich von selbst. Die in Abschnitt 3.3 formulierten rekursiven Gleichungen beweisen, daß sich das Modell durchaus zum Effizienzvergleich ähnlicher Suchstrategien, wie zum Beispiel $\alpha\beta$ und NegaScout eignet. Schwieriger erscheint hingegen die Herleitung konsistenter rekursiver Expansionsgleichungen für verschiedenartige Suchstrategien—etwa für den Vergleich von NegaScout und SSS*.

Erkenntnisse ganz anderer Art brachte die Formulierung der notwendigen und hinreichenden Knoten-Expansionskriterien (Abschnitt 3.2). Mit ihrer Hilfe konnte die Auswirkung statischer Baumeigenschaften auf den dynamischen Suchprozeß mathematisch beschrieben werden. Ein erstes, wichtiges Resultat dieses Ansatzes liegt im vertieften Verständnis des Suchprozesses, woraus schließlich algorithmische Verbesserungen der Zustandsraum-Suchverfahren abgeleitet werden konnten. Weiterhin konnten wir durch den direkten Vergleich der Knoten-Expansionskriterien eine Dominanztabelle (Tabelle 3.1) aufstellen, in der alle behandelten Suchalgorithmen ihrer Suchleistung entsprechend eingruppiert sind.

Auch von der experimentellen Seite aus muß die Kluft zwischen Theorie und Praxis geschlossen werden. Herkömmliche empirische Effizienzvergleiche auf der Basis statistischer Experimente mögen zwar zum Aufzeigen allgemeiner Tendenzen ausreichen, für quantitative Aussagen sind sie jedoch kaum geeignet, weil die Ergebnisse zu stark von den Charakteristika der zufällig erzeugten Bäume abhängen. Nur bei Berücksichtigung sämtlicher Blattwert-Permutationen erhält man eine gesicherte quantitative Abschätzung der Sucheffizienz, die auch theoretisch verifiziert werden kann. Derartige Experimente haben wir in Abschnitt 4.3 vorgestellt. Aus Rechenzeitgründen konnten sie allerdings nur an sehr kleinen Bäumen durchgeführt werden, so daß es der zukünftigen Forschung überlassen bleibt, eine der vorgeschlagenen Erweiterungen zur Effizienzanalyse tieferer Bäume zu realisieren.

5.2 Offene Probleme

Wie die meisten Arbeiten, läßt auch diese mehr Fragen offen als gelöst werden konnten. Das Phänomen der kombinatorischen Explosion liegt offensichtlich nicht nur in der Natur der Baumsuche, sondern auch im Wesen der Forschung, in der aus einem gelösten Problem zahllose neue Fragen erwachsen. Abschließend bietet sich an dieser Stelle eine Diskussion darüber an, welche neuen Perspektiven die vorliegende Arbeit für die Forschung eröffnet hat und wo sich sinnvolle Ansatzpunkte für zukünftige Arbeiten ergeben.

Die wohl wichtigste Frage ist: *Besteht Aussicht auf die Entdeckung eines bislang unbekannten Baum-Suchalgorithmus, der den Minimaxwert mit wesentlich weniger Blattbewertungen berechnet?* Diese Frage kann auf der Basis der im dritten Kapitel aufgestellten Knoten-Expansionsbedingungen mit einem klaren Nein beantwortet werden. Ein neuer "Superalgorithmus", der wesentlich leistungsstärker als alle bisher bekannten Verfahren ist, müßte natürlich über mehr Informationen verfügen. Die aus linken Baumzweigen stammenden Knotenwerte werden bereits von den herkömmlichen direktionalen Algorithmen komplett ausgewertet, also bleibt nur noch die verbesserte Nutzung rechts befindlicher Knotenwerte. Man könnte beispielsweise an einen neuen Algorithmus denken, der nur diejenigen Knoten expandiert, die sowohl die Knoten-Expansionsbedingung von SSS* als auch die von Dual* erfüllt. Eine derartige Verknüpfung der Sätze 3.8 und 3.10 ist aber unmöglich, weil kein Baum-Suchverfahren zugleich Knoteninformationen aus rechts befindlichen geraden *und* ungeraden Baumebenen besitzen kann. Siehe Abbildung 3.5.

Weiterhin: *Besteht Aussicht auf die Entdeckung eines wesentlich schnelleren Baum-Suchverfahrens?* Wieviel Rechenzeit ein Suchvorgang erfordert, hängt nicht nur von der Anzahl und dem Zeitbedarf der Blattbewertungen, sondern auch von der Verwaltungszeit des Suchalgorithmus selbst ab. Die Frage muß also präzisiert werden: *Gibt es einen Suchalgorithmus, der sowohl eine geringe Suchkomplexität als auch eine geringe Rechenzeitkomplexität aufweist?* Mögliche Ansatzpunkte bieten sich auf der Basis der schnellen direktionalen Suchverfahren, deren Informationsakquisition zu verbessern wäre, ohne dabei zugleich neuen Verwaltungsaufwand zu verursachen. Die NegaScout-Varianten PNS und INS sind zwei Ansätze in diese Richtung. Ein weiterer Vorschlag, der hier nicht diskutiert wurde, wäre eine $\alpha\beta$-Variante, die in jedem inneren Knoten anstelle nur eines Nachfolgers gleich zwei berücksichtigen würde. Dies entspräche dem iterativen SSS*- oder Dual*-Algorithmus mit der Partitionsgröße $p = 2$ —allerdings auf der Basis der schnelleren, rekursiven $\alpha\beta$-Funktion. Wie wir gesehen haben, erzielen derart kleine Partitionsgrößen den größten Informationsgewinn bei geringstem Verwaltungsaufwand.

Welche theoretischen Ansätze sind erfolgversprechend? Nach ihrer unterschiedlichen Zielsetzung müssen zwei Arten theoretischer Modelle unterschieden werden. Die erste dient zur Erlangung eines tieferen Verständnisses des Suchprozesses spezifischer Algorithmen. Dazu muß der dynamische Suchvorgang auf irgendeine Weise in statischen (mathematischen) Beziehungen ausgedrückt werden. Wir haben dies am Beispiel der notwendigen und hinreichenden Knoten-Expansionsbedingungen vorgeführt, aber es sind auch andere Ansätze denkbar. Aus dem besseren Verständnis des Suchvorgangs können dann oftmals Verbesserungen der Algorithmen abgeleitet werden. So konnte auf diesem Wege zum Beispiel die Sortierung der in der OPEN-Liste befindlichen Zustände verbessert werden.

Ein zweites wichtiges Ziel theoretischer Untersuchungen ist die Berechnung der zu erwartenden mittleren Sucheffizienz. Dafür müssen flexible, praxisrelevante und mathematisch leicht handhabbare Modelle geschaffen werden, mit denen die Sucheffizienz der Algorithmen unter verschiedenen Bedingungen berechnet werden kann. Die bisherigen Modelle, die die Baumcharakteristika anhand von Blattwert-Verteilungsfunktionen definieren, haben sich als ungeeignet erwiesen. Sie sind mathematisch sehr komplex und zudem erscheint die Definition eines Baumes durch die Festlegung einer Blattwertverteilung praxisfern. Stattdessen sollten die Bäume auf demselben Wege definiert werden, wie sie entstehen, nämlich von der Wurzel ausgehend durch rekursive Aufsplittung der Zugmöglichkeiten. Der hier vorgestellte Ansatz, der die Baumstruktur mittels rekursiver Expansionsgleichungen definiert, bietet die nötige Flexibilität um den Nutzen algorithmischer Verfeinerungen— und auch Änderungen der Baumcharakteristika—analysieren zu können. Dieser Ansatz scheint noch erweiterungsfähig zu sein und könnte auch als Ausgangspunkt für die Entwicklung ähnlicher Modelle dienen.

Einige Anzeichen deuten darauf hin, daß sich das Forschungsobjekt in Zukunft ändern wird. Lagen bisher noch die Suchalgorithmen selbst im Brennpunkt des Interesses, so gilt die Aufmerksamkeit nun immer mehr den zu durchsuchenden Bäumen. Ein wichtiges zukünftiges Forschungsthema liegt in der Beschreibung synthetischer Bäume, deren Struktur den in der Praxis auftretenden Bäumen ähnelt und die zugleich die theoretische Effizienzanalyse der Suchalgorithmen begünstigen. Verbesserungen der Suchalgorithmen fallen dann gewissermaßen als Nebenprodukt ab.

Ist die Minimax-Rückbewertung überhaupt sinnvoll? Am Ende dieser Arbeit wird der Leser sicherlich keine negative Antwort auf diese grundlegende Frage erwarten. Aus praktischer Sicht braucht das Minimaxprizip eigentlich gar nicht in Frage gestellt zu werden, denn es hat sich in jahrzehntelangem Einsatz bewährt. Sein Erfolg wird vielfach dem erweiterten Suchhorizont sowie der statistischen Mittelung des Wurzelwertes über viele Blattwerte zugeschrieben. Durch eine tiefe Suche, so wird jedenfalls argumentiert, wachse die Stichprobenmenge, das heißt die Anzahl der ermittelten Blattwerte, wodurch statistische Ungenauigkeiten in höheren Baumebenen weitgehend eliminiert werden.

Aber gerade dieses Argument ist mathematisch nicht haltbar. Da die Blattbewertungsfunktion lediglich heuristische Abschätzungen der tatsächlichen Knotenwerte liefert, ist das Minimaxprinzip nichts anderes als die Anwendung einer Funktion auf *Schätzwerte*—eine der "Todsünden" der Statistik. Nur mit absolut korrekten Blattwerten kann die Minimax-Rückbewertung ein korrektes Ergebnis liefern. Werden hingegen fehlerbehaftete Werte verwendet, so erhöht sich die Fehlerquote mit wachsender Suchtiefe [Nau79,Beal80] und das Endergebnis der Baumsuche ist letztlich ungenauer als die direkte Bewertung des Wurzelknotens. Dieses Phänomen ist in die Literatur als *pathologisches Verhalten* der Minimax-Rückbewertung eingegangen [Nau79].

Die theoretischen Überlegungen stehen allerdings im Widerspruch zur Praxis, wo mit einer tieferen Vorausrechnung normalerweise eine Verbesserung des Suchergebnisses einhergeht [Tho82]—sonst würde man ja besser ganz auf eine Baumsuche verzichten. So sind in der Literatur mehrere Einflußfaktoren analysiert worden, von denen man annimmt, sie könnten das Suchergebnis positiv beeinflussen. Eine mögliche Ursache könnte in der dynamischen Vorausrechnung unstabiler Endknoten (quiescence search) [Kain82,Micho83] liegen, die in der Praxis durchgeführt wird, um verläßlichere Abschätzungen der Blattwerte zu erhalten. Anstatt eine Blattbewertung inmitten eines Schlagabtausches durchzuführen, verfolgt man die Zugmöglichkeiten so lange, bis "ruhige" Stellungen erreicht sind, in denen keine Schlagzüge mehr möglich sind. Natürlich können die Bewertungsungenauigkeiten durch diese Maßnahme nur reduziert, aber nicht ganz vermieden werden. Ein weiteres, häufig genanntes Argument ist das der größeren Zielnähe in tiefen Baumebenen: Je tiefer ein Baum expandiert wird, desto dichter liegen die zu bewertenden Blätter an den echten Endstellungen des Spiels und desto genauer müßte eigentlich deren wahrer Stellungswert durch die Blattbewertungsfunktion abgeschätzt werden können. Dieses Argument erweist sich jedoch als nicht sehr überzeugend, da nach Pearls Berechnungen die Fehlerquote von Ebene zu Ebene um mindestens 50 Prozent abnehmen müßte [Pearl83, S.422], um die pathologischen Auswirkungen ganz zu eliminieren. Eine derartige Verbesserung der Wertgenauigkeit dürfte in der Praxis kaum zu erwarten sein.

Zwei andere Argumente erscheinen hingegen plausibler. Zum einen führen sehr gute (bzw. sehr schlechte) Züge normalerweise zu sehr guten (bzw. sehr schlechten) Nachfolgepositionen, wodurch sich gleiche, oder zumindest ähnliche Knotenwerte in den einzelnen Unterbäumen ballen. Dieses

Phänomen wurde von Beal [Beal82], Nau [Nau82b] und Bratko und Gams [Bra-Gams82] näher untersucht. Zum zweiten sind reale Spielbäume niemals völlig gleichförmig, sondern in der Vorausrechnung treten meistens einige echte Endknoten (z.B. durch minderwertige Züge) auf. Schon fünf Prozent Endstellungen pro Baumebene reichen aus, um die pathologischen Auswirkungen der Minimax-Rückbewertung ganz zu eliminieren [Pearl83]. Diese Erkenntnis wurde bei der Entwicklung eines Suchalgorithmus verwertet [Beal84], der die echten Endknotenwerte getrennt von den heuristischen Werten künstlicher Endknoten zurückbewertet. Dieser Suchalgorithmus liefert neben dem üblichen Minimaxwert zusätzlich noch eine Aussage über dessen Qualität.

Welche Alternativen gibt es zur Minimax-Rückbewertung? Nicht so sehr die gerade diskutierten pathologischen Auswirkungen—die ja in der Praxis ohnehin nicht beobachtet wurden—sondern vielmehr die Tatsache, daß die maximale Leistung der auf der Minimax-Rückbewertung basierenden Suchalgorithmen nun offensichtlich bis zu ihrer Grenze ausgeschöpft zu sein scheinen, haben in der letzten Zeit die Frage nach alternativen Rückbewertungsmethoden laut werden lassen.

Ein wichtiger Kritikpunkt des Minimax-Verfahrens zielt auf das angenommene Gegnermodell ab: Ist es überhaupt realistisch, davon auszugehen, daß der Gegner seine Züge nach denselben Kriterien, also auch mit einer begrenzten Vorausrechnung und der Minimax-Rückbewertung, auswählt? Wenn man einen fehlbaren Opponenten unterstellt, ist die Minimax-Rückbewertung nicht mehr ohne weiteres anwendbar. Anstatt eindeutiger Minimaxwerte können dann nur noch Wahrscheinlichkeitswerte zurückbewertet werden, die die Wahrscheinlichkeit einer gewissen Zugwahl repräsentieren, und die Minimierung bzw. Maximierung muß dementsprechend durch die Produktregel ersetzt werden [Michie81,Pearl83]. Von dieser Überlegung ist der Schritt zu den echten Glücksspielen, die eine Zufallskomponente enthalten, nicht mehr weit. Für diese exisitieren nämlich bereits effiziente Suchalgorithmen [Ball83,Rei-Ball83], die neben den üblichen $\alpha\beta$-Schnitten noch weitere Schnittmöglichkeiten bieten, die dann auch auf Spiele mit totaler Information übertragbar wären.

Vieles deutet darauf hin, daß der Mensch die kombinatorische Explosion der Zugmöglichkeiten durch eine extrem selektive Suche bewältigt. Er wägt von Fall zu Fall ab, welche Stellungen noch genauer, das heißt noch tiefer analysiert werden müssen. Die ersten Impulse zur Programmierung einer solchen *adaptiven Suchstrategie* gingen von den russischen Schachprogrammierern aus [Botv70,AV-Ar-Do75,AV-Ar-Do79]. Auch Berliners B*-Algorithmus [Berl79,Palay82] expandiert nur die "interessanten" Zugfolgen, die den Minimaxwert der Wurzel möglicherweise beeinflussen können. Auf diese Weise entstehen sehr schmale Analysebäume, die entsprechend tief durchsucht werden können. Ein Nachteil des B*-Algorithmus besteht allerdings darin, daß für jeden inneren Knoten gleich zwei Schätzwerte, ein pessimistischer und ein optimistischer, benötigt werden. B* liefert nur dann ein korrektes Ergebnis, wenn der tatsächliche Minimaxwert des Knotens zwischen diesen beiden

Schätzwerten liegt—eine Forderung, die in der Praxis natürlich kaum erfüllt werden kann.

Wenngleich der B*-Algorithmus aus diesem Grund in der Praxis nie größere Bedeutung erlangt hat, ist seine Grundidee nach wie vor aktuell. In abgewandelter Form findet sich sein Grundprinzip in zwei interessanten Neuentwicklungen [Riv88,McAll88], was darauf hindeutet, daß in Zukunft möglicherweise vermehrt selektive Suchstrategien zur Spielbaumsuche eingesetzt werden [Schae88]. Das Ziel der Forschung liegt in der Entwicklung von Suchalgorithmen, die sehr schmale und möglichst tiefe Variantenbäume analysieren, ohne dabei wichtige Züge zu "übersehen".

Abbildungsverzeichnis

Tabellenverzeichnis

Literaturverzeichnis

[Akl-New77]   S.G. Akl, M.M. Newborn. *The principal continuation and the killer heuristic.* Procs. of the ACM National Conference, Seattle (1977), 466-473.

[Akl-Dor81]   S.G. Akl, R.J. Doran. *A comparison of parallel implementations of the $\alpha\beta$ and Scout tree search algorithms using the game of checkers.* Technical Report 81-121, Queens University, Kingston (1981).

[Ak-Ba-Do82]   S.G. Akl, D.T. Barnard, R.J. Doran. *Design, analysis and implementation of a parallel tree search algorithm.* IEEE PAMI-4,2(1982), 192-203.

[AV-Ar-Do75]   G.M. Adelson-Velskiy, V.L. Arlazarov, M.V. Donskoy. *Some methods of controlling the tree search in chess programs.* Artificial Intelligence 6(1975), 361-371.

[AV-Ar-Do79]   G.M. Adelson-Velskiy, V.L. Arlazarov, M.V. Donskoy. *Algorithms of adaptive search.* In: J.E. Hayes, D. Michie, L.I. Mikulich (Hrsg.), Machine Intelligence 9, John Wiley & Sons (1979), 373-384.

[Ball83]   B.W. Ballard. *The *-minimax search procedure for trees containing chance nodes.* Artificial Intelligence 21(1983), 327-350.

[Barr-Feig81]   A. Barr, E.A. Feigenbaum (Hrsg.). *The Handbook of Artificial Intelligence, Vol. 1.* William Kaufmann, Inc., Los Altos, CA (1981).

[Baud78a]   G.M. Baudet. *The design and analysis of algorithms for asynchronous multiprocessors.* Ph.D. Dissertation, Carnegie-Mellon University, Pittsburgh, PA (1978).

[Baud78b]   G.M. Baudet. *On the branching factor of the alpha-beta pruning algorithm.* Artificial Intelligence 10,2(1978), 173-199.

[Beal80]   D.F. Beal. *An analysis of minimax.* In: M.R.B. Clarke (Hrsg.), Advances in Computer Chess 2, Edinburgh University Press, Edinburgh (1980), 103-109.

[Beal82]   D.F. Beal. *Benefits of minimax search.* In: M.R.B. Clarke (Hrsg.), Advances in Computer Chess 3, Pergamon Press, Oxford (1982), 17-24.

[Beal84]   D.F. Beal. *Mixing heuristic and perfect evaluations: Nested minimax.* ICCA Journal 7,1(1984), 10-15.

[Berl79]   H.J. Berliner. *The B* tree search algorithm: A best-first proof procedure.* Artificial Intelligence 12,1(1979), 23-40.

[Berl80]   H.J. Berliner. *Backgammon computer program beats world champion.* Artificial Intelligence 14,2(1980), 205-220.

[Bird80]   R.S. Bird. *Tabulation techniques for recursive programs.* ACM Computing Surveys 12,4(1980), 403-417.

[Botv70]   M. Botvinnik. *Computers, chess and long-range planning*. Springer-Verlag, New York (1970).

[Bra-Gams82]   I. Bratko, M. Gams. *Error analysis of the minimax principle*. In: M.R.B. Clarke (Hrsg.), Advances in Computer Chess 3, Pergamon Press, Oxford (1982), 1-15.

[Bru63]   A.L. Brudno. *Boundaries and estimates for abridging the search of estimates*. Problems of Cybernetics 10(1963), 225-241.

[Camp81]   M.S. Campbell. *Algorithms for the parallel search of game trees*. Master Thesis, Department of Computing Science, University of Alberta, Edmonton (Aug. 81). (Auch als Technical Report TR81-8).

[Camp-Mars83]   M.S. Campbell, T.A. Marsland. *A comparison of minimax tree search algorithms*. Artificial Intelligence 20,4(Juli 1983), 347-367.

[Chang-Slag71] C.L. Chang, J.R. Slagle. *An admissible and optimal algorithm for searching AND/OR graphs*. Artificial Intelligence 2,2(1971), 117-128.

[Con-Tho82]   J.H. Condon, K. Thompson. *Belle chess hardware*. In: M.R.B. Clarke (Hrsg.), Advances in Computer Chess 3, Pergamon Press, Oxford (1982), 45-54.

[Darw83]   N.M. Darwish. *A quantitative analysis of the alpha-beta pruning algorithm*. Artificial Intelligence 21(1983), 405-433.

[Ear68]   J. Earley. *An efficient context-free parsing algorithm*. Ph.D. Dissertation, Carnegie-Mellon University, Pittsburgh, PA (1968).

[ElDe-Hue79]   O.I. El-Dessouki, W.H. Huen. *Distributed enumeration on network computers*. International Conference on Parallel Processing (1979), 137-147.

[Fish80]   J.P. Fishburn. *An optimization of alpha-beta search*. ACM Sigart Newsletter 72(Juli 1980), 29.

[Fish81]   J.P. Fishburn. *Analysis of speedup in distributed algorithms*. Ph.D. Dissertation, Technical Report 431, Computer Sciences Department, University of Wisconsin, Madison, WI (1981).

[Fish83]   J.P. Fishburn. *Another optimization of alpha-beta search*. ACM Sigart Newsletter 84(Apr. 1983), 37-38.

[Frey82]   P.W. Frey. *The alpha-beta algorithm: incremental updating, well behaved evaluation functions, and non-speculative forward pruning*. ACM Sigart Newsletter 80(Apr. 1982), 75-77.

[Fu-Ga-Gi73]   S.H. Fuller, J.G. Gaschnig, J.J. Gillogly. *Analysis of the alpha-beta pruning algorithm*. Technical Report, Carnegie-Mellon University, Pittsburgh, PA (Juli 1973).

[Gill72]   J.J. Gillogly. *The Technology Chess Program*. Artificial Intelligence 3(1972), 145-163.

[Gill78]   J.J. Gillogly. *Performance analysis of the Technology Chess Program*. Ph.D. Dissertation, Carnegie-Mellon University, Pittsburgh, PA (1978).

[Griff76]   A.K. Griffith. *Empirical exploration of the performance of the alpha-beta tree-searching heuristic*. IEEE Transactions on Computers 25,1(1976), 6-11.

[Ha-Ni-Ra68]   P.E. Hart, N.J. Nilsson, B. Raphael. *A formal basis for the heuristic determination of minimum cost paths.* IEEE Transactions on Systems Science and Cybernetics 4,2(1968) 100-107.

[Hall73]   P. Hall. *Equivalence between AND/OR graphs and context-free grammars.* Communications of the ACM 16,7(1973), 444-445.

[Har74]   L.R. Harris. *The heuristic search under conditions of error.* Artificial Intelligence 6(1974), 217-234.

[Ibar78]   T. Ibaraki. *Branch-and-bound procedure and state-space representation of combinatorial optimization problems.* Information and Control 36(1978), 1-27.

[Ibar86]   T. Ibaraki. *Generalization of Alpha-Beta and SSS* search procedures.* Artificial Intelligence 29(1986), 73-117.

[Jack74]   P.C. Jackson. *Introduction to Artificial Intelligence.* McGraw-Hill, New York (1974).

[Kain82]   H. Kaindl. *Dynamic control of the quiescence search in computer chess.* In: R. Trappl (Hrsg.), Cybernetics and Systems Research, North-Holland, Amsterdam (1982), 973-977.

[Kan79]   L.N. Kanal. *Problem solving models and search strategies for pattern recognition.* IEEE PAMI-1,2(1979), 193-201.

[Knuth73]   D.E. Knuth. *The Art of Computer Programming, Vol. 1: Fundamental Algorithms.* Addison-Wesley, Reading, MA (1973).

[Knuth-Moore75]   D.E. Knuth, W. Moore. *An analysis of alpha-beta pruning.* Artificial Intelligence 6,4(1975), 293-326.

[Korf85]   R.E. Korf. *Depth-first iterative-deepening: An optimal admissible tree search.* Artificial Intelligence 27,1(1985), 97-109 (Erratum in Artificial Intelligence 28(1986), 123).

[Kum-Kan83]   V. Kumar, L.N. Kanal. *A general branch and bound formulation for understanding and synthesizing AND/OR tree search procedures.* Artificial Intelligence 21,1-2(1983), 179-198.

[Kum-Kan84]   V. Kumar, L.N. Kanal. *Parallel branch-and-bound formulations for AND/OR tree search.* IEEE PAMI-6,6(1984), 768-778.

[Law-Woo66]   E.L. Lawler, D.E. Wood. *Branch-and-bound methods: A survey.* Operations Research 14(1966), 699-719.

[Lei-Kan85]   D.B. Leifker, L.N. Kanal. *A hybrid SSS*/alpha-beta algorithm for parallel search of game trees.* 9. International Joint Conference on Artificial Intelligence, Los Angeles (1985), 1044-1046.

[Lue80]   G.S. Lueker. *Some techniques for solving recurrences.* ACM Computing Surveys 12,4(1980), 419-436.

[Mars-Camp82]   T.A. Marsland, M.S. Campbell. *Parallel search of strongly ordered game trees.* ACM Computing Surveys 14,4(Dez. 1982), 533-552.

[Mars83]   T.A. Marsland. *Relative efficiency of alpha-beta implementations.* 8. International Joint Conference on Artificial Intelligence, Karlsruhe (1983), 763-766.

[Mars-Pop85]   T.A. Marsland, F. Popowich. *Parallel game-tree search.* IEEE PAMI-7,4(1985), 442-452 (Erratum in IEEE PAMI-7,6(1985), 749).

[Mar-Sri86]   T.A. Marsland N. Srimani. *Phased state space search.* ACM-IEEE Fall Joint Computer Conference, Dallas (Nov. 1986).

[Mar-Rei-Sch87]   T.A. Marsland, A. Reinefeld, J. Schaeffer. *Low overhead alternatives to SSS*.* Artificial Intelligence 31(1987), 185-199.

[Mar87]   T.A. Marsland. *Computer chess methods.* In: S.C. Shapiro (Hrsg.), Encyclopedia of Artificial Intelligence, Wiley Interscience Publication, New York (1987) 159-171.

[McAll88]   D.A. McAllester. *A new procedure for growing min-max trees.* Artificial Intelligence (1988).

[Michie81]   D. Michie. *A theory of evaluative comments in chess with a note on minimaxing.* The Computer Journal 24,3(1981), 278-286.

[Micho83]   G. Michon. *Recursive random games.* Ph.D. Dissertation, University of California, Los Angeles, CA, (1983).

[Mitt70]   L.G. Mitten. Branch-and-bound methods: General formulation and properties. Operations Research 18(1970).

[Moh-82]   J. Mohan. *A study in parallel computation—The travelling salesman problem.* Technical Report CMU-CS-136, Carnegie-Mellon University, Pittsburgh, PA (1982).

[Musz-Shin85]   A. Muszycka, R. Shinghal. *An empirical comparison of pruning strategies in game trees.* IEEE Transactions on Systems, Man and Cybernetics 15,3(1985), 389-399.

[Nau79]   D.S. Nau. *Quality of decision versus depth of search on game trees.* Ph.D. Dissertation, Duke University (Aug. 1979).

[Nau82a]   D.S. Nau. *The last player theorem.* Artificial Intelligence 18(1982), 53-65.

[Nau82b]   D.S. Nau. *An investigation of the causes of pathology in games.* Artificial Intelligence 19(1982), 257-278.

[Nau83a]   D.S. Nau. *Pathology on game trees revisited and an alternative to minimaxing.* Artificial Intelligence 21,1-2(1983), 221-245.

[Nau83b]   D.S. Nau. *Decision quality as a function of search depth on game trees.* Journal of the ACM 30,4(1983), 687-708.

[Nau-Kum-Kan84]   D.S. Nau, V. Kumar, L. Kanal. *General Branch and Bound, and its relation to A* and AO*.* Artificial Intelligence 23(1984), 29-59.

[Neu-Mor44]   J. von Neumann, O. Morgenstern. *Theory of Games and Economic Behavior.* Princeton University Press (1944).

[Nel85]   H.L. Nelson. *Hash tables in Cray Blitz.* ICCA Journal 8,1 (März 1985), 3-13.

[Newb77]   M.M. Newborn. *The efficiency of the alpha-beta search on trees with branch dependent terminal node scores.* Artificial Intelligence 8(1977), 137-153.

[New-Sha-Sim58] A. Newell, J.C. Shaw, H.A. Simon. *Chess-playing programs and the problem of complexity.* IBM Journal of Research and Development 2(1958), 320-355. (Nachdruck in E.A. Feigenbaum, J. Feldman (Hrsg.), Computers and Thought, McGraw-Hill, New York (1963), 39-70.)

[Nils71] N.J. Nilsson. *Problem Solving Methods in Artificial Intelligence.* McGraw-Hill, New York (1971).

[Nils80] N.J. Nilsson. *Principles of Artificial Intelligence.* Tioga Publishing, Palo Alto, CA (1980) und Springer-Verlag, Berlin (1982).

[Palay82] A.J. Palay. *The B* tree searching algorithm—New results.* Artificial Intelligence 19,2(1982), 145-163.

[Palay83] A.J. Palay. *Searching with probabilities.* Ph.D. Dissertation, Carnegie-Mellon University, Pittsburgh, PA (1983).

[Pearl80a] J. Pearl. *Asymptotic properties of minimax trees and game-searching procedures.* Artificial Intelligence 14,2(1980), 113-138.

[Pearl80b] J. Pearl. *Scout: A simple game-searching algorithm with proven optimal properties.* First Annual National Conference on Artificial Intelligence, Stanford (1980).

[Pearl82] J. Pearl. *The solution for the branching factor of the alpha-beta pruning algorithm and its optimality.* Communications of the ACM 25,8(1982), 559-564.

[Pearl83] J. Pearl. *On the nature of pathology in game searching.* Artificial Intelligence 20,4(1983), 427-453.

[Pearl84a] J. Pearl. *Some recent results in heuristic search theory.* IEEE PAMI-6,1(1984), 1-13.

[Pearl84b] J. Pearl. *Heuristics. Intelligent Search Strategies for Computer Problem Solving.* Addison-Wesley Publishing, Reading, MA (1984).

[Raph76] B. Raphael. *The Thinking Computer.* Freeman, San Francisco (1976).

[Rei-Ball83] A.L. Reibmann, B.W. Ballard. *Non-minimax search strategies for use against fallible opponents.* Procs. of the National Conference on Artificial Intelligence (1983), 338-342.

[Rein83] A. Reinefeld. *An improvement of the Scout tree search algorithm.* ICCA Journal 6,4(1983), 4-14.

[Rei-Mar-Sch85] A. Reinefeld, T.A. Marsland, J. Schaeffer. *Is best first search really best?* Technical Report TR85-16, Department of Computing Science, University of Alberta, Edmonton, Canada (1985).

[Rei-Sch-Mar85] A. Reinefeld, J. Schaeffer, T.A. Marsland. *Information acquisition in Minimal Window Search.* 9. International Joint Conference on Artificial Intelligence, Los Angeles (1985), 1040-1043.

[Rein86] A. Reinefeld. *State space algorithms for searching game trees.* In: C.R. Rollinger, W. Horn (Hrsg.), GWAI-86 und 2. Österreichische Artificial-Intelligence-Tagung, Springer-Verlag, Informatik-Fachberichte 124, Berlin (1986), 28-33.

[Rein87] A. Reinefeld. *Analyse von Baum-Suchverfahren.* Dissertation, Fachbereich Informatik der Universität Hamburg (Juni 1987).

[Rei-Mar87]   A. Reinefeld, T.A. Marsland. *A quantitative analysis of Minimal Window Search.* 10. International Joint Conference on Artificial Intelligence, Mailand (1987), 951-954.

[Rich83]   E. Rich. *Artificial Intelligence.* McGraw-Hill, New York (1983).

[Riv88]   R.L. Rivest. *Game tree searching by min/max approximation.* Artificial Intelligence 34(1988), 77-96.

[Roiz-Pearl83]   I. Roizen, J. Pearl. *A minimax algorithm better than alpha-beta? Yes and no.* Artificial Intelligence 21,1(1983), 199-220.

[Ros82]   P.S. Rosenbloom. *A world-championship-level Othello program.* Artificial Intelligence 19,3(1982), 279-320.

[Sam63]   A.L. Samuel. *Some studies in machine learning using the game of checkers.* In: E.A. Feigenbaum, J. Feldmann (Hrsg.), Computers and Thought, McGraw-Hill, New York (1963), 71-105.

[Sam67]   A.L. Samuel. *Some studies in machine learning using the game of checkers, II— Recent progress.* IBM Journal of Research and Development 11,6(1967), 601-617.

[Schae86]   J. Schaeffer. *Experiments in search and knowledge.* Ph.D. Dissertation, University of Waterloo, Ontario (1986).

[Schae88]   J. Schaeffer. *Conspiracy numbers.* In: D.F. Beal, H. Berliner (Hrsg.), Advances in Computer Chess 5, Elsevier Press (1988).

[Schrü86]   G. Schrüfer. *Presence and absence of pathology on game trees.* In: D.F. Beal (Hrsg.), Advances in Computer Chess 4, Pergamon Press, Oxford (1986), 101-112.

[Sedg77]   R. Sedgewick. *Permutation generation methods.* ACM Computing Surveys 9,2(1977), 137-164.

[Shan50]   C.E. Shannon. *Programming a computer for playing chess.* Philosophical Magazine 41(1950), 256-275.

[Shap87]   S.C. Shapiro (Hrsg.). *Encyclopedia of Artificial Intelligence.* Wiley Interscience Publication, New York (1987).

[Slag-Dix69]   J.R. Slagle, J.K. Dixon. *Experiments with some programs that search game trees.* Journal of the ACM 16,2(Apr. 1969), 189-207.

[Slag-Dix70]   J.R. Slagle, J.K. Dixon. *Experiments with the M&N tree-searching program.* Communications of the ACM 13,3(März 1970), 147-154.

[Slag71]   J.R. Slagle. *Artificial Intelligence: The Heuristic Programming Approach.* McGraw-Hill, New York (1971).

[Sla-Atk77]   D.J. Slate, L.R. Atkin. *Chess 4.5—The Northwestern University chess program.* In: P.W. Frey (Hrsg.), Chess Skill in Man and Machine, Springer-Verlag, New York (1977), 82-118.

[Sri85]   N. Srimani. *A new algorithm (PS*) for searching game trees.* Master Thesis, Department of Computing Science, University of Alberta, Edmonton (1985).

[Stock79]   G.C. Stockman. *A minimax algorithm better than alpha-beta?* Artificial Intelligence 12,2(1979), 179-196.

[Sto-Kan83]   G.C. Stockman, L.N. Kanal. *Problem reduction representation for the linguistic analysis of waveforms.* IEEE PAMI-5,3(1983), 287-298.

[Tarsi83]   M. Tarsi. *Optimal search on some game trees.* Journal of the ACM 30,3(1983), 389-396.

[Tho82]   K. Thompson. *Computer chess strength.* In: M.R.B. Clarke (Hrsg.), Advances in Computer Chess 3, Pergamon Press, Oxford (1982), 55-56.

[VdBrug-Min75]   G.J. VanderBrug, J. Minker. *State-space, problem-reduction and theorem proving—some relationships.* Communications of the ACM 18,2(1975), 107-115.

[Vorn-Mon87]   O. Vornberger, B. Monien. *Parallel alpha-beta versus parallel SSS*.* IFIP Conference on Distributed Processing, Amsterdam (Okt. 1987).

[Winst84]   P.H. Winston. *Artificial Intelligence.* 2. Auflage, Addison-Wesley, Reading, MA (1984).

[Zob70]   A.L. Zobrist. *A hashing method with applications for game playing.* Technical Report 88, Computer Sciences Department, University of Wisconsin, Madison, WI (Apr. 1970).